Mein Kosmos Reiterlexikon

Struan Reid

Fachliche Beratung: Karen Bush

Übersetzung: Susanne Spottke

Design: Linda Penny und Lindy Dark

Illustrationen: Aziz Khan

Kosmos

Inhalt

Einleitung

Dieses Lexikon ist ein verständlicher Leitfaden zu allen Fragen rund um Pferde und Ponys. Es beginnt mit ihrer Entwicklungsgeschichte, von den frühesten Vorfahren bis zum heutigen Reitpferd. Pferdesprache und Pferdeverhalten, ihr Körperbau und Exterieur, ihre Farben und Abzeichen werden ebenso beschrieben wie die wichtigsten Pony- und Pferderassen.

Auch findest du viel Wissenswertes über Sattel- und Zaumzeug, Pferdepflege und Haltung, ihre Ausbildung, Reitweisen, Turniere und Shows. Zum Abschluss werden berühmte Pferde aus Geschichte, Religion und Literatur vorgestellt.

das Pferd der Morgenröte

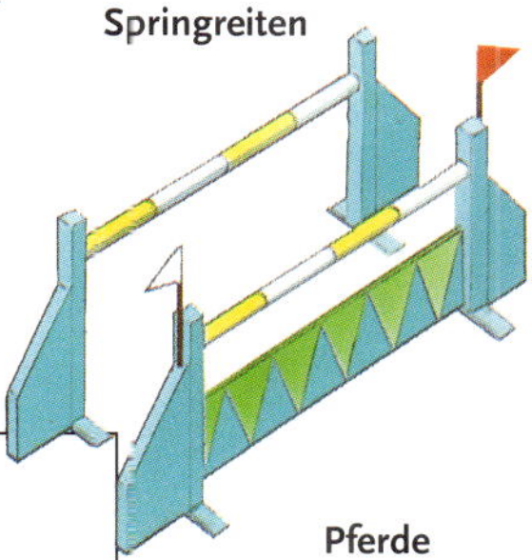
Springreiten

Pferde und Ponys füttern

Über folgende Dinge erfährst du mehr in diesem Buch:

Boxen und Ställe

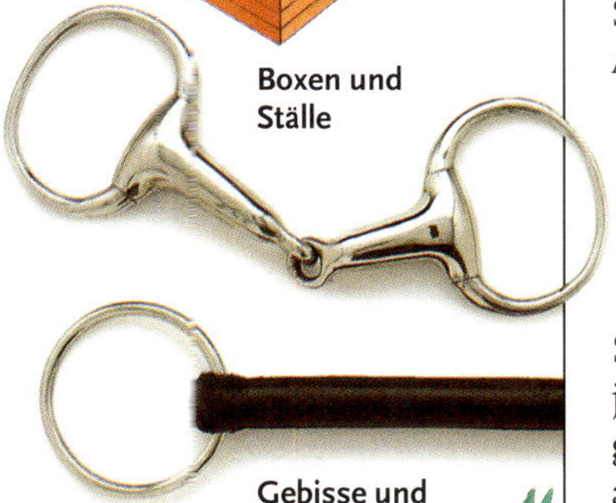
Gebisse und Zäumung

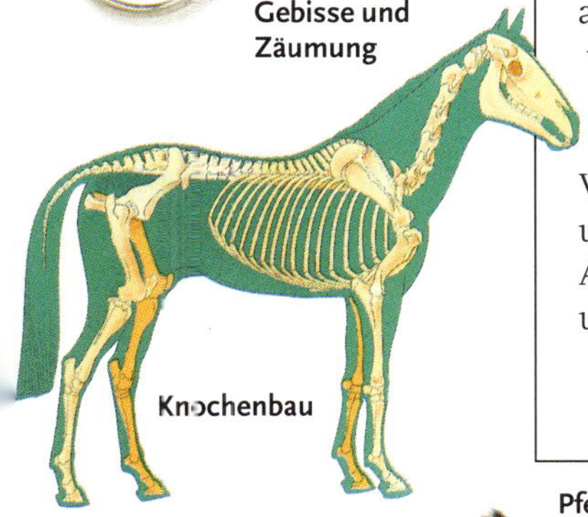
Knochenbau

So wirst du fündig

Dieses Lexikon ist in Kapitel zu den verschiedenen Themenbereichen unterteilt.

Immer wenn ein neues Wort oder Thema vorgestellt und erklärt wird, ist es in fetten Buchstaben gedruckt, wie dies: **Fohlen.** Wenn ein unbekannter Ausdruck auf einer anderen Seite genauer erläutert wird, ist er in kursiver Schrift gedruckt, wie dies: *Fohlen**. Am Seitenende weist eine Fußnote darauf hin, wo du die Erklärung findest.

Im Anhang sind weitere Fachausdrücke erläutert. Mit Hilfe des Registers kannst du nach Stichworten suchen. Hinter dem jeweiligen Stichwort steht eine fett gedruckte Zahl. Sie gibt die Seite an, auf der der Begriff behandelt wird.

Am Ende des Lexikons findest du eine Liste mit wichtigen Veranstaltungen rund um Pferde und Ponys sowie nützliche Adressen zur Kontaktaufnahme und für nähere Informationen.

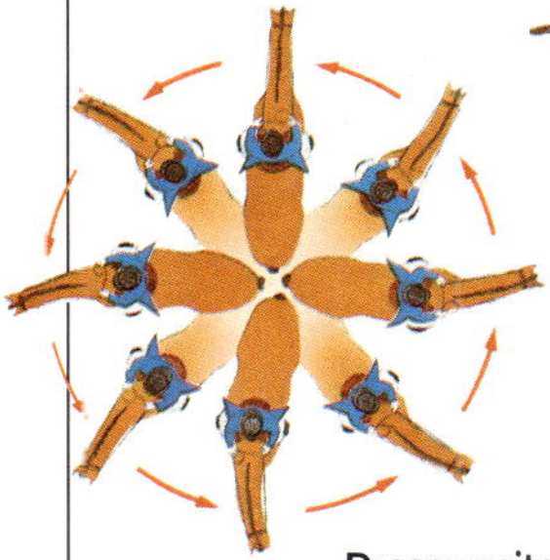
Dressurreiten

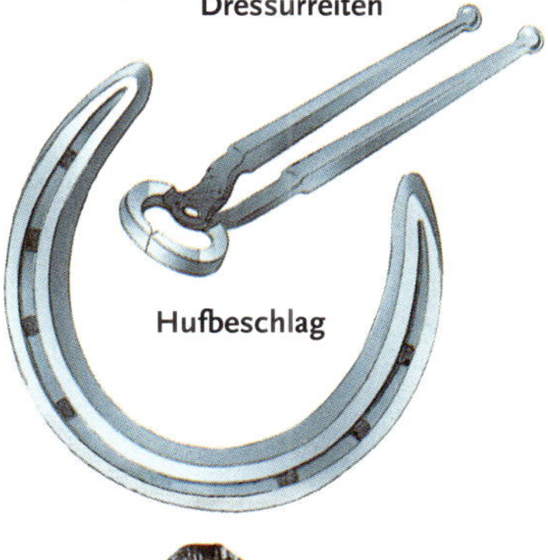
Hufbeschlag

Pferderennen

Entwicklungsgeschichte

Das Pferd gehört zur Gattung **Equus caballus**. Seine Geschichte lässt sich eine Million Jahre zurückverfolgen. Andere Mitglieder dieser Familie sind Esel, Zebras und Pferdeesel. Um aber die frühesten Vorfahren der Pferde aufzuspüren, müssen wir noch viel weiter zurückgehen – etwa 60 Millionen Jahre.

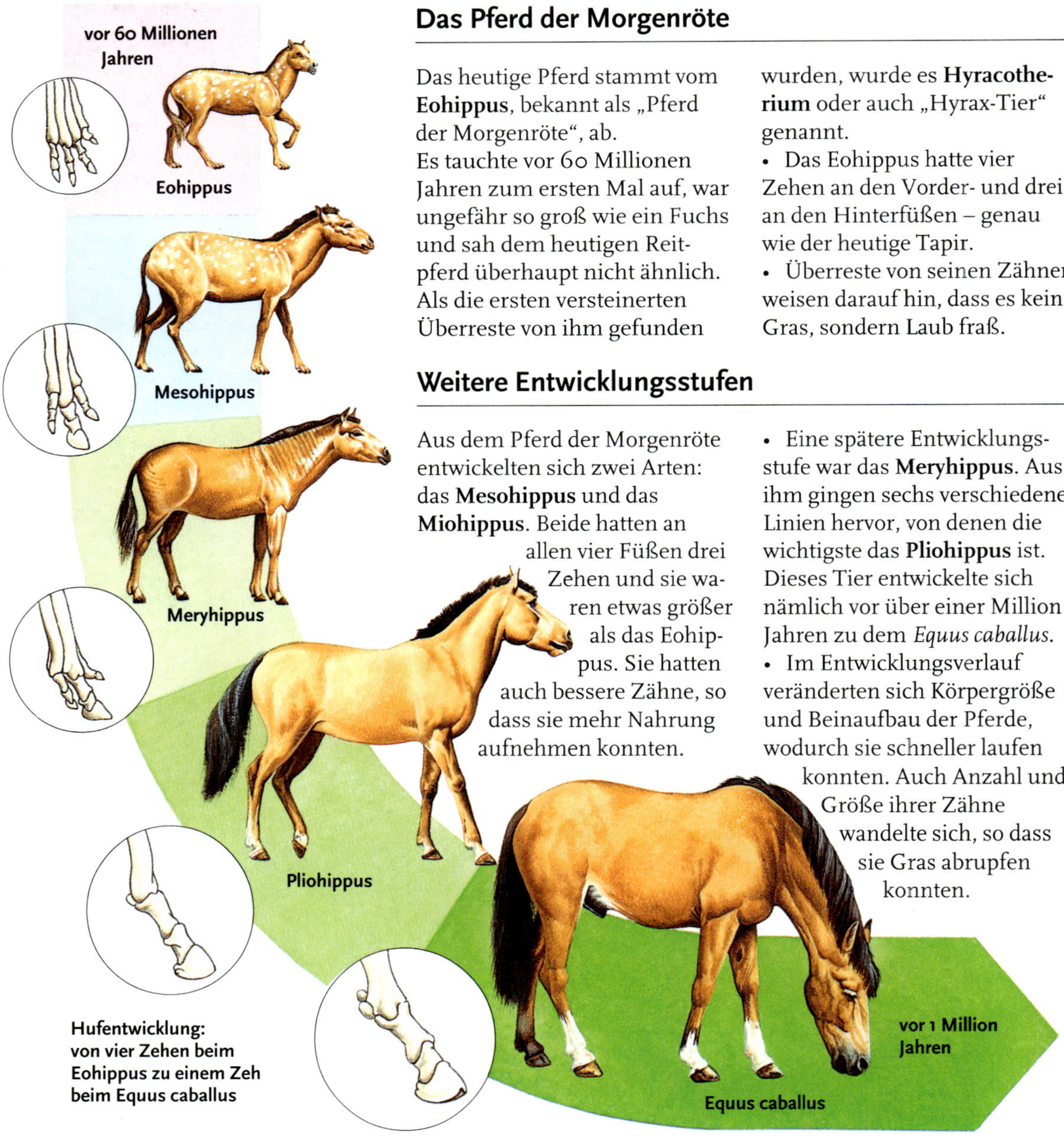

Hufentwicklung: von vier Zehen beim Eohippus zu einem Zeh beim Equus caballus

Das Pferd der Morgenröte

Das heutige Pferd stammt vom **Eohippus**, bekannt als „Pferd der Morgenröte", ab.
Es tauchte vor 60 Millionen Jahren zum ersten Mal auf, war ungefähr so groß wie ein Fuchs und sah dem heutigen Reitpferd überhaupt nicht ähnlich. Als die ersten versteinerten Überreste von ihm gefunden wurden, wurde es **Hyracotherium** oder auch „Hyrax-Tier" genannt.

- Das Eohippus hatte vier Zehen an den Vorder- und drei an den Hinterfüßen – genau wie der heutige Tapir.
- Überreste von seinen Zähnen weisen darauf hin, dass es kein Gras, sondern Laub fraß.

Weitere Entwicklungsstufen

Aus dem Pferd der Morgenröte entwickelten sich zwei Arten: das **Mesohippus** und das **Miohippus**. Beide hatten an allen vier Füßen drei Zehen und sie waren etwas größer als das Eohippus. Sie hatten auch bessere Zähne, so dass sie mehr Nahrung aufnehmen konnten.

- Eine spätere Entwicklungsstufe war das **Meryhippus**. Aus ihm gingen sechs verschiedene Linien hervor, von denen die wichtigste das **Pliohippus** ist. Dieses Tier entwickelte sich nämlich vor über einer Million Jahren zu dem *Equus caballus*.
- Im Entwicklungsverlauf veränderten sich Körpergröße und Beinaufbau der Pferde, wodurch sie schneller laufen konnten. Auch Anzahl und Größe ihrer Zähne wandelte sich, so dass sie Gras abrupfen konnten.

Wanderung und Zerstreuung

In Nordamerika wurden zahlreiche versteinerte Skelettüberreste der frühesten Entwicklungsstufen des *Equus caballus* gefunden. Sie zeigen, dass das Pferd hier zuerst auftauchte und sich entwickelte.

- Diese Urpferde wanderten über die damals noch bestehenden Landbrücken von Amerika nach Asien und von dort aus nach Afrika und Europa.
- Aus unbekannten Gründen starb das Pferd vor einigen tausend Jahren in Amerika aus. Erst im 16. Jahrhundert wurde es dort von den europäischen Siedlern wieder eingeführt.

Fossil eines Urpferdes

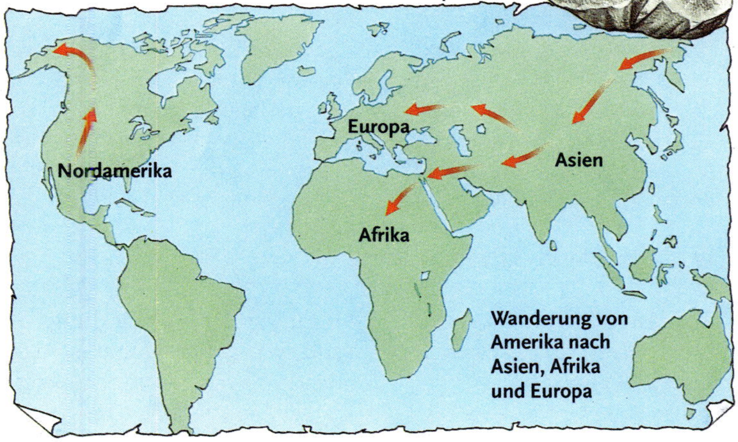

Zwei direkte Vorfahren

Zwei Vertreter des *Equus caballus* haben die Eiszeit überlebt: Das noch existierende **Przewalski-Pferd** und der **Tarpan**, der am Ende des 19. Jahrhunderts durch die Jagd ausgestorben ist. Beide werden als Vorfahren der *Araber** und anderer orientalischer Pferderassen angesehen.

- Der Tarpan wurde schon früh von den Bewohnern des östlichen Mittelmeerraums als Wagenpferd genutzt. Vor wenigen Jahren gelang es in Polen, durch selektive Züchtung den Tarpan „wiederherzustellen".

Landschaft und Klima

Landschaft und Klima spielten eine wichtige Rolle für die Entwicklung des Pferdes seit der letzten Eiszeit vor über 10.000 Jahren. Durch die unterschiedlichen Bedingungen sind viele verschiedene Pferdetypen entstanden, die heute über die ganze Welt verstreut leben.

- In **heißen Klimazonen** entstanden in der Regel große, elegante Pferde.
- In **kalten** und **bergigen Regionen** entwickelten sich kleine, kompakte Pferde, die heutigen *Ponys**.

- In **trockenen Gebieten** mit wenig Gräsern entstanden leichte, wendige Tiere.
- In **feuchten Zonen** gediehen große, schwere Pferde.

Warmblüter und Kaltblüter

Manche Leute meinen, dass leichte Pferde von dem Przewalski-Pferd und dem Tarpan abstammen. Sie werden als **Warmblüter*** bezeichnet.

Steppenpferd (warmblütig)

- Schwere Pferde, genannt **Kaltblüter***, stammen von den **Waldpferden** ab.

Waldpferd

- Viele heutige Rassen sind durch die Kreuzungen von Warm- und Kaltblütern entstanden.

*Araber, 28; Warmblut, 121; Pony, 14; Kaltblut, 119

Domestikation

Lange Zeit waren die Pferde zu schnell und zu wachsam, um sich von Jägern erlegen zu lassen. Erst nachdem die Menschen vor 20–30.000 Jahren ihre jahreszeitlichen Wanderungen vorauszusehen lernten, wurden Pferde als Beute gejagt und gefangen.

Vom Gejagten zum Helfer

Zunächst wurden Pferde als essbares Wild gejagt. Erst später wurden sie gezähmt, so dass Menschen sie reiten und züchten konnten. Erstmals gelang dies den Einwohnern Zentralasiens rund 2.500 Jahre v. Chr. Diese Hauspferde waren sehr klein. Sie wurden wie Rinder in Herden gehalten und lieferten Milch, Fleisch und Fell. Später wurden sie ausgebildet und zum Transport von schweren Lasten und in der Landwirtschaft eingesetzt.

Höhlenmalerei von einem Wildpferd, ca. 12.000 v. Chr.

Neue Ausrüstung

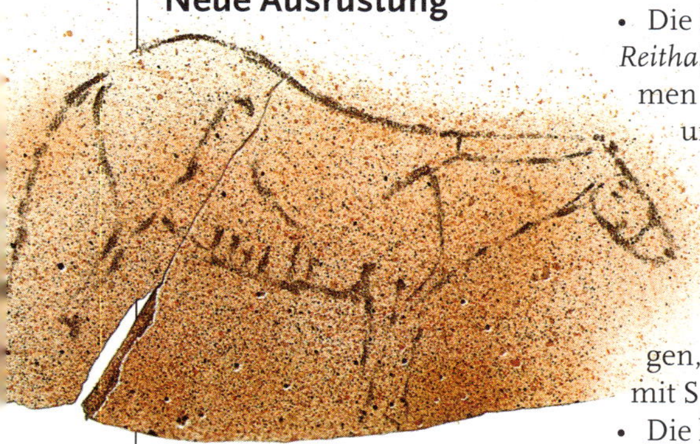

altertümliche Höhlenmalerei von einem Pferd mit Geschirr

Je mehr die Menschen mit Pferden arbeiteten, desto mehr Hilfsmittel erfanden sie, um auf die Tiere einzuwirken.

- Die Ausrüstung der ersten Reiter ist nie gefunden worden. Aber es wird vermutet, dass sie eine Art *Zäumung** benutzten.
- Die frühesten bekannten *Reithalfter** und *Gebisse** kommen aus **Gaza** in Palästina und stammen aus dem 14. Jh. v. Chr. Ein Beispiel hierfür ist ein Bronzegebiss mit einem ungebrochenem Mundstück und radförmigen Ringen, die an der Innenseite mit Spitzen besetzt sind.
- Die kunstvollsten altertümlichen Gebisse stammen aus **Luristan** im westlichen Iran, aus der Zeit zwischen dem 10. und 7. Jh. v. Chr. Ihre ungebrochenen Mundstücke enden beidseitig in pferde-, götter- oder monsterförmigen Abgüssen.
- *Sättel** wurden vermutlich zuerst von den **Sarmaten** (Zentralasien) im 3. Jh. v. Chr. benutzt.

Filzbild eines Reiters in einem der ersten Sättel

Ihre Sättel hatten vorne und hinten Erhöhungen, die dem Reiter Halt und hinten eine Art Rückenlehne boten. Die Kavallerie wurde durch den Einsatz von Pferden und Sätteln zur wichtigsten Militäreinheit.

einige der frühesten noch erhaltenen Pferdegebisse

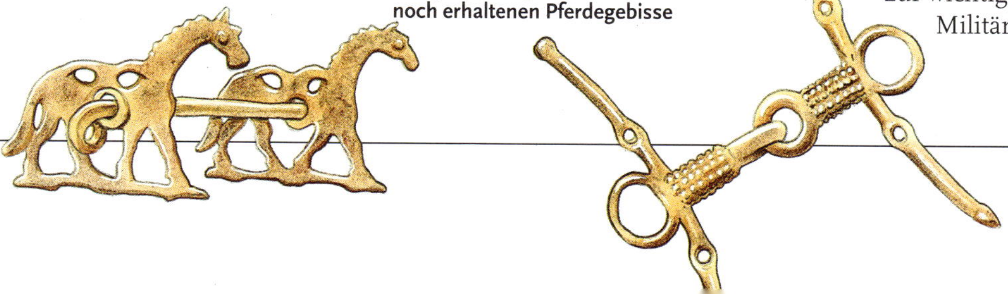

Hethitische Wagenfahrer: Einer fuhr und der andere kämpfte.

Das Kriegspferd

Gegen Ende der Bronzezeit, vor mehr als 3.000 Jahren also, waren Pferde bereits sehr wichtig für die **Kriegsführung** geworden.

Bronzemodell, bekannt als der „Solarwagen“, aus Trundholm, Dänemark

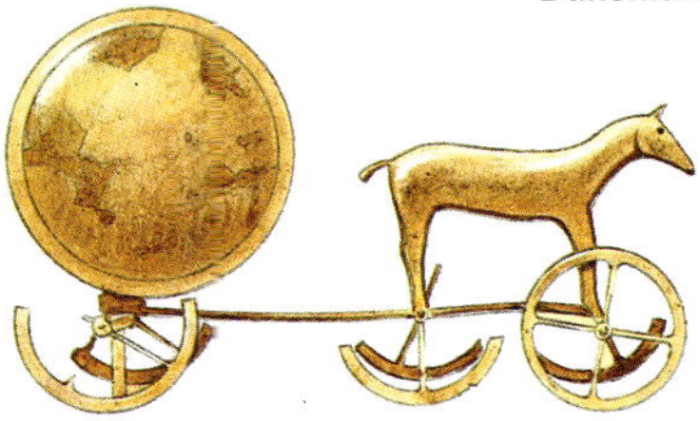

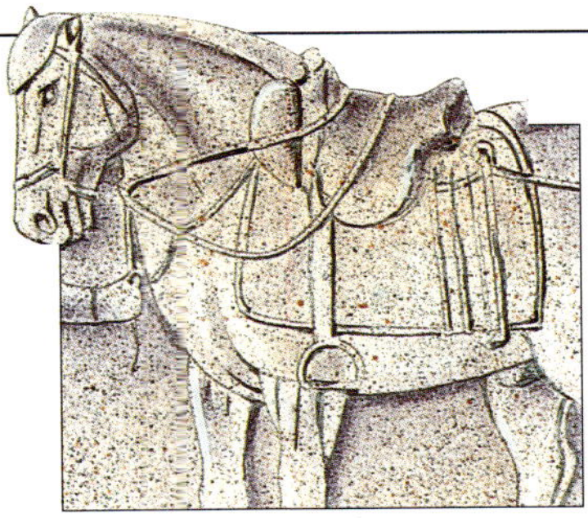

chinesisches Steinrelief von einem Pferdesattel mit Steigbügeln

- *Steigbügel** wurden zuerst von den mongolischen **Hunnen** im 4. Jh. v. Chr. gebraucht. Sie boten dem Reiter einen besseren Halt und ermöglichten ihm, sich mit noch mehr Kraft auf den Gegner zu stürzen. Außerdem verbesserten sie die Kontrolle über das Pferd. So konnte der Reiter längere Strecken als zuvor auf dem Pferderücken zurücklegen. Immer mehr Menschen stiegen seither in den Sattel. In Europa wurden Steigbügel erst ab dem 9. Jh. allgemein üblich.

* Gebisse, 40; Reithalfter, 39; Sättel, 34; Steigbügel, 37; Zäumung, 38

- Mit der Einführung von **Pferdewagen** änderten sich die Kriegsführung und die Machtverhältnisse im Altertum. Über viele Jahrhunderte hinweg waren Pferdewagen die wirksamste Waffe auf dem Schlachtfeld.
- Die besten Wagenführer im Altertum waren die **Hethiter** in der östlichen Türkei. Um 1450 v. Chr. eroberten sie ein gewaltiges Imperium vom Mittelmeer bis zum persischen Golf. Ihren Erfolg verdankten sie größtenteils dem Einsatz von Pferden und der Geschicklichkeit der Wagenführer.

Waffenwechsel

Allmählich nahm der Gebrauch von Pferdewagen im Kampf ab, da vermehrt Wurfgeschosse, wie z. B. **Pfeil** und **Bogen**, eingesetzt wurden. Das machte die Wagenführer und ihre Pferde wesentlich verletzlicher als die Fußsoldaten. Deshalb änderte sich die Kriegsführung erneut.

Kavallerie

Um gegen diese neuen Waffen anzukommen, brauchte man flexiblere Kampfmethoden. Pferde wurden nun von bewaffneten Soldaten geritten. Sie bildeten die **Kavallerie**. Mehr und mehr Pferde wurden für diese neue Aufgabe gezüchtet.

chinesischer Soldat mit Pfeil und Bogen

- Die **Assyrer** (aus dem Irak) waren ab ca. 720 v. Chr. wohl die Ersten, die mit einer Kavallerie in den Krieg zogen. Ihre Reiter waren entweder Bogenschützen oder auch Speerwerfer. Sie ritten ohne Sättel und saßen mit angezogenen Knien in der Mitte des Pferderückens. Die Assyrer eroberten ein riesiges Imperium mit einer Armee von 60.000 Soldaten, von denen 2.000 zur Kavallerie gehörten.

Relief eines assyrischen Reiters bei der königlichen Jagd aus dem 17. Jh. v. Chr.

Pferdesprache und Sinne

Pferde haben über Tausende von Jahren instinktive Verhaltensweisen zum Überleben in der Wildnis entwickelt. Dabei helfen ihnen ihre sehr fein ausgeprägten Sinne. Mit Hilfe ihrer Körpersprache verständigen sie sich mit anderen Pferden.

Der Herdeninstinkt

Das Überleben eines Pferdes in der Wildnis hing von seiner Herdenzugehörigkeit ab. Pferde haben daher einen stark ausgeprägten **Herdeninstinkt**. Das ist die angeborene Neigung, sich zu einer Gruppe zusammenzuschließen. Selbst bei unseren Hauspferden spielt der Herdeninstinkt eine bedeutsame Rolle. Er ist ihre am stärksten ausgeprägte Charaktereigenschaft. Sie brauchen die Gesellschaft ihrer Artgenossen. Alleine fühlen sie sich oft völlig wehrlos. Ein Pferd, das in der Herde normalerweise ganz ruhig ist, kann schwierig werden, wenn es plötzlich alleine untergestellt wird. Die Gesellschaft von einem anderen Tier, zum Beispiel einem Esel, kann in einem solchen Fall helfen.

eine kleine Pferdeherde

Den Herdeninstinkt nutzen

Menschen können sich den Herdeninstinkt zu Nutze machen. Wenn ein Pferd z. B. vor etwas Angst hat, kann man es mit einem erfahrenen Pferd daran heranführen und vertraut machen.

Rangordnung

Wildpferde haben ein **Leittier**. Unter gemeinsam gehaltenen Hauspferden bildet sich auch eine Rangordnung. Es gibt Pferde, die grundsätzlich um die Führung kämpfen, während sich andere leichter unterordnen.

Sinne

Pferde haben fein ausgeprägte Sinne. Durch sie wird ihre Persönlichkeit und ihre Verhalten gegenüber der Umgebung beeinflusst.

Tastgefühl

Teile des Pferdekörpers reagieren sehr empfindsam auf **Berührungen**. Ein Pferd tastet zum Beispiel einen fremden Gegenstand mit dem Maul ab, um ihn besser kennen zu lernen.

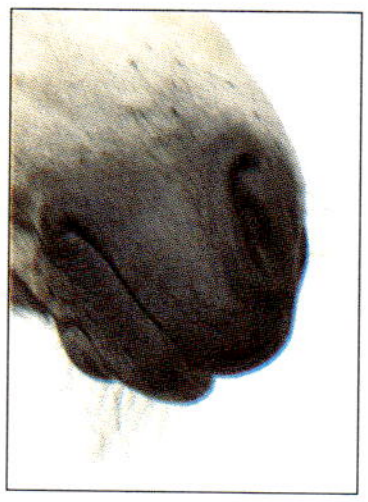

Geschmack

Der **Geschmackssinn** ist mit dem Geruchssinn verbunden. Pferde haben einen sehr empfindlichen Gaumen und weisen Futter, das sie nicht mögen, sofort zurück.

Sehvermögen

Die Augen des Pferdes befinden sich seitlich am Kopf. Dadurch hat es ein sehr weites **Sichtfeld**, viel weiter als das des menschlichen Auges. Wenn das Pferd den Kopf hebt, kann es – bis auf den toten Winkel – alles sehen, was hinter ihm geschieht.

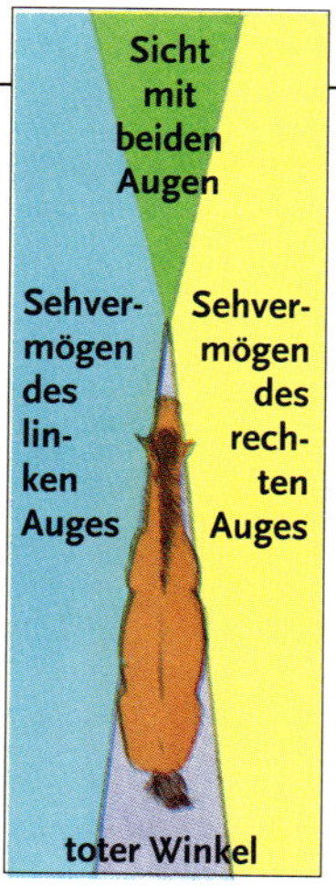

Was direkt hinter ihm geschieht, kann das Pferd nicht sehen.

Geruch

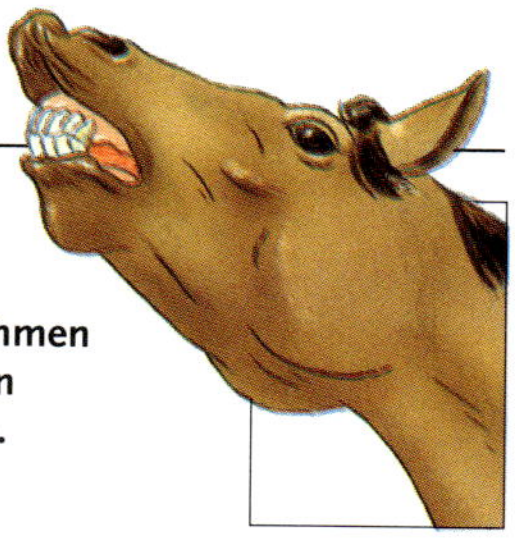

Pferde flehmen bei starken Gerüchen.

Der **Geruchssinn** hilft Pferden ihre Feinde zu entdecken und geeignetes Futter zu finden. Unbekannte oder unangenehme Gerüche können sie nervös machen.

Gehör

Pferde haben ein ausgesprochen sensibles **Gehör**. Ihre oben am Kopf angesetzten Ohren sind sehr beweglich. Ein Pferd kann sie rundum bewegen und direkt auf einen Laut ausrichten. Durch die Ohrform werden Geräusche gesammelt.

Verständigung

Pferde verständigen sich untereinander mit Rufen, aber auch durch ihre Haltung und Körperbewegungen. Das nennt man **Körpersprache**. Sie haben ein umfangreiches Zeichensystem entwickelt und beobachten einander aufmerksam nach diesen Signalen.

Rufe

Wiehern ist ein Kontakt- und Erkennungsruf. Beim Gewieher von Pferden gibt es große Unterschiede. Sie können sich untereinander an ihrem Wiehern erkennen. Ein **sanftes Wiehern** ist ein freundliches Signal.

Schweif und Ohren

Die Bewegungen von Schweif und Ohren haben eine deutliche Signalwirkung.

- Je **höher der Schweif**, desto aufgeweckter das Pferd.
- Mit dem **Schweif schlagen** gelangweilte oder verstörte Pferde.
- **Hängende Ohren** zeigen Unaufmerksamkeit an, während nach vorn **gespitzte Ohren** Aufmerksamkeit bedeuten.
- Flach nach hinten **angelegte Ohren** sind ein Zeichen von Wut, Schmerz oder Angst.

Maul

Mit **Maulbewegungen** verständigen sich Pferde.

- **Zurückgezogene Lippen**, die Zähne und Zahnfleisch bloßlegen, deuten Unterwerfung an.

- Ein **fest geschlossenes Maul** kann Anspannung (Furcht oder Wut) bedeuten.

In der Regel gilt: Je entspannter das Pferd, desto entspannter sein Maul.

Nüstern

Auch die Nüstern werden zur Verständigung genutzt.

- **Aufgeblähte Nüstern** zeigen Erregung, wie Angst oder Überraschung.
- **Gerunzelte Nüstern** bedeuten Langeweile oder Missfallen.

Kopfbewegungen

- **Kopfstöße** sind eine Drohgebärde. Das Pferd reißt den Kopf steil nach oben.
- Ein sanfter **Stupser** ist eine freundliche Bewegung.
- Gleichmäßiges **Kopfheben und -senken** kann Langeweile oder Frust andeuten.
- Das **Hin- und Herbewegen des Mauls** gehört zum *Imponiergehabe** von Hengsten.
- Mit dem **Kopf zurückzucken** zeigt Angst oder Missfallen.

Halsbewegungen

- Durch **Halsschwingen** zieht das Pferd seinen Kopf aus der Gefahr.
- Windet das Pferd seinen Hals und streckt ihn dann aus, zeigt es Angriffslust und Macht.

Körperbewegungen

- Wenn sich ein Pferd vor einem anderen hin- und herbewegt, gilt dies als Warnung.
- Auch das **Schulterrempeln** ist eine Warnung.
- Das **Hinterteil zeigen** ist die leichte Androhung auszuschlagen.

Beine

- Das **gehobene Hinterbein** ist eine starke Drohung auszuschlagen.
- Das **Stampfen mit dem Vorderbein** ist eine Warnung, besser wegzubleiben.
- Durch **Scharren** werden Dinge untersucht. Es kann aber auch ein Frustzeichen sein.

Angriff und Verteidigung

- Ein **Angriff** wird frontal ausgeübt.
- Zur **Verteidigung** wird ausgeschlagen.

* Imponiergehabe, 119

Körperbau

Der Körperbau des Pferdes ist auf Kraft und Schnelligkeit ausgerichtet, trotzdem sind manche Pferde schneller oder kräftiger als andere. Die verschiedenen **Körperteile** werden mit speziellen Begriffen benannt. Dadurch können sie eindeutig beschrieben werden.

Hufe

Der Pferdefuß hat eine harte äußere Hornschicht, die **Huf** genannt wird. Diese Hornschicht wächst ständig, pro Monat circa 5 mm. Die Hufsohle aus gummiartigem Hornknorpel wirkt wie ein Polster und verhindert das Ausrutschen.

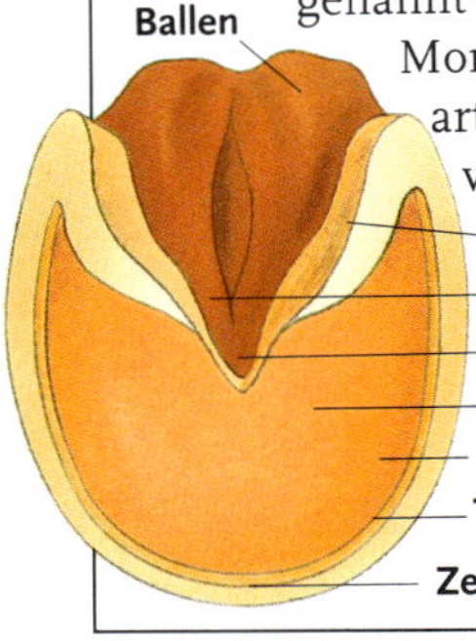

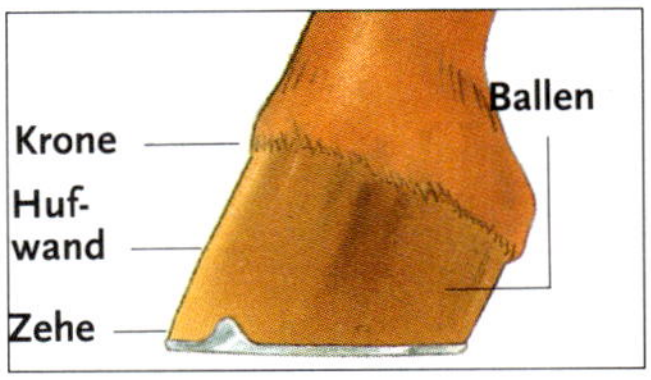

Körperteile

Auch wenn es viele verschiedene Pferde- und Ponyrassen gibt, gehören sie doch alle zu derselben Spezies: dem *Equus caballus**. Ihre Körperteile werden mit den gleichen Begriffen bezeichnet.

* Equus caballus, 4

Muskeln

Die **Muskeln** geben den Pferden und Ponys die Kraft, sich vorwärts zu bewegen. Deshalb sollten sie möglichst groß und stark sein. Sie bestehen aus Tausenden von Fasern, die sich dehnen und biegen, um eine Bewegung zu erzeugen. Jeder Muskel ist mit dem Körperteil verbunden, den er bewegen soll. Die meisten Muskeln arbeiten in Gruppen oder Paaren zusammen.

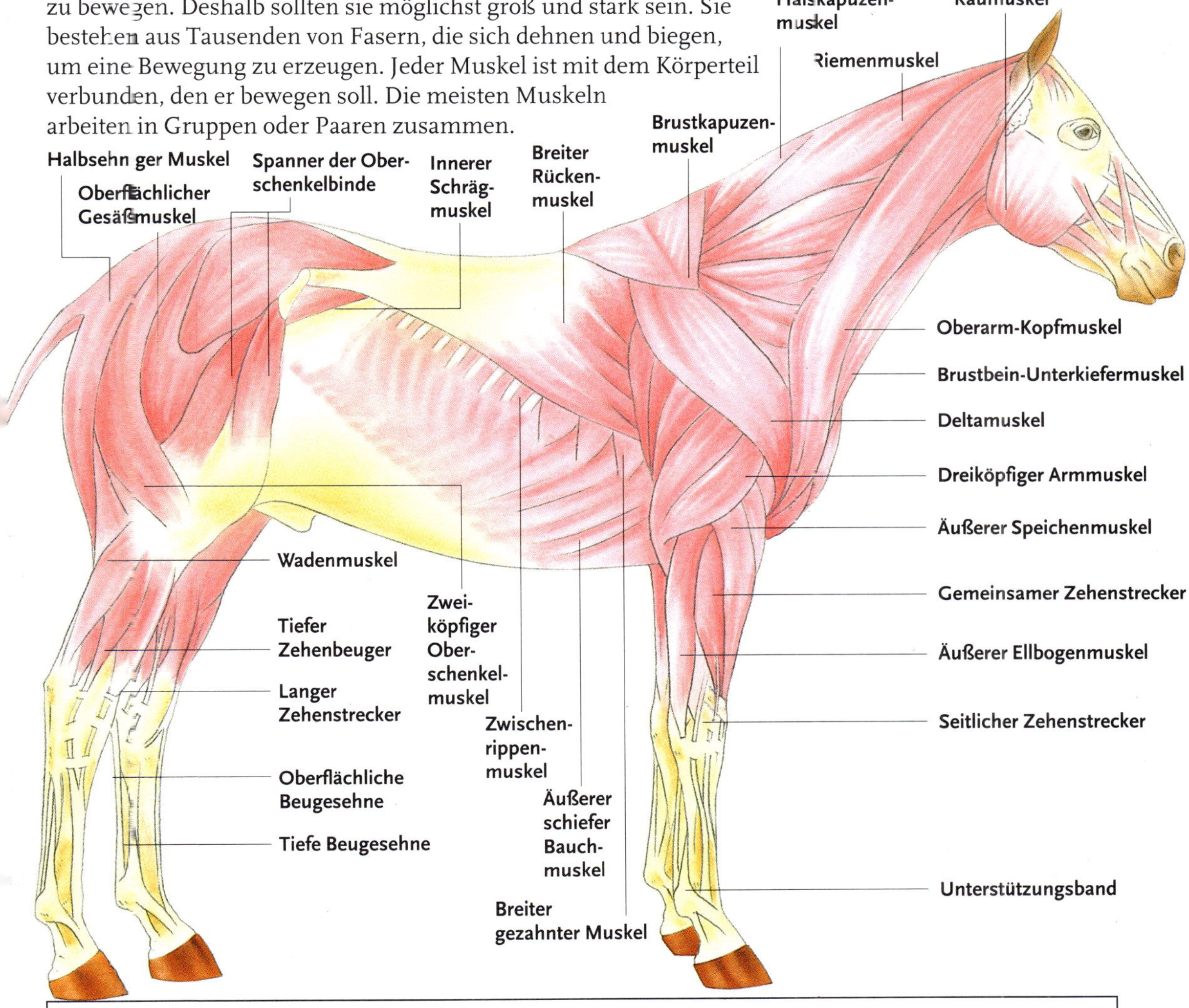

Beinmuskeln und Sehnen

Die Muskeln sind über starke Schnüre, die so genannten **Sehnen**, mit den Knochen verbunden. Wie ihr Name schon verrät, beugen die Beugemuskeln und -sehnen die Beine, während die Strecker sie strecken. Unterhalb des Sprunggelenks und des Vorderfußwurzelgelenks gibt es keine Muskeln. Die oberhalb endenden Muskeln werden durch Sehnen mit den Hufen verbunden.

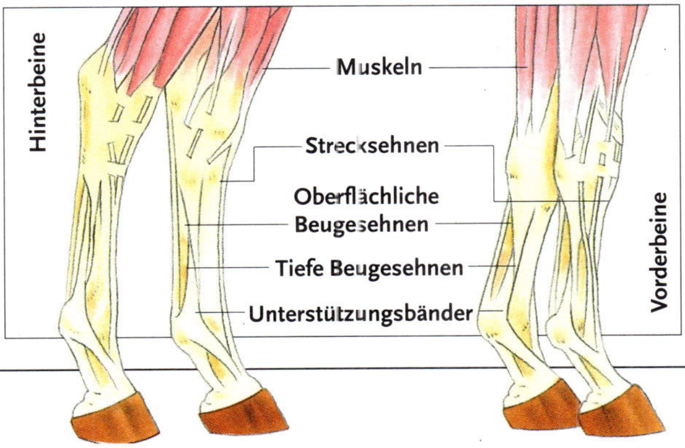

Das Pferdeskelett

Das **Pferdeskelett** bildet den Rahmen für den Körper. Es stützt ihn und schützt die empfindlichen inneren Organe: Der Schädel umschließt das Gehirn und die Rippen schützen Herz, Lunge und andere Organe. Die Knochen sind durch bewegliche Gelenke miteinander verbunden und werden mit Hilfe von Muskeln bewegt. Fossilien zeigen, wie sich das Pferdeskelett in mehr als 60 Millionen Jahren vom frühesten Stadium des *Eohippus** (Pferd der Morgenröte) bis zum heutigen *Equus caballus** entwickelt, und den jeweiligen Gegebenheiten angepasst hat.

Die Skelettknochen

Das Pferdeskelett besteht aus zwei Hauptteilen. Der eine bildet die Körperachse und schützt durch Schädel, Rippenbögen und Wirbelsäule die lebenswichtigen Organe. Er wird **axiales Skelett** genannt. Der andere Teil trägt den Körper und besteht vorne aus Schulter und Vorderbeinen, hinten aus Becken und Hinterbeinen. Er wird als **appendikulares Skelett** bezeichnet.

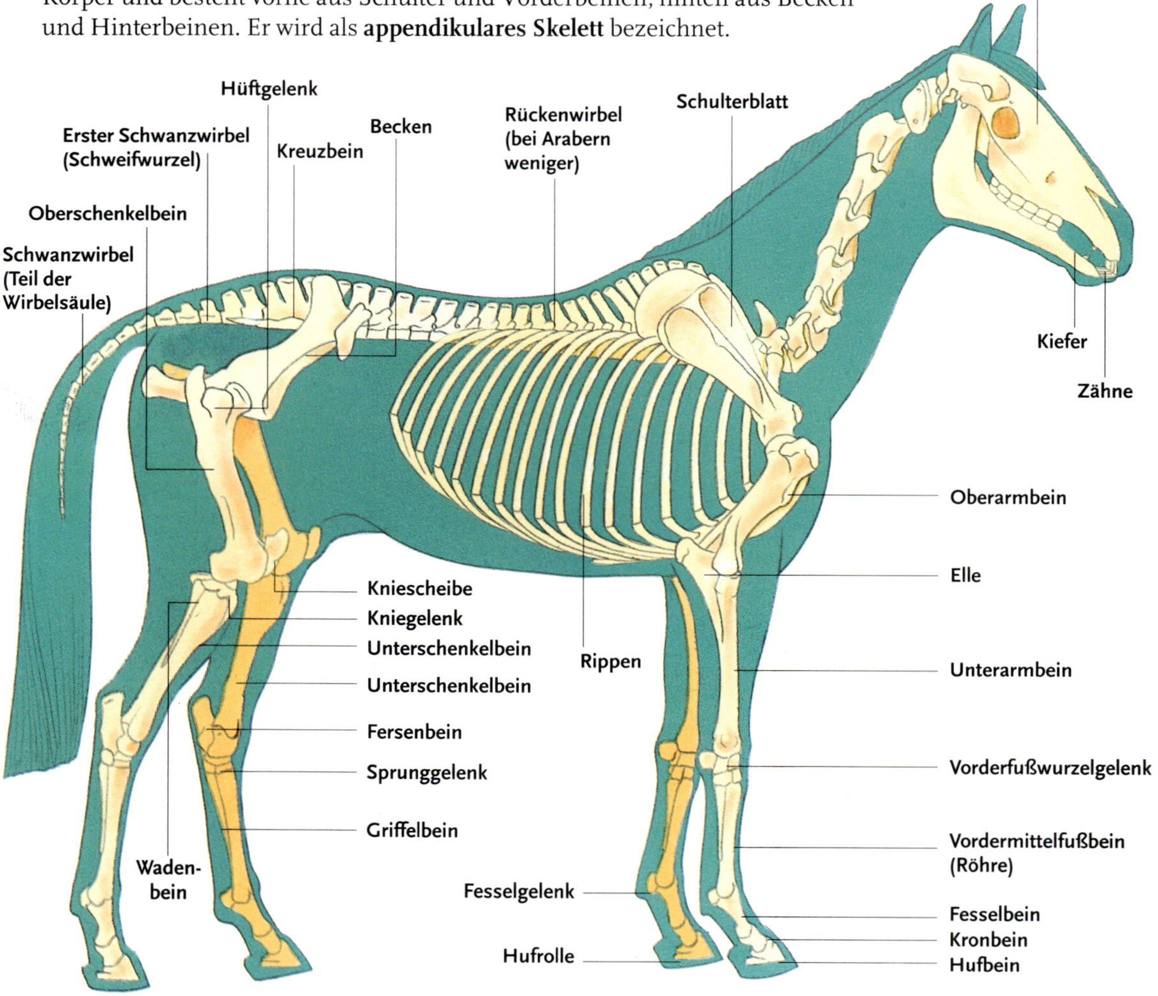

*, Eohippus, 4; Equus caballus, 4

Axiales Skelett

Der Schädel schützt das Gehirn. Die Wirbelsäule umschließt das Rückenmark, und die Rippenbögen sichern Herz, Lunge und andere wichtige innere Organe.

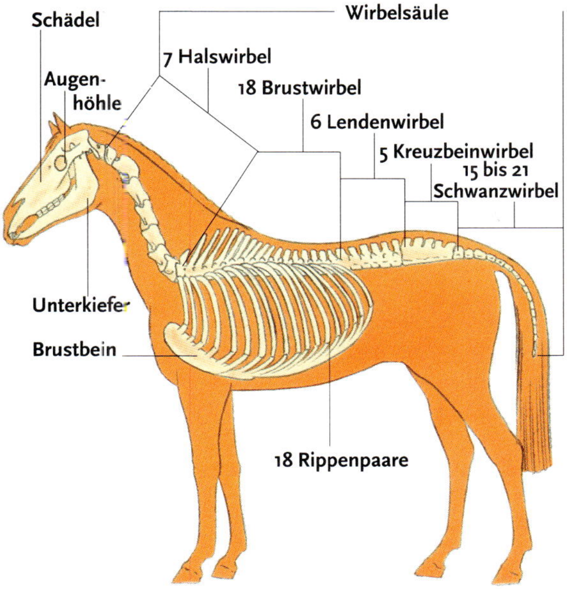

Appendikulares Skelett

Dieser Teil des Pferdeskeletts trägt den restlichen Körper. Die Schulter, das Becken, Vorder- und Hinterbeine sind mit dem axialen Skelett durch ein Netz von Muskeln und Bändern verbunden.

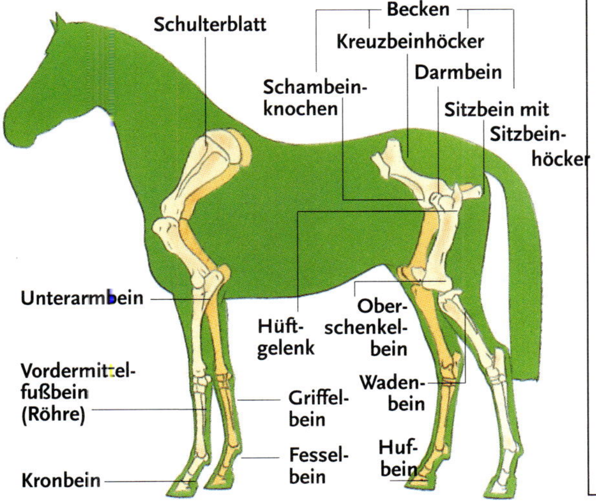

Menschliches Skelett

Das menschliche Skelett hat viel mit dem des Pferdes gemeinsam. Aber Menschen und Pferde haben sich entsprechend ihrer unterschiedlichen Lebensbedürfnisse entwickelt: Das Pferd, um auf vier Beinen schnell zu laufen, und der Mensch, um auf zwei Beinen aufrecht zu stehen.

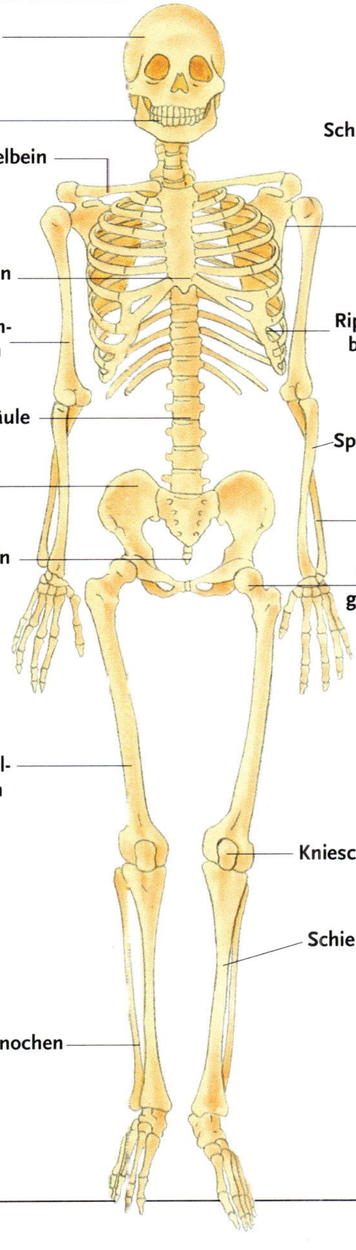

Ein Pferd beschreiben

Bei der allgemeinen Beschreibung eines Pferdes oder Ponys werden in der Regel Größe, Alter und Geschlecht angegeben. Bevor man sich zum Kauf eines Pferdes entschließt, sollten mehrere Punkte bedacht werden. Nicht nur das Aussehen spielt dabei eine Rolle, sondern auch der Charakter des Pferdes.

Größe

Die Größe eines Pferdes wird in Zentimetern angegeben. Dazu wird eine Messlatte vom Boden bis zum *Widerrist** angelegt. An dieser erhöhten Stelle am

Halsansatz werden dann die Zentimeter abgelesen. Man spricht daher vom **Stockmaß** eines Pferdes.

• In England wird die Größe eines Pferdes in „hands“ gemessen. Eine Hand ist ca. 10 cm breit.

Das Stockmaß kann auch in Handbreiten abgemessen werden.

Was ist ein Pferd?

Das Wort „Pferd“ ist ein allgemeiner Begriff. Mit ihm werden sowohl männliche als auch weibliche Pferde und Ponys beschrieben.

• Pferde und Ponys gehören zur gleichen Gattung, dem *Equus caballus**. Aber sie unterscheiden sich voneinander.
So sind zum Beispiel Pferde in der Regel größer als Ponys. Ein Pferd hat gewöhnlich ein Stockmaß über 148 cm.

Was ist ein Pony?

Ausgewachsene Pferde mit einem Stockmaß unter 148 cm sind **Ponys**. Sie sind zwar kleiner als Pferde, im Verhältnis zu ihrer Größe aber auch besonders kräftig. Doch Ponys unterscheiden sich nicht nur durch die Größe von Pferden, sondern auch durch ihr *Exterieur**. Zum Beispiel sind die Schultern und der untere Teil der Beine bei vielen Ponys senkrechter gestellt als bei Pferden. Das macht das Reiten auf ihnen holpriger. Solche Unterschiede lassen sich nicht nur bei den heutigen Pferden beobachten, sondern auch bei noch erhaltenen, versteinerten Skelettüberresten.

Pony oder Pferd?

Die oben angeführten allgemeinen Definitionen stimmen nur eingeschränkt. Manche Rassen werden unabhängig von ihrer Größe als Ponys oder Pferde bezeichnet. So unterliegen *Polo-Ponys** keiner Größengrenze, *Lipizzaner** wiederum sind oftmals kleiner als 148 cm.

Araber* werden als Pferde bezeichnet, obwohl sie ihrer Größe nach oft Ponys wären.

Ein Polo-Pony kann ein Stockmaß bis zu 166 cm haben, auch wenn der Durchschnitt bei 150 cm liegt.

* Araber, 28; Equus caballus, 4; Exterieur, 16; Lipizzaner, 31; Polo-Pony, 87; Widerrist, 10

Alter

- Ein **Fohlen** ist ein junges Pferd oder Pony. Es wird als **Hengstfohlen** (männlich) oder **Stutfohlen** (weiblich) beschrieben.

- Ein **Absatzfohlen**, auch **Absetzer** genannt, ist ein Fohlen, das von seiner Mutter getrennt beziehungsweise „abgesetzt“ wurde.

- Ein Pferd wird als **Jährling** bezeichnet, wenn es zwischen 1 und 2 Jahren alt ist. Je nach Geschlecht spricht man von **Hengstjährling** oder **Stutjährling**.

- Wie der Name schon verrät, wird ein 2 Jahre altes Pferd **Zweijähriger** genannt.

Geschlecht

- Eine **Stute** ist ein weibliches Pferd, das 3 Jahre oder älter ist.
- Ein **Wallach** ist ein männliches Pferd, das **gelegt** (kastriert) wurde. Ihm wurden die männlichen Fortpflanzungsorgane operativ entfernt, damit er keine Fohlen zeugen kann.
- Ein **Hengst** ist ein nicht kastriertes männliches Pferd, das älter als 3 Jahre ist und mit einer Erlaubnis zur **Zucht** eingesetzt werden kann.

Für welches Pferd sollst du dich entscheiden?

- Die meisten männlichen Pferde, die nicht als Zuchthengste eingesetzt werden, sind gelegt. Dadurch sind sie umgänglicher und leichter zu halten. Hengste sind nichts für Anfänger oder unerfahrene Besitzer.
- Stuten brauchen manchmal eine weichere und geduldigere Hand als Wallache, insbesondere wenn sie während der Deckzeit (Frühling bis Sommer) in Abständen rossig werden. Dann reagieren sie oft sehr empfindsam und sind leicht verstimmt.
- Wallache sind im Allgemeinen umgänglicher und leichter zu halten als andere Pferde.
- Obwohl manche Reiter ein bestimmtes Geschlecht beim Pferd bevorzugen, ist es wichtiger das Tier nach seinen Leistungen und charakterlichen Vorzügen zu beurteilen.

Am wichtigsten ist, dass du das Pferd oder Pony findest, das am besten zu dir passt.

Exterieur

Mit dem Begriff „**Exterieur**“ oder „**Gebäude**“ wird das äußere Erscheinungsbild eines Pferdes oder Ponys beschrieben. Das ideale Gebäude ist von Rasse zu Rasse unterschiedlich. Aber es gibt auch viele Gemeinsamkeiten bei allen Rassen.

Gutes Exterieur

Je besser das Gebäude, umso wahrscheinlicher bleibt ein Pferd gesund. Ein Pferd mit einem guten Exterieur lässt sich außerdem leichter ausbilden und ist leistungsfähiger. Jedoch hat kein Pferd oder Pony ein perfektes Erscheinungsbild, und kleinere Mängel darfst du getrost übersehen, solange sie sich nicht auf die Gesundheit oder Leistung auswirken.

Kopf

Der **Kopf** sollte im Verhältnis zur Größe des Pferdes stehen. Wenn er zu lang oder zu schwer ist, beeinträchtigt das die Bewegungen des Pferdes.

- Wichtig ist der Halsansatz, also der Winkel zwischen Kopf und Hals. Ist er zu eng, kann der Kehlkopf eingedrückt und die Atmung behindert werden. Ist er zu weit, hat das Pferd Schwierigkeiten, den Kopf im Genick zu beugen.
- Große, weite **Nüstern** erlauben eine gute Atmung.
- Einen *konvexen** Kopf oder **Ramskopf** haben manche Pferde durch *Kaltbluteinfluss**.

- Ein *konkaves** Profil oder **Hechtkopf** deutet auf *Araberblut** hin.

Ohren

Die **Ohren** sollten aufmerksam, beweglich und die meiste Zeit nach vorne aufgerichtet (gespitzt) sein.

- Araber haben oft leicht sichelförmige Ohren. Manche Reiter finden das sehr attraktiv und sehen darin einen Beweis für viel Charakter.

Augen

Die **Augen** sollten groß und klar sein und einen freundlichen und ruhigen Ausdruck haben. Sie sollten an einer breiten Stirn weit genug voneinander entfernt liegen, um ein weites Sichtfeld zu gewähren.

Hals

Der **Hals** sollte im Verhältnis zur Körpergröße stehen und vom Genick bis zum Widerrist leicht gewölbt sein.

Brust

Die **Brust** sollte tief und breit genug sein, um Herz und Lunge genügend Raum zu bieten.

Vorderbeine

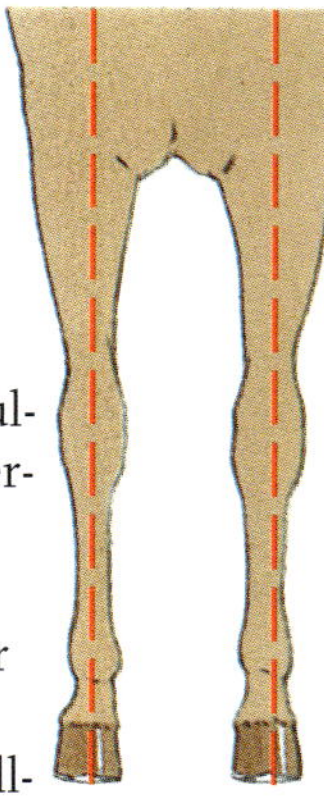

Von vorne betrachtet sollte durch die **Vorderbeine** eine gerade Linie von der Schulter über das Vorderfußwurzelgelenk und die Fessel bis zum Huf hinunter führen.

- Die **Ellbogen** sollten vom Körper wegweisen und lockere Bewegungsabläufe erlauben.
- Der **Unterarm** sollte lang und gut bemuskelt sein.
- Das **Vorderfußwurzelgelenk** sollte groß und stark sein, um Stöße besser abfangen zu können.
- Die *Röhren** sollten kurz und stark sein.

Alle Beine

- Der *Fesselkopf** sollte eher flach als rund sein.
- Die **Fesseln** sollten im gleichen Winkel wie die Hufe geneigt sein: 45° an den Vorderbeinen und 50° bis 55° an den Hinterbeinen. Steile Fesseln können Stöße nicht gut abfangen, wodurch es zu Stauchungen oder Erschütterungen in den Beinen und Gelenken kommen kann.

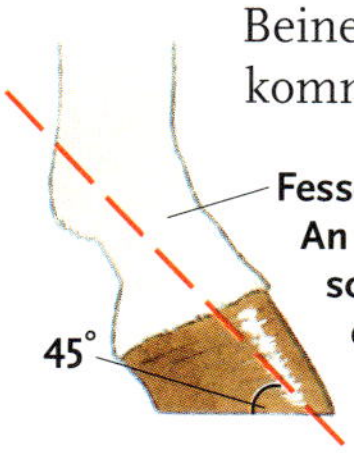

An den Vorderbeinen sollten die Fesseln in einem 45°-Winkel geneigt sein.

* Araber, 28; Fesselkopf, 10; Kaltblut, 32; konkav, 119; konvex, 119; Röhre, 10

Hufe

Die **Hufe** sollten tadellos rund sein und nach vorne zeigen. Sind sie nach außen oder innen gedreht, kann es zu einem ungleichmäßigen Verschleiß der *Hufeisen** kommen und die Gelenke strapazieren.

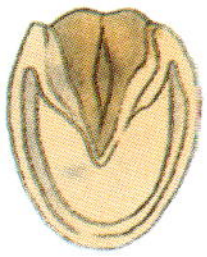

- Jedes Hufpaar sollte im gleichen Winkel geneigt und gleich groß sein. Je breiter Ballen und *Strahl** sind, desto besser werden Erschütterungen abgefangen. Die Sohle sollte leicht nach innen gewölbt sein.

Gute Bewegungsabläufe

Von vorne und hinten betrachtet sollte das Pferd im Schritt und Trab gerade und losgelassen laufen und mit den Hinterhufen in die Spur der Vorderhufe treten. Es sollte nicht streichen, d.h. mit einem Huf das gegenüberliegende Bein anschlagen.

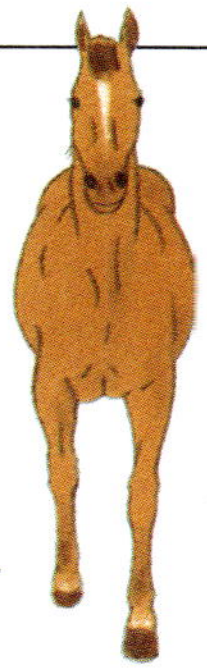

Von der Seite betrachtet sollte das Pferd gelöst und leicht laufen; die Hinterbeine sollten die Hufspur der Vorderbeine **übertreten**.

Schultern

Die **Schultern** sollten breit sein und einen schrägen Winkel zwischen Buggelenk und Widerrist bilden. Der Schulterwinkel sorgt für lange und bequeme Schritte.

Widerrist

Der **Widerrist** sollte gut ausgeprägt und von angemessener Höhe sein. Ist er zu hoch oder zu niedrig, kann der Sattel verrutschen und so die Haut aufschürfen.

Rücken

Rücken und **Lende** sollten kurz und stark sein. So können sich die zum Galoppieren und Springen notwendigen starken Muskeln bilden.

Umfang

Der **Umfang** (rund um den Bauch) sollte im Verhältnis zum Körper stehen und seinen tiefsten Punkt direkt hinter den Ellbogen haben.

Hinterhand

Die Hinterhand sollte stark und muskulös sein, um kräftige Bewegungen zu ermöglichen. Sie sollte abgerundet sein, aber nicht zu stark in Richtung Schweif abfallen.

Hintergliedmaßen

Die **Hintergliedmaßen** sollten kraftvoll sein, weil sie das Pferd vorwärts bewegen. Der Fersenhöcker sollte senkrecht unter dem Sitzbeinhöcker liegen.

Sprunggelenke

Die *Sprunggelenke** sind die am meisten beanspruchten Gelenke des Pferdekörpers. Sie sollten daher groß und stark sein, um dem Pferd Bewegung und Gleichgewicht zu erleichtern.

* Hufeisen, 56; Sprunggelenke, 10; Strahl, 10

Exterieur

Exterieurfehler

Pferde mit **Exterieurfehlern** sind nicht so leistungsfähig wie gut gebaute Pferde. Auch ist es weniger wahrscheinlich, dass sie fit und gesund bleiben. Pferde und Ponys verbringen die meiste Zeit ihres Lebens auf den Beinen und so schaden ihnen Gebäudemängel nicht nur bei der Arbeit, sondern auch wenn sie sich stehend ausruhen.

Kleine Augen

Kleine, nah beieinander liegende **Augen** können auf einen schwierigen Charakter hinweisen. Eine **schmale Stirn** kann die Atmung beeinträchtigen.

Ohren

Auch die Ohren sind zu beachten. **Lange Ohren** weisen angeblich auf Schnelligkeit hin, flach angelegte Ohren können einen schlechten Charakter andeuten.

Überbiss

Ein **Überbiss** beruht auf einem zu langen Oberkiefer. Dabei stehen die oberen Zähne über den unteren. Wenn die Zähne nicht aufeinander treffen, kann das Pferd nicht mehr richtig kauen und es wird krank.

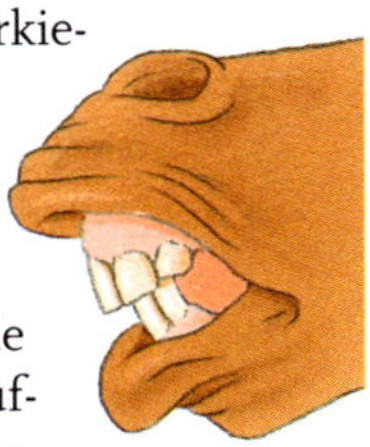

Hirschhals

Ein **Hirschhals** hat eine gerade obere Halslinie und starke Unterhalsmuskeln. Pferde mit diesem Fehler strecken oft die Nase weit vor (**Sterngucker**), wodurch die Einwirkung des Reiters erschwert wird.

Schweinehals

Ein **Schweinehals** ist kurz und dick. Er vermindert die Beweglichkeit des *Genicks**.

Flacher Widerrist

Bei einem **flachen Widerrist** kommt der Sattel ins Rutschen. Häufiger Fehler bei Ponys.

Senkrechte Schulter

Senkrechte Schultern deuten auf eine gute Zugkraft hin, bewirken aber auch kurze und holprige Schritte. Dies ist für den Reiter unbequem und schadet den Gelenken und Hufen.

Überbau

Ein Pferd ist **überbaut**, wenn die Kruppe höher ist als der Widerrist. Durch die hohe Kruppe stehen die Hinterbeine in einem zu engen Winkel. Überbaute Pferde können allerdings sehr gute Springer sein.

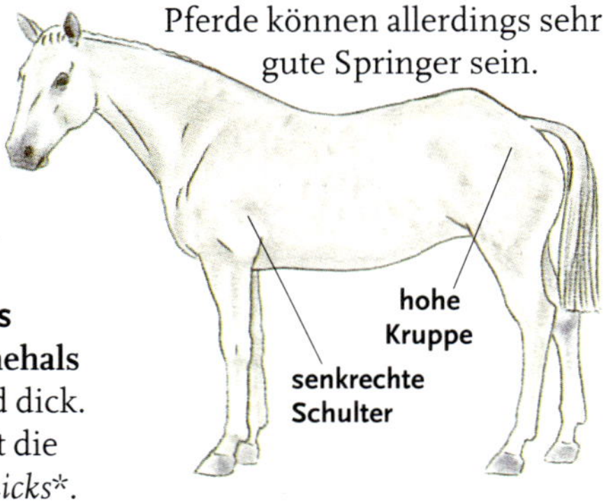

Kurzer Rücken

Ein **kurzer Rücken** ist oft sehr stark. Aber die Suche nach einem passenden Sattel kann schwierig werden.

Langer Rücken

Ein **langer Rücken** ist oft schmal und schwach. Das Pferd kann sich leicht verletzen.

Karpfenrücken

Ein **Karpfenrücken** ist leicht nach oben gewölbt. Er kann auch durch Verletzungen entstehen.

Senkrücken

Ein **Senkrücken** fällt hinter dem Widerrist ab. Er kann ein Zeichen für hohes Alter oder für eine beschädigte Wirbelsäule sein.

* Genick, 10

Zu breite Brust
Hat das Pferd eine zu breite Brust, schaukelt es bei schnelleren Gangarten von einer Seite zur anderen, was für den Reiter unbequem ist. Oft stehen die Vorderbeine auch zu weit unter dem Körper, wodurch das Gleichgewicht gefährdet ist.

Schweif
Ein **seitlich** oder **angepresst getragener Schweif** kann auf eine Verletzung der Hinterhand hinweisen. Ständiges **Schweifschlagen** deutet Nervosität an.

Rückbiegig
Wenn die Vorderbeine nach hinten durchgebogen sind, spricht man von einer **rückbiegigen Beinstellung**. Dadurch werden Vorderfußwurzelgelenk und Fesseln übermäßig belastet.

Vorbiegig
Vorbiegig ist das Gegenteil von rückbiegig. In leichten Fällen werden die Sehnen nur etwas überlastet. In schwereren Fällen führt die vorbiegige Beinstellung zu Stolpern.
Bei älteren Pferden kann sie eine Verschleißerscheinung sein.

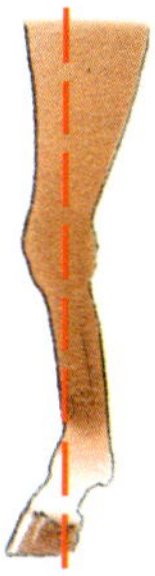

Bewegungsfehler

- Ein Pferd **bügelt**, wenn es die Beine im leichten Bogen nach außen schwingt. Oft bügeln junge, noch schwache oder unsichere Pferde. Mit steigender Ausdauer behebt sich der Fehler meist von alleine. Ein spezieller *Hufbeschlag** kann den Fehler manchmal korrigieren.
- Ein anderer Bewegungsfehler ist das **Schnüren.** Das Pferd schwingt die Hufe nach innen, so dass seine Schritte fast auf einer Linie liegen. Mit wachsender Muskelkraft legt sich dieser Fehler. Ein guter Beschlag kann helfen.

Säbelbeine
Säbelbeine führen zu verminderter Kraft in den Hintergliedmaßen. Sprunggelenke und Bänder werden übermäßig belastet.

Kuhhessig
Bei der **kuhhessigen Beinstellung** sind die Hufe nach außen und die Sprunggelenke nach innen gekehrt. Dadurch werden die Beine nach außen anstatt gerade nach vorne bewegt.

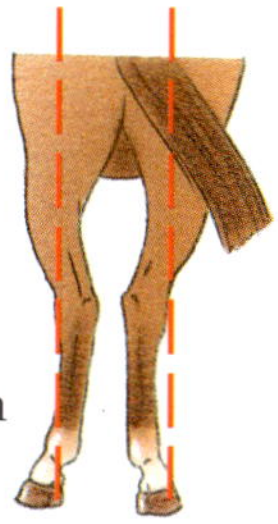

Steile Fesseln
Steile Fesseln sind schlechte Stoßdämpfer und machen das Reiten unbequem.

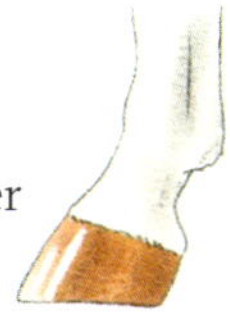

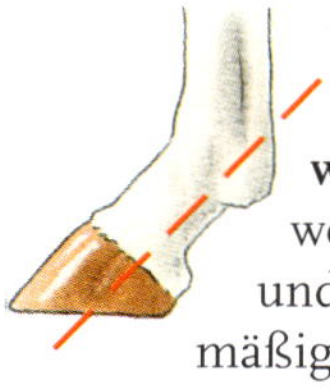

Weiche Fesseln
Durch lange, **weiche Fesseln** werden Sehnen und Bänder übermäßig belastet.

Fassbeinig
Bei der **fassbeinigen Beinstellung** sind die Vorderhufe nach innen gekehrt. Sie kann zu falschen Bewegungsabläufen und Verstauchungen führen.

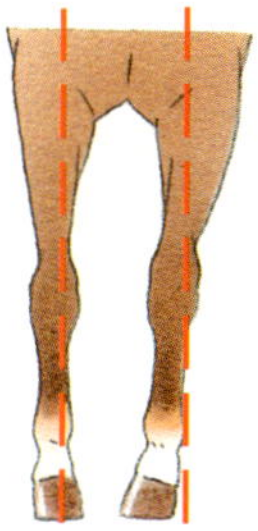

Bockhufe
Schmale, steile, eselähnlich gestellte Hufe, so genannte **Bockhufe**, können Stöße schlecht dämpfen und zu Hufproblemen führen.

Platthufe

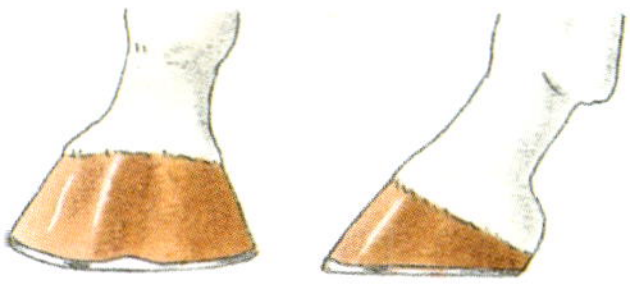

Breite, flache **Platthufe** haben oft zu niedrige Trachten. Sie sind verschleißanfällig. Pferde mit Platthufen können schlecht auf unebenen Böden laufen.

* Hufbeschlag, 56

Alter und Zähne

Pferde haben wie Menschen zwei Gebisse: das **vorübergehende** oder **Milchgebiss** und das **endgültige Gebiss**. Die Milchzähne sind kleiner, weicher und weißer als die Erwachsenenzähne, durch die sie ersetzt werden. Die Zähne von erwachsenen Pferden sind stark, groß und gelblich. Mit sechs Jahren hat ein Pferd endgültig sein komplettes Gebiss.

Anordnung der Pferdezähne

Das Pferd hat sechs Vorderzähne im Oberkiefer und sechs im Unterkiefer. Das sind die **Schneidezähne**. Die beiden mittleren Schneidezähne heißen **Zangen**, rechts und links daneben liegen die **Mittelzähne**. Die beiden äußeren heißen **Eckzähne**. Hinter den Schneidezähnen befinden sich die kräftigen **Backenzähne**, mit denen das Futter gemahlen wird. Ein erwachsenes Pferd hat 24 Backenzähne, das Milchgebiss eines jungen Pferdes nur 12.

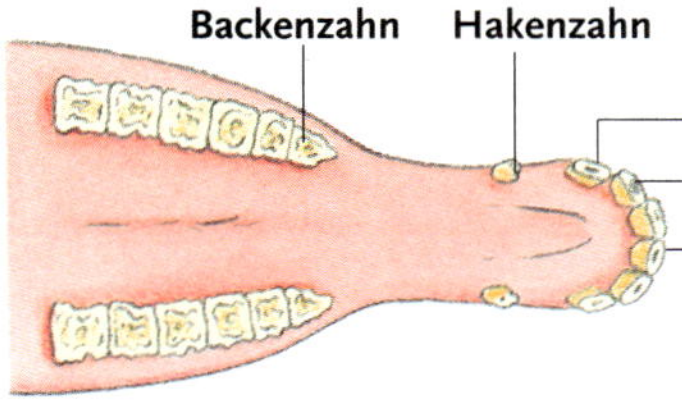

Der Unterkiefer eines Pferdes. Die Schneidezähne beißen das Gras ab, die Backenzähne kauen es.

Kauflächen

Im Laufe der Jahre nutzen sich die **Kauflächen** der Schneidezähne ab. Dadurch werden verschiedene Teile der inneren Zahnstruktur sichtbar. Anhand der Kauflächen der Schneidezähne kann das Alter eines Pferdes bestimmt werden (siehe gegenüberliegende Seite).

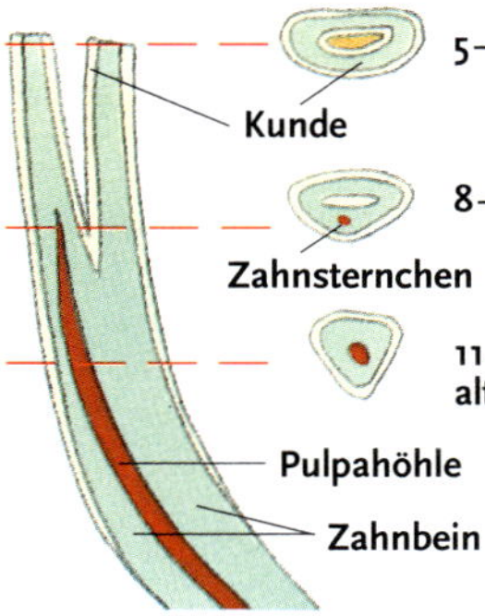

Querschnitt durch einen Schneidezahn

Wachstum und Verschleiß

Das Pferd hat ein **komplettes Gebiss**, wenn alle endgültigen Zähne vollständig herausgewachsen sind. Das Alter eines Pferdes kann während der Zahnwachstumszeit leicht bestimmt werden. Ist das Gebiss im Alter von 8 Jahren jedoch fertig ausgebildet, wird die Altersbestimmung anhand der Zähne schwieriger.

Bei der Geburt und während der ersten zwei Wochen:
Das Fohlen hat bereits alle Zangen. Die Mittelzähne erscheinen nach 4–6 Wochen, die Eckzähne nach 6–9 Monaten.

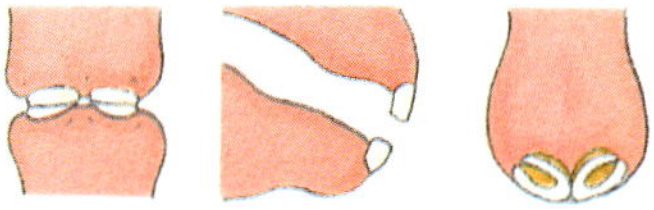

Ein Jahr: alle Milchschneidezähne, sechs in jedem Kiefer.

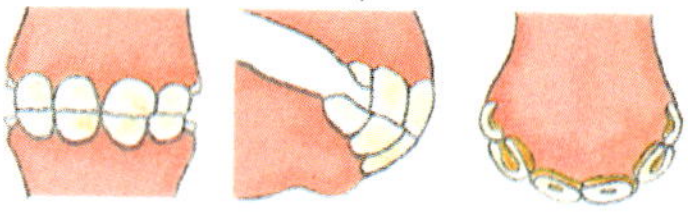

Zwei Jahre: Die sechs Schneidezähne im jeweiligen Kiefer zeigen ersten Verschleiß.

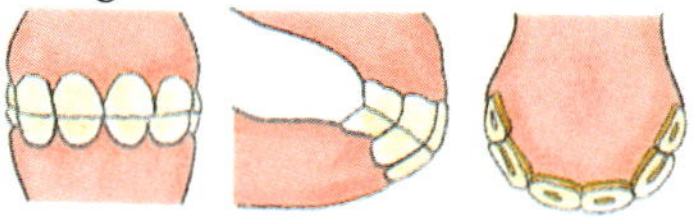

Zweieinhalb Jahre: Die Zangen fallen aus und die Ersatzzangen treten hervor.

Drei Jahre: Die Ersatzzangen sind ausgewachsen.

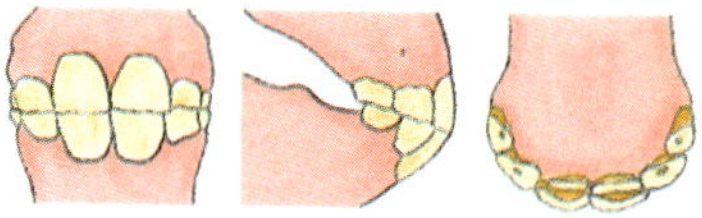

Dreieinhalb Jahre: Die Milchmittelzähne sind im jeweiligen Kiefer durch die bleibenden Mittelzähne ersetzt.

Vier Jahre: Die Mittelzähne sind ausgewachsen.

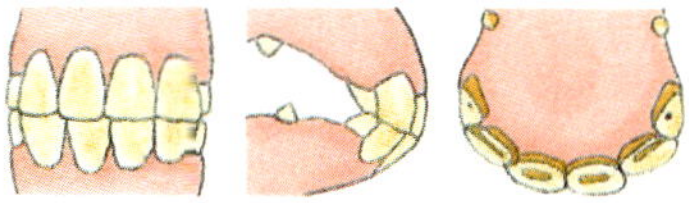

Viereinhalb Jahre: Die Milcheckzähne sind durch die endgültigen Eckzähne ersetzt.
Vier bis fünf Jahre: Bei männlichen (manchmal auch bei weiblichen) Pferden erscheinen kleine, spitze Zähne, die so genannten **Hakenzähne**, im Unterkiefer.

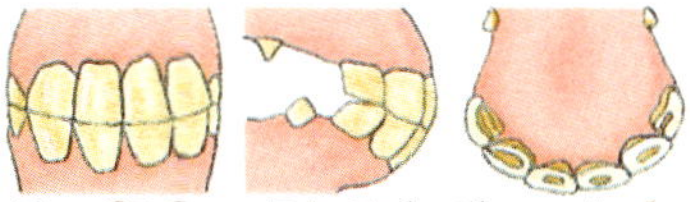

Fünf Jahre: Die Eckzähne sind ausgewachsen und der Verschleiß beginnt.
Sechs Jahre: Pferde haben jetzt ihr endgültiges Gebiss, das durch Gebrauch abgenutzt wird.

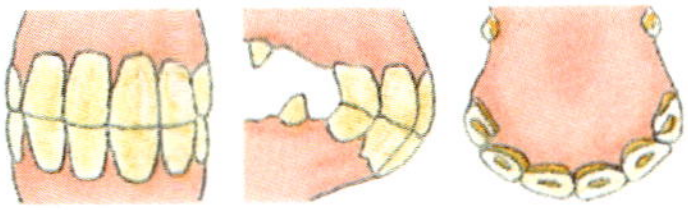

Sieben Jahre: Ein Haken erscheint an den Eckzähnen des Oberkiefers. (Ein ähnlicher Haken kann erst mit neun Jahren erscheinen. Das kann bei der Altersbestimmung verwirren.)

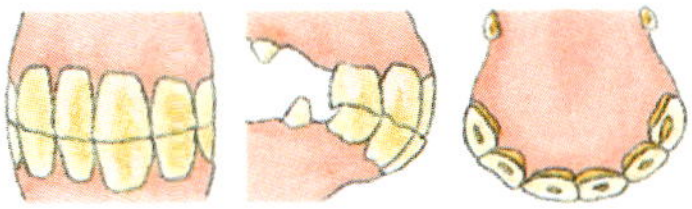

Acht Jahre: Von jetzt ab wird es schwierig, das Alter eines Pferdes zu bestimmen. Die **Kauflächen der Schneidezähne** können Aufschluss geben.

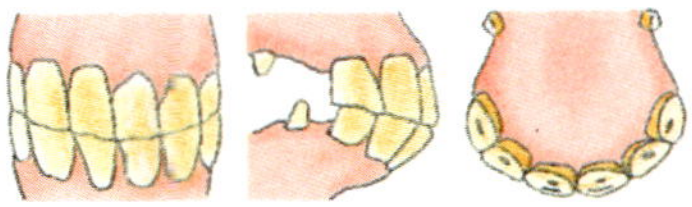

Neun Jahre: Ab acht/neun Jahren beginnt das Pferd zu „altern“. Mit acht Jahren werden **Zahnsternchen** auf den Zangen sichtbar. Die Kauflächen der Mittelzähne werden ab neun Jahren dreieckiger.

Zehn Jahre: An den oberen Eckzähnen erscheint eine braune Stelle, die **Galvayn'sche Furche**. Die Furche wächst abwärts. Zahnsternchen sind nun in allen unteren Schneidezähnen sichtbar.

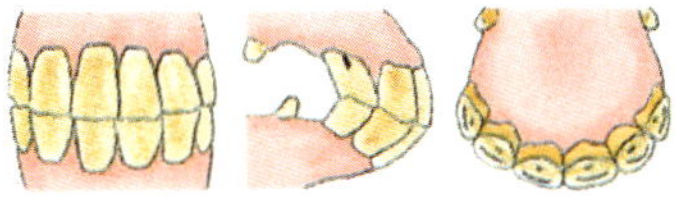

Fünfzehn Jahre: Die Galvayn'sche Furche verläuft nun über den halben Eckzahn.

Zwanzig Jahre: Die Furche zieht sich jetzt über den ganzen Zahn und beginnt von oben nach unten zu verschwinden. Die Zähne stoßen in einem scharfen Winkel aufeinander.

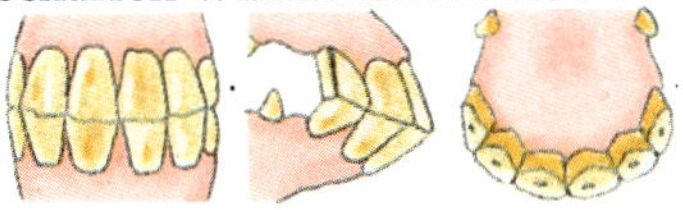

Fünfundzwanzig Jahre: Die Galvayn'sche Furche ist von der oberen Hälfte verschwunden. Mit zunehmenden Alter zieht sich das Zahnfleisch zurück und die Zähne wirken länger.

Zahnpflege

Alle sechs Monate sollten die Zähne eines Pferdes untersucht werden. Durch das Kauen von Futter verschleißen seine Zähne stark. Manchmal ist eine unebene Abnutzung erkennbar. Durch das Mahlen mit den Backenzähnen entstehen oft scharfe Kanten.

Krankheiten im Maul

Entzündungen und Geschwüre können an der Zunge und im Inneren der Pferdewangen auftreten. Da das Kauen dann sehr schmerzhaft ist, kann es zu Verdauungsproblemen und Gewichtsverlust kommen.

Probleme mit den Zähnen

Bei Pferden können verschiedene Zahnprobleme auftreten. Manchmal müssen sie sogar gezogen werden. Zum Beispiel können die kleinen **Wolfszähne** direkt neben den oberen Backenzähnen wachsen. Das ist oft sehr unangenehm für das Pferd und stört beim Tragen des *Gebisses**.

- Ein Anzeichen für zu scharfe Zähne ist **Priemen**. Dabei fällt dem Pferd beim Fressen halb gekautes Futter aus dem Maul. Das Problem kann durch **Abraspeln** der scharfen Kanten an den Backenzähnen behoben werden.

Die Schneidezähne eines Pferdes werden untersucht.

* Gebiss, 40

Pferdefarben

Die Fellhaare liegen, sich dicht überlappend, auf der Körperhaut des Pferdes an. Sie schützen vor Licht, Wind und Regen. Die Länge und Farbe des Fells hängt von der Rasse des Pferdes bzw. Ponys ab.

Fellfarben

Pferde werden durch die Farbangabe ihres Deckhaars (Fell) und Schutzhaars (Mähne, Schweif, Köte und Tasthaare) beschrieben. Man unterscheidet in der Regel vier Grundfarben: Rappe, Brauner, Fuchs und Schimmel. Für die unterschiedlichen Schattierungen gibt es besondere Bezeichnungen.

Hellbrauner

Hellbraune haben hell- bis kastanienbraunes Deckhaar und schwarze Schutzhaare. Die unteren Gliedmaßen sind oft schwarz.

Rappe

Rappen haben am ganzen Körper schwarzes Haar, einschließlich Mähnen- und Schweifhaar. Manche haben weiße *Abzeichen**. Ein Rappe, der im Winter ein dunkelbraunes Fell bekommt, wird Sommerrappe genannt.

Schimmel

Ein **Schimmel** hat schwarzes und weißes Deckhaar. Sein Fell wird mit zunehmendem Alter heller, bis es fast komplett weiß ist.

Dunkelbrauner

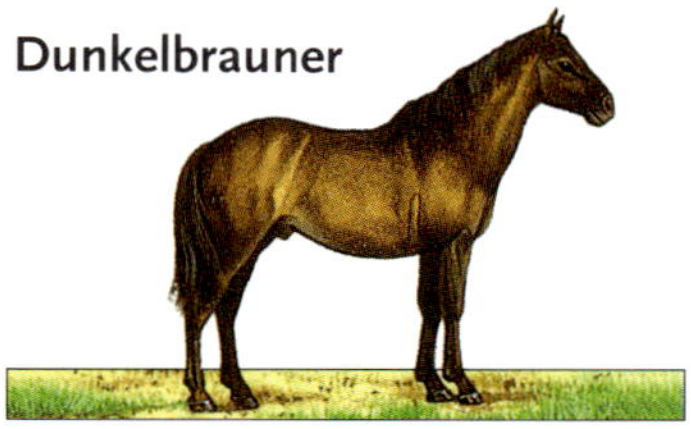

Ein **Dunkelbrauner** hat braunschwarze Deckhaare. Mähnen- und Schweifhaare sowie die Fellfarbe an den Gliedmaßen sind schwarz.

Fuchs

Ein **Fuchs** hat rötlich-braunes Deckhaar. Mähne und Schweif sollten die gleiche Farbe haben, können jedoch auch etwas heller oder dunkler sein.

- **Isabellen** oder gelbe Füchse haben gelbes Schutzhaar.

Braunschimmel

Ein **Braunschimmel** hat braunes und weißes Deckhaar am ganzen Körper. Die Schutzhaare sind schwarz, die Wimpern braun.

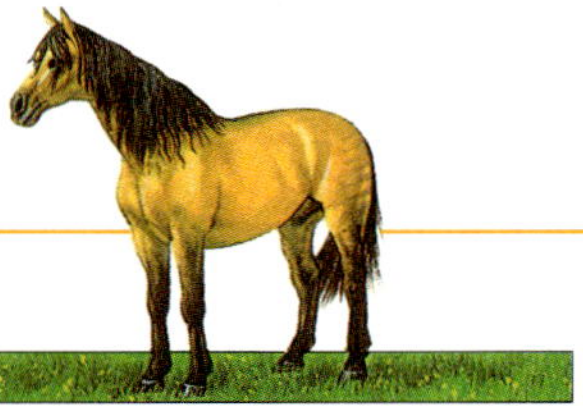

Falbe

Falben haben ein beigefarbenes Fell. Sie können einen *Aalstrich** und **Zebrastreifen** an den Beinen haben. Oft haben sie schwarze Haare an Kopf und Maul. Die Schutzhaare sind schwarz.

Palomino

Palominos sind goldfarben mit weißem Mähnen- und Schweifhaar.

Tigerschecke

Tigerschecken haben eine weiße Fellgrundfarbe und schwarze oder braune Flecken über das ganze Fell verteilt.

Tigerschecken kommen besonders häufig bei *Appaloosas** vor.

Fuchsschimmel

Fuchsschimmel haben eine Mischung aus weißem und fuchsfarbenem Deckhaar, wodurch ihr Fell hellrot erscheint. Die Schutzhaare sind fuchsfarben.

* Aalstrich, 25; Abzeichen, 24; Appaloosa, 29

Rappschimmel

Rappschimmel haben schwarzes und weißes Deckhaar am ganzen Körper, wodurch ihr Fell dunkelgrau wirkt. Die unteren Gliedmaßen sind oft schwarz und haben manchmal weiße Abzeichen.

Brauner

Die Grundfarbe der **Braunen** ist durchgehend braun, mit schwarzem Bein- und Schutzhaar.

Schwarzbrauner

Das meiste Deckhaar ist schwarz und an Maul und Flanken oftmals braun. Die Schutzhaare sind schwarz.

Weißisabellen

Die cremefarbenen Haare der **Weißisabellen** bedecken den ganzen Körper. Die Augen sind kaum gefärbt, weshalb sie rosa oder blau wirken.

Rappschecke

Rappschecken haben große, zusammenhängende schwarze und weiße Flecken.

Fuchsschecke

Der **Fuchsschecke** hat große weiße und fuchsfarbene Flecken.

Pinto

In den USA werden Schecken als **Pinto** bezeichnet. Man unterscheidet zwei Typen: Overo und Tobiano.

Albino

Ein **Albino** hat keine Pigmentierung. Die rosafarbene Haut scheint durch das seidige, dünne weiße Deckhaar. Die Schutzhaare sind weiß, die Augen rot.

Gemischter Schecke

Gemischte Schecken haben große, unregelmäßige Flecken in mehr als zwei Farben.

Einheitliche Färbung

Deck- und Schutzhaare zeigen einen einheitlichen Farbton. Keine Abzeichen.

Haartypen

An manchen Körperstellen, wie z. B. den Nüstern und Augenlidern, ist das Haar sehr fein. An anderen Stellen ist das Haar lang und kräftig und erfüllt eine bestimmte Aufgabe.

- Das Mähnen- und Schweifhaar ist sehr lang und stark und wirkt als Schutz gegen Insekten und Wettereinflüsse. Lange, dicke Wimpern schützen die Augen vor Staub und Insekten.
- An einigen Stellen, wie auf der Stirn oder Brust, hat das Pferd **Wirbel**.

Abzeichen

Pferde und Ponys haben oft an Kopf und Beinen weiße Flecken, die **Abzeichen** genannt werden. Auch die Haut unter den Abzeichen ist hell. Manchmal entstehen weiße Flecken auch durch Sattel- oder Geschirrdruck oder sonstige Hautschäden. Aber in diesen Fällen hat die Haut unter den Flecken die gleiche Farbe wie am restlichen Körper.

Abzeichen am Kopf

Weiße Abzeichen am Kopf haben je nach Größe und Form unterschiedliche Namen.

- Eine **Schnippe** ist ein weißer Fleck auf der Oberlippe, nah bei den Nüstern. Form und Lage der Schnippe wird meist genau beschrieben.

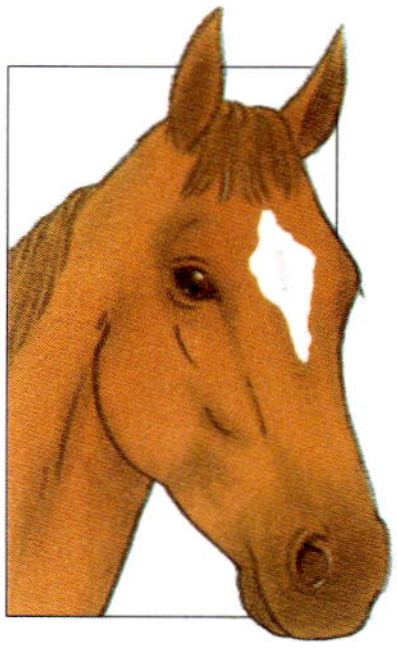

- Ein **Stern** ist ein weißer Fleck auf der Stirn, in unterschiedlicher Größe und Form.

- Ein **Strich** ist ein schmaler länglicher Streifen, der sich von der Stirn bis hinunter zum Maul zieht.

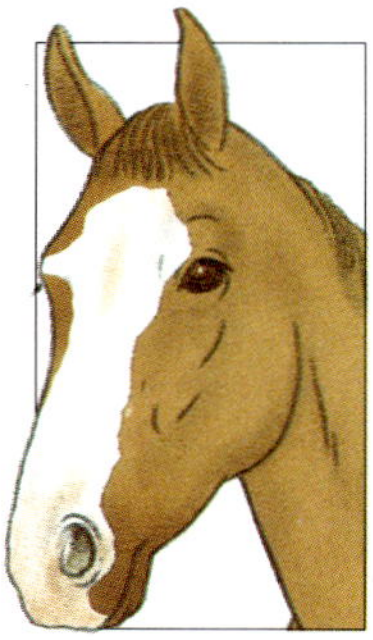

- Eine **Blesse** ist ein weißes Kopfabzeichen, das sich bis zum Maul zieht. Sie wird je nach Form als **eng**, **breit**, **unregelmäßig**, **gebrochen** oder **voll** beschrieben.

- Eine **Laterne** ist ein breites weißes Abzeichen, das sich über Stirn, Augen, Nüstern und Teile des Mauls ausbreitet.

- Ein **Glas-** oder **Fischauge** zeigt eine weiße oder blaue Färbung anstelle der normalen, dunklen

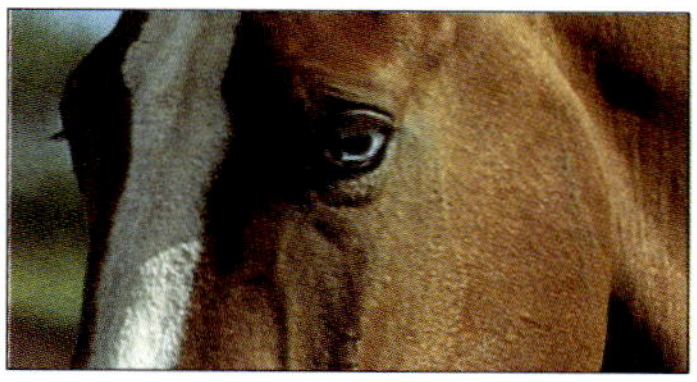

Farbe. Die Augen sind lichtempfindlicher, aber das Sehvermögen ist nicht eingeschränkt.

Abzeichen an den Beinen

Weiße Abzeichen an den Beinen eines Pferdes werden nach der Stelle, die sie bedecken, und ihrer Größe benannt.

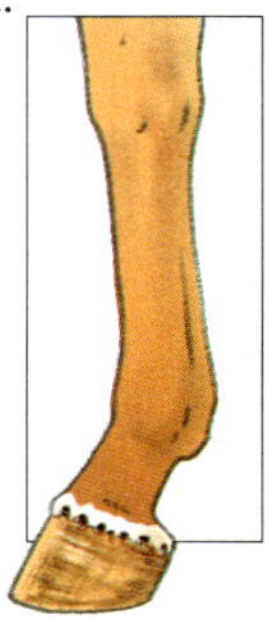

- **Weißer Kronrand**. Das weiße Abzeichen kann kleine schwarze oder braune Flecken rund um den *Kronrand** aufweisen und dadurch wie Hermelinfell aussehen.

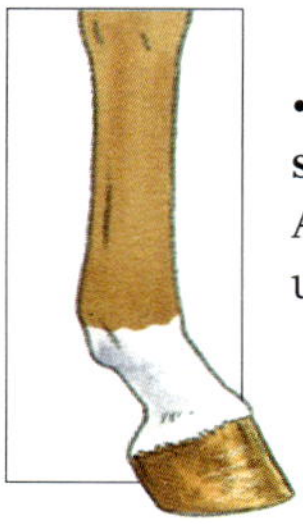

- Eine **weiße Fessel** ist ein weißes Abzeichen rund um die Fessel. Es verläuft vom Kronrand zum *Fesselgelenk**.

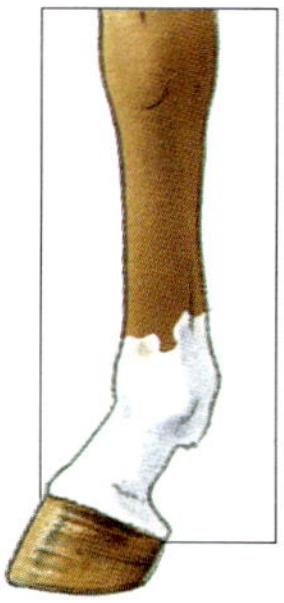

- Eine **Socke** ist ein weißes Abzeichen vom Kronrand bis über das Fesselgelenk. Es sollte normalerweise nicht bis zum *Vorderfußwurzelgelenk** bzw. *Sprunggelenk** reichen.

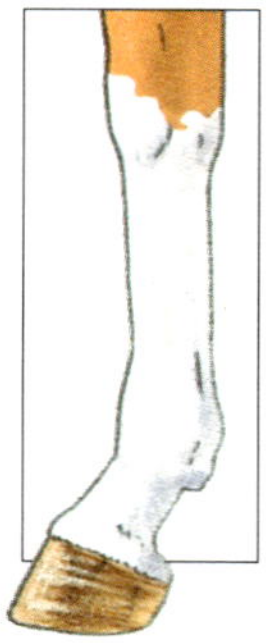

- Ein **Kniestrumpf** oder weißer Fuß ist ein weißes Beinabzeichen, das von der Krone bis über das Vorderfußwurzelgelenk bzw. Sprunggelenk hinausreichen sollte.

* Fesselgelenk, 10; Krone, 10; Sprunggelenk, 10; Vorderfußwurzelgelenk, 10

ein Aalstrich auf einem Pferderücken

Rückenabzeichen

Ein **Aalstrich** ist eine dunkle Linie aus schwarzem, braunem oder dunkelbraunem Haar und zieht sich vom Hals über den Rücken bis zum Schweif. Er ist häufig bei *Falben** oder nordeuropäischen und asiatischen Rassen.

Hufe

Auch die Hornfarbe der Hufe kann variieren und zur Beschreibung eines Pferdes dienen.

- **Dunkles Horn** besteht aus dunkelbraunem oder schwarzem Horn.

- **Helles Horn** besteht aus hellem oder cremefarbenem Horn.
- **Zweifarbiges Horn** ist eine Mischung aus dunklem und hellem Horn.

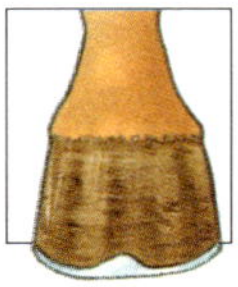

Künstliche Abzeichen

Pferde- und Ponybesitzer können ihre Tiere künstlich markieren. Dafür gibt es verschiedene Möglichkeiten. Sie alle werden zur Identifizierung und Unterscheidung von Pferden und zur Abschreckung vor Diebstahl eingesetzt.

Brand

Brandzeichen geben gewöhnlich Auskunft über Abstammung, Rasse und/oder das Abstammungsland des Pferdes

oder Ponys. Sie werden mit einem rot glühenden Eisen auf Schulter, Hinterschenkel oder Hals eingebrannt. In England gibt es auch Hufbrände. Sie geben Auskunft über den Besitzer.

Kaltbrand

Der **Kaltbrand** ist eine moderne Brandform, bei dem ein extrem gefrorenes Eisen an einer ge-

schorenen Stelle „aufgebrannt" wird. Gewöhnlich wird das Zeichen in der Sattellage angebracht, aber es kann auch an Schultern oder Hals platziert werden. Die Markierung beim Kaltbrand gibt eine Seriennummer an, die im Abstammungsnachweis des Pferdes eingetragen wird.

Tätowierungen

In den USA wird manchmal die Innenseite der Oberlippe oder das Ohr von Pferden **tätowiert**. Damit wird dem Austausch von Pferden bei hoch dotierten Rennen vorgebeugt. Manche Tiere können nach einer Lippen- oder Ohrtätowierung unter bleibenden Nervenschäden leiden.

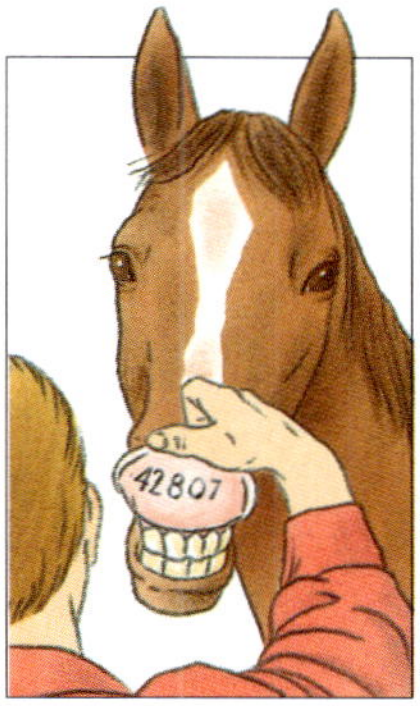

Mikrochips

Bei der Markierung mit **Mikrochips** werden kleine, elektronische Teile (Silikonchips) direkt unter der Haut des Pferdes angebracht. Normalerweise macht das ein Tierarzt. Mikrochips können bei der Suche nach einem gestohlenen Pferd sehr nützlich sein.

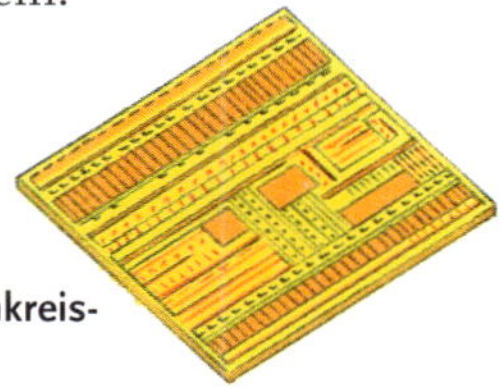

Ein Silikonchip ist eine klitzekleine Stromkreistafel.

* Falbe, 22

Pferderassen

Man kann zwischen drei Grundtypen von Pferden unterscheiden: Pferde, Ponys und Kaltblüter. Sie gehören alle zur gleichen Gattung des *Equus caballus**, werden aber in unterschiedliche **Rassen** aufgeteilt. Pferde sind gewöhnlich größer als Ponys und sie unterscheiden sich durch ihren Körperbau.

Ponys

Shetlandpony

- **Größe:** nicht größer als 107 cm *Stockmaß**
- **Farbe:** jede Farbe, meistens Dunkelbraune oder Rappen.
- **Herkunft:** Schottland, Shetland und Orkneyinseln. Eine sehr alte Ponyrasse. Besonders klein, aber im Verhältnis zur Größe auch ausgesprochen kräftig.

New-Forest-Pony

- **Größe:** 128 – 148 cm Stockmaß
- **Farben:** alle, außer Schecken und Weißfalben.
- **Herkunft:** England, New-Forest-Gebiet. Leben auch heute noch im New Forest in der Freiheit. Sie sind gute, umgängliche Familienponys.

Dartmoor-Pony

- **Größe:** bis 128 cm Stockmaß
- **Farbe:** Rappen, Hellbraune und Braune mit *Abzeichen**.
- **Herkunft:** England, Dartmoor. Eine alte Rasse, die seit Tausenden von Jahren im Südwesten Englands lebt. Ideales Anfängerpony für Kinder, da es klein, schmal und einfühlsam ist und einen umgänglichen Charakter hat.

Exmoor-Pony

- **Größe:** 118 – 129 cm Stockmaß
- **Farbe:** Hellbraune, Braune, Falben. Keine Schimmel.

- **Herkunft:** England, Somerset- und Devon-Moor. Die älteste ursprünglich britische Rasse. Es wird angenommen, dass sie schon seit prähistorischer Zeit dort lebt. Ein gutes, starkes Reitpony, obwohl es etwas eigenwillig sein kann.

Dales-Pony

- **Größe:** um 146 cm Stockmaß
- **Farbe:** Rappen, Dunkelbraune, Hellbraune oder Schimmel.
- **Herkunft:** England, nördliches Dales. Dales-Ponys stammen aus der vorrömischen Zeit. Sie können schwere Lasten ziehen und sind gute Fahrponys.

Fell-Pony

- **Größe:** 136 – 146 cm Stockmaß
- **Farbe:** Rappen, Hellbraune, Braune, manchmal Schimmel.

- **Herkunft:** England, Westmorland/Cumberland. Ähnlich dem Dales-Pony ist das Fell-Pony sehr kräftig und zum Distanzreiten gut geeignet.

Highland-Pony

- **Größe:** 128 – 148 cm Stockmaß
- **Farbe:** Schimmel, Rappen, Braune und Falbschattierungen.
- **Herkunft:** Schottland, Hochland. Zwei Typen: das größere Festlandpony und das kleinere Inselpony. Für alle Reitsportdisziplinen geeignet.

* Abzeichen, 24; Equus caballus, 4; Stockmaß, 14

Welsh-Mountain-Pony (Sektion A)

- **Größe:** bis 126 cm Stockmaß
- **Farbe:** jede Farbe (außer Schecken), die meisten sind Schimmel.
- **Herkunft:** Wales.

Welsh-Ponys leben seit römischen Zeiten in den walisischen Bergen und Mooren. Sie sind intelligent, mutig und umgänglich. Diese Ponys eignen sich hervorragend als Kinderreit- und Fahrponys.

Welsh-Pony (Sektion B)

- **Größe:** bis zu 148 cm Stockmaß
- **Farbe:** alle Farben, außer Schecken.
- **Herkunft:** Wales.

Stammt vom Welsh-Mountain-Pony ab und

wurde zum Schafhüten in den walisischen Hügeln eingesetzt. Heute wird es hauptsächlich als Kinderreitpony gezüchtet. Mutig und intelligent, gilt es als das Reitpony unter den Welsh-Rassen.

Welsh Cob (Sektion C)

- **Größe:** bis 148 cm Stockmaß
- **Farbe:** alle Farben, außer Schecken.
- **Herkunft:** Wales.

Stammen ebenfalls vom Welsh-Mountain-Pony ab und wurden in der Landwirtschaft eingesetzt. Gute Fahr- und Reitponys.

Connemara-Pony

- **Größe:** 136 – 148 cm Stockmaß
- **Farbe:** Schimmel, Hellbraune, Rappen, Falben, Füchse, Rappschimmel.

- **Herkunft:** Irland, Connemara.

Ausgezeichnete und vielseitig einsetzbare Kinderreitponys mit guter Springveranlagung.

Haflinger

- **Größe:** 138 – 148 cm Stockmaß
- **Farbe:** Fuchs mit hellem Mähnen- und Schweifhaar.
- **Herkunft:** Südtirol.

Kleine, starke Bergponyrasse. Gute Zug- und Reitponys.

Fjordpferd

- **Größe:** 136 – 146 cm Stockmaß
- **Farbe:** eine alte Rasse mit charakteristischer Falbfärbung, *Aalstrich** auf dem Rücken und zweifarbiger Mähne.

- **Herkunft:** Norwegen.

Das Fjordpferd wurden von den Wikingern geritten und nach Skandinavien und Deutschland gebracht. Es ist umgänglich, sehr stark und wird noch heute in manchen Bergregionen zur Landarbeit eingesetzt.

Isländer

- **Größe:** 132 – 145 cm Stockmaß
- **Farbe:** alle Farben.

- **Herkunft:** Island.

Eine Rasse, die seit fast 1.000 Jahren rein gezüchtet wird. Sehr ausdauernd und robust. Neben den drei Grundgangarten gehen sie auch **Tölt** (bequeme Viertaktgangart) und **Pass** (Zweitaktgangart). Sie sind sehr intelligent, langlebig und haben ein exzellentes Sichtfeld.

* Aalstrich, 25

Pferderassen

Pferde

Achal-Tekkiner

Größe: durchschnittlich 148–164 cm Stockmaß
Farbe: Goldfalbe, Hellbrauner, Fuchs, Schimmel, Rappe.

Herkunft: Zentralasien (Russland), turkmenische Steppen. Kleine, drahtige Pferde mit schöner Haut und seidigem Haar. Sie stammen von dem antiken turkmenischen Pferd ab, das bis vor 2.500 Jahren lebte. Achal-Tekkiner haben ein außergewöhnliches Stehvermögen, aber auch ein sehr eigenwilliges Temperament.

Cleveland Bay

Größe: 158–168 cm Stockmaß
Farbe: Hellbrauner oder Brauner.
Herkunft: nördliches England. Eine der ältesten englischen Pferderassen, fast völlig ohne fremden Einfluss gezogen. Groß und wohlproportioniert, ist es ein gutes Reit-, Fahr- und leichtes Zugpferd. Ein natürlicher Springer, der mit *Vollblütern** gekreuzt erstklassige Jagd-, Spring- und Kutschpferde bringt.

Hackney

- **Größe:** durchschnittlich knapp über 156 cm Stockmaß
- **Farbe:** meist Hellbrauner, Brauner, Rappe, Fuchs.
- **Herkunft:** England.

Das Hackney stammt von einer berühmten Traberrasse des 18. Jh., dem Norfolk Roadster, ab. Sehr elegant, mit einem schönen Gesicht. Lebendig und charaktervoll zeigt das Hackney-Pferd, dass sowohl Araberblut als auch englisches Vollblut durch seine Adern fließt. Es ist berühmt für seinen spektakulären hohen, federnden Trab.

Araber

- **Größe:** durchschnittlich 146–156 cm Stockmaß
- **Farbe:** Schimmel, Fuchs, Hellbrauner, manchmal Rappe.
- **Herkunft:** Arabische Halbinsel.

Diese berühmte Pferderasse wird seit jeher aufgrund ihrer Schönheit und Eleganz bewundert. Diese älteste und reinste heute noch existierende Rasse aus der Arabischen Wüste wird seit mehr als 1.000 Jahren rein gezüchtet, zuerst von arabischen Wüstenbeduinen und später in Europa. Diese Pferde vereinen die besten Eigenschaften, wie Mut, Ausdauer, Umgänglichkeit und Intelligenz.

* Vollblut, 31

Größenskala
Zwischen den einzelnen Pferderassen bestehen enorme Größenunterschiede.

American Saddlebred

- **Größe:** durchschnittlich 156 – 166 cm Stockmaß
- **Farbe:** Brauner, Rappe, Fuchs.

- **Herkunft:** USA, Kentucky.

Die Rasse wurde von den Plantagenbesitzern im 19. Jh. gezüchtet. Heute wird sie hauptsächlich für Vorführungen und Schaureiten gezüchtet.

Appaloosa

- **Größe:** bis 158 cm Stockmaß
- **Farbe:** fünf Grundmuster: Frosted, Leopardenscheck, Marmorscheck, Schneeflockenscheck, Deckenscheck.

- **Herkunft:** USA, Idaho, Oregon.

Eine der verbreitetsten Rassen in den USA. Sie wurde von den Nez-Percé-Indianern gezüchtet und stammt von spanischen Pferden ab.

Andalusier

- **Größe:** 158 cm Stockmaß
- **Farbe:** Schimmel, Rappe, manchmal Falbe oder Palomino.
- **Herkunft:** Spanien, Andalusien.

Intelligent und zutraulich. Bis zur Verbreitung der englischen Vollblüter im 18. Jh. wurde diese Rasse in ganz Europa bevorzugt. Sie stammt von Pferden ab, die von den Mauren aus Nordafrika mit nach Spanien gebracht wurden.

Camargue-Pferd

- **Größe:** bis 156 cm Stockmaß
- **Farbe:** Schimmel. Die Fohlen werden schwarz, dunkelgrau oder braun geboren. Mit zunehmendem Alter wird das Fell heller.

- **Herkunft:** Frankreich, Camargue.

Bekannt als das „weiße Pferd der See". Sein weißes Fell sticht aus dem rauen Marschgras leuchtend hervor. Es hat einen weit ausgreifenden Schritt und ist sehr wendig. Das *Exterieur** ist oft fehlerhaft.

Przewalski-Pferd

- **Größe:** 126 – 146 cm Stockmaß
- **Farbe:** Falbe mit *Aalstrich** und *Zebrastreifen**.
- **Herkunft:** Mongolei.

Das Wildpferd wurde 1881 von dem russischen Forscher Oberst N. M. Przewalski entdeckt. Es war die letzte frei lebende Wildpferderasse. Man nimmt an, dass es ein Vertreter der ursprünglichen Pferderassen ist, aus denen sich alle weiteren Rassen entwickelt haben. In freier Wildbahn wurde es fast bis zum Aussterben gejagt. In Zoos und Wildgehegen wird die Rasse heute nachgezüchtet. Das wilde Przewalski-Pferd ist sehr kräftig gebaut. Es verfügt über mehrere Wildpferdekennzeichen: Falbfarbe, Stehmähne, Aalstrich und Zebrastreifen.

* Aalstrich, 25; Exterieur, 16; Zebrastreifen, 22

Pferderassen

Pferde

Morgan

- **Größe:** bis zu 158 cm Stockmaß
- **Farbe:** meistens Hellbrauner, Dunkelbrauner, Fuchs oder Rappe.
- **Herkunft:** USA.

Die Rasse geht in ihren Ursprüngen ins 18. Jh. zurück und verfügt wahrscheinlich über *Araber**- und Vollblutanteile. Moderne Morgan-Pferde sind größer und eleganter als die ursprünglichen. Sie sind gute Allround-Pferde.

Lusitano

- **Größe:** 156 – 166 cm Stockmaß
- **Farbe:** meistens weiß.
- **Herkunft:** Portugal.

Sie sehen den *Andalusiern** sehr ähnlich und stammen wahrscheinlich von einem Andalusier-Stamm ab, dem Araberblut zugeführt wurde. Der Lusitano ist intelligent, mutig und wendig. Er wurde ursprünglich als *Kavalleriepferd** gezüchtet. Heute tritt er in unblutigen Stierkämpfen auf.

Holländisches Warmblut

- **Größe:** 158 – 168 cm Stockmaß
- **Farbe:** Fuchs, Schimmel, Hell- und Dunkelbrauner.
- **Herkunft:** Holland.

Zwei Typen: Der aus dem Süden Hollands stammende Gelderländer ist als Fahr- und *Springpferd** berühmt. Der schwerere Groninger aus dem Norden wird als Reitpferd und in der Landwirtschaft genutzt.

Quarter Horse

- **Größe:** um 150 cm Stockmaß
- **Farbe:** alle Farben.
- **Herkunft:** USA.

Die am weitesten verbreitete Rasse in Nordamerika. Es wurde von den frühen englischen Siedlern gezüchtet und entstand durch eine Kreuzung von spanischstämmigen Stuten mit englischen Hengsten. Seinen Namen verdankt es den Viertelmeilenrennen, die die englischen Siedler auf den Straßen abhielten.

Hannoveraner

- **Größe:** 166 – 176 cm Stockmaß
- **Farbe:** alle Farben.
- **Herkunft:** Deutschland, Hannover.

Eine der ältesten deutschen *Warmblutrassen**, deren Abstammung sich bis ins 18. Jh. zurückverfolgen lässt.

Der heutige Hannoveraner hat einen hohen Vollblutanteil und ist für sein Stehvermögen und seinen Mut berühmt.

Tennessee Walking Horse

- **Größe:** 156 – 166 cm Stockmaß
- **Farbe:** alle Farben.
- **Herkunft:** USA.

Eine beliebte Rasse in Nordamerika. Ihre hervorragende Eigenschaft ist ein einzigartiger Laufschritt, der für den Reiter sehr bequeme Walk.

* Andalusier, 29; Araber, 28; Kavallerie, 7; Springpferd, 82; Warmblut, 121

Falabella

- **Größe:** nicht größer als 76 cm Stockmaß
- **Farbe:** alle Farben.
- **Herkunft:** Argentinien.

Das kleinste Pferd der Welt. Durch seinen zierlichen Körperbau sieht es eher wie ein Miniaturpferd als wie ein Pony aus. Es wurde von der Familie Falabella in der Nähe von Buenos Aires durch die Kreuzung von kleinen Vollblütern mit *Shetlandponys** gezüchtet. Das Pferd eignet sich besser als Schmusetier als zum Reiten, obwohl es recht kräftig ist.

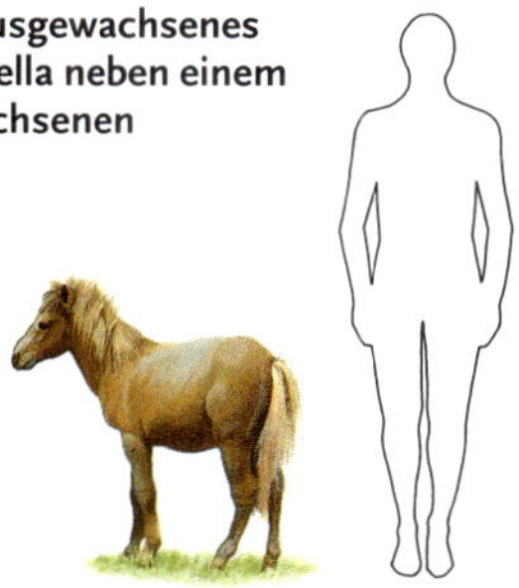

ein ausgewachsenes Falabella neben einem Erwachsenen

Englisches Vollblut

- **Größe:** um 167 cm Stockmaß
- **Farbe:** meistens Braune, Hellbraune und Füchse.
- **Herkunft:** England.

Das schnellste und berühmteste Rennpferd der Welt ist auch eins der schönsten.

Es wurde im 17. und 18. Jh. in England durch die Kreuzung von einheimischen Stuten mit Araberhengsten entwickelt. Heute geht es auch als Sportpferd bei *Vielseitigkeitsprüfungen**, in der *Dressur** und es ist ein exzellentes Pferd für Reitjagden. Neben den Arabern hat das Vollblut den meisten Einfluss auf andere Rassen genommen. Es wurde zur Zucht neuer und zur Verbesserung bereits bestehender Rassen auf der ganzen Welt eingesetzt.

Lipizzaner

- **Größe:** um 153 cm Stockmaß
- **Farbe:** Grundfarbe: Schimmel.
- **Herkunft:** Österreich, Lipica.

Diese Rasse ist für ihren Gehorsam und ihre Intelligenz bekannt. Berühmt ist sie durch ihre Auftritte in der *Spanischen Hofreitschule** in Wien. Sie wird seit dem 16. Jh. auf dem Gestüt in Lipica gezüchtet. Der ursprüngliche Lipizzaner-Stamm bestand aus rein gezüchteten Andalusiern. Es sind kompakte Pferde mit kräftigem Rücken und kurzen, starken Beinen. Die Fohlen werden schwarz oder braun geboren und bekommen bis zum 10. Lebensjahr eine weiße Fellfarbe. Sie sind berühmt für die *Hohe Schule** und sie sind ausgezeichnete *Fahrpferde**.

Trakehner

- **Größe:** 166–168 cm Stockmaß
- **Farbe:** meistens Füchse, Braune oder Rappen.

- **Herkunft:** Ostpreußen.

Eine der berühmtesten Pferderassen in der Militärgeschichte, bekannt durch ihre große Ausdauer. Ursprünglich in dem 1732 gegründeten Gestüt Trakehnen in Ostpreußen gezüchtet. Ein leichtgewichtiger Pferdetyp wurde als Reitpferd, ein schwergewichtigerer zum Ziehen von Kanonen gezüchtet. Heute kommen Trakehner aus Privatzüchtungen und sind erstklassige Reitpferde, mit gutem *Exterieur** und oft guter Springveranlagung. Sie sind sehr schöne Pferde, haben einen eleganten Hals und ausdrucksvolle Augen.

* Dressur, 74; Exterieur, 16; Fahren, 92; Hohe Schule, 99; Shetlandpony, 26; Spanische Hofreitschule, 98; Vielseitigkeitsprüfungen, 78

Pferderassen

Kaltblüter/Schwere Pferde

Clydesdale

- **Größe:** um 168 cm Stockmaß
- **Farbe:** meist Braune, Rappen.
- **Herkunft:** Schottland, Lanarkshire.

Ein Kaltblüter aus Clyde Valley, Lanarkshire in Schottland. In der Mitte des 18. Jh. wurden einheimische Stuten mit noch schwereren, flämischen Hengsten gekreuzt. Das Clydesdale ist nicht so groß wie das Shire Horse, aber es wurde wie dieses als Zugpferd in andere Länder exportiert.

Irish Draught

- **Größe:** 156 – 176 cm Stockmaß
- **Farbe:** Meist Schimmel, Braune.
- **Herkunft:** Irland.

Schweres Warmblut, ausgezeichnetes Zug- und Arbeitspferd. Es ist ruhig, intelligent und fügsam. Es wurde für die Landwirtschaft und als Reitpferd gezüchtet. Heute wird es hauptsächlich zur Zucht erstklassiger *Jagd-** und *Springpferde** genutzt. Dazu wird es mit *Vollblütern** oder anderen edlen, leichten Pferden gekreuzt.

Shire Horse

- **Größe:** bis zu 186 cm Stockmaß, manchmal größer
- **Farbe:** Hellbrauner, Brauner, Rappe oder Schimmel.
- **Herkunft:** Zentrale Grafschaften Englands, genannt Shires.

Das Shire Horse stammt vom Old English Black Horse ab, dessen Vorfahren wiederum die großen, mittelalterlichen Pferde waren. Extrem stark, mit großem Umfang und einem Gewicht von über einer Tonne. Starker **Kötenbehang.**

Das Shire Horse ist eine der größten Pferderassen.

Suffolk Punch

- **Größe:** 166 – 168 cm Stockmaß
- **Farbe:** immer Fuchs ohne Abzeichen.
- **Herkunft:** England, Suffolk.

Ein schweres Zugpferd, das in der zweiten Hälfte des 18. Jh. entstanden ist. Es ist eine der reinsten Kaltblutzuchten. Das heutige Suffolk ist ein kompaktes, breites Pferd mit kurzen, kräftigen Beinen.

Percheron

- **Größe:** 158 – 176 cm Stockmaß
- **Farbe:** Schimmel oder Rappe.

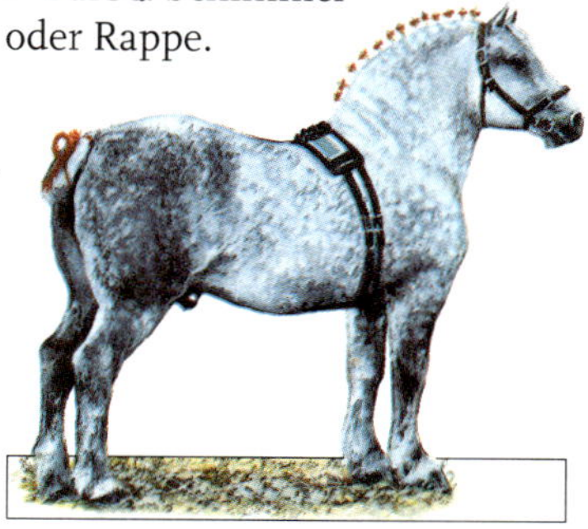

- **Herkunft:** Frankreich, Perche-Region.

Das Percheron ist ein zähes, aktives, intelligentes und leicht zu handhabendes Pferd. Es führt *Araberblut** und ist ein elegantes, wohlproportioniertes Tier. Es wird heute in viele Teile der Welt exportiert.

* Araber, 28; Jagdpferde, 82; Springpferde, 82; Vollblut, 31

Ardenner

- **Größe:** bis zu 159 cm Stockmaß
- **Farbe:** meistens Hellbraune, Dunkelbraune, Füchse oder Schimmel.
- **Herkunft:** Frankreich/Belgien: Ardennen.

Ein stämmiges, kompaktes, kräftiges Zugpferd mit kurzen Beinen und sehr starken Knochen. Das extreme Klima der Ardennen bringt sehr robuste Pferde mittlerer Größe hervor, die gut für die Landwirtschaft geeignet sind.

Bretone

- **Größe:** bis zu 166 cm Stockmaß
- **Farbe:** meistens Füchse, manchmal Rappen, Hellbraune oder Dunkelbraune.
- **Herkunft:** Frankreich, Bretagne. Das Zugpferd hat Bluteinflüsse vom Percheron, Ardenner und Boulonnais. Es hat einen kräftigen Körper, kurze Beine und ist ein aktives Pferd mit umgänglichem Charakter.

Verteilung der Rassen

Die Landkarte unten zeigt die Gebiete, aus denen die aufgeführten Pferde- und Ponyrassen stammen. Im vergrößerten Ausschnitt wird Westeuropa gezeigt, weil dort die meisten Rassen herkommen.

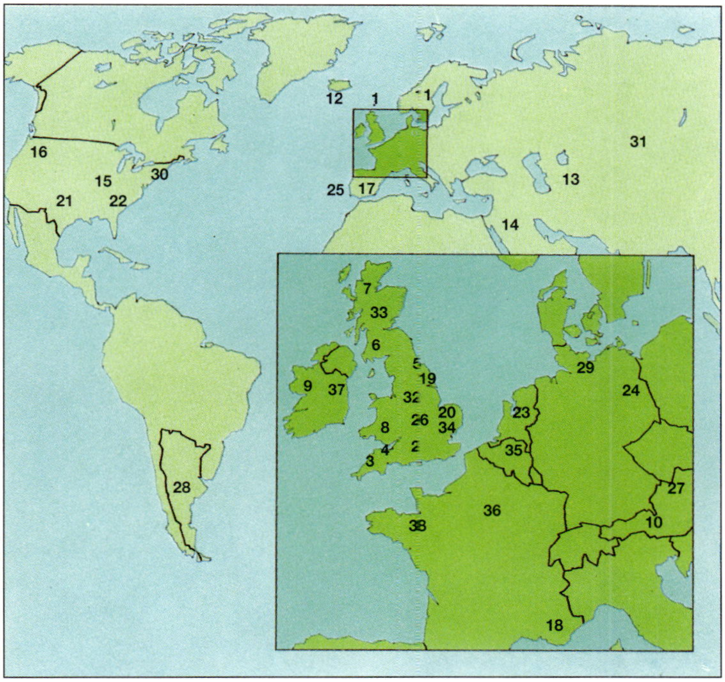

1 Shetlandpony
2 New-Forest-Pony
3 Dartmoor-Pony
4 Exmoor-Pony
5 Dales-Pony
6 Fell-Pony
7 Highland-Pony
8 Welsh-Moutain-Pony
9 Connemara
10 Haflinger
11 Fjordpferd
12 Isländer
13 Achal-Tekkiner
14 Araber
15 American Saddlebred
16 Appaloosa
17 Andalusier
18 Camargue-Pferd
19 Cleveland Bay
20 Hackney
21 Quarter Horse
22 Tennessee Walking Horse
23 Holländisches Warmblut
24 Trakehner
25 Lusitano
26 Englisches Vollblut
27 Lipizzaner
28 Falabella
29 Hannoveraner
30 Morgan Horse
31 Przewalski-Pferd
32 Shire Horse
33 Clydesdale
34 Suffolk Punch
35 Ardenner
36 Percheron
37 Irish Draught
38 Bretone

Sattelzeug

Wenn man vom **Sattel** spricht, meint man meist das gesamte Sattelzeug mit Gurt, Steigbügelriemen und Steigbügeln. Gleiches passiert beim Wort **Trense**, bei dem man in der Regel das gesamte Kopfzeug inklusive Zügel im Sinn hat. Es gibt zahlreiche Satteltypen und ebenso viel Zubehör, die je nach Reitweise und Pferderasse eingesetzt werden.

Der Sattel

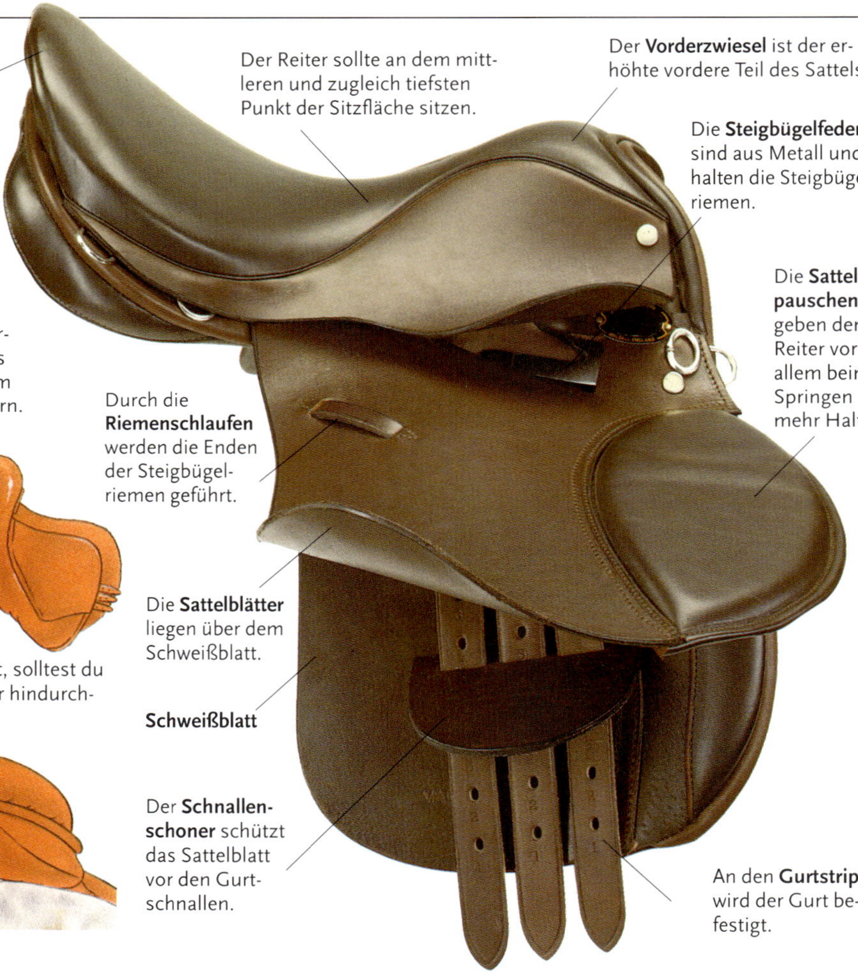

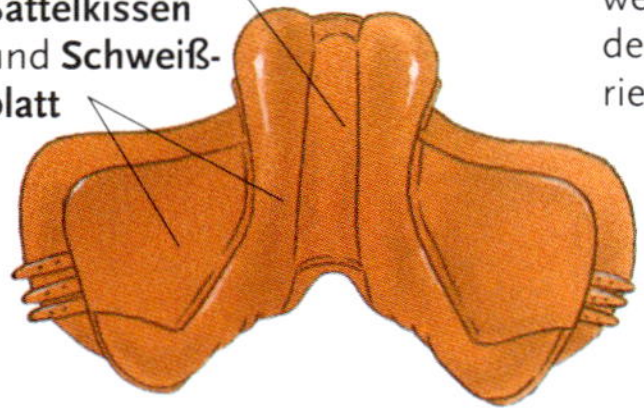

Wenn der Sattel aufliegt, solltest du durch die Sattelkammer hindurchblicken können.

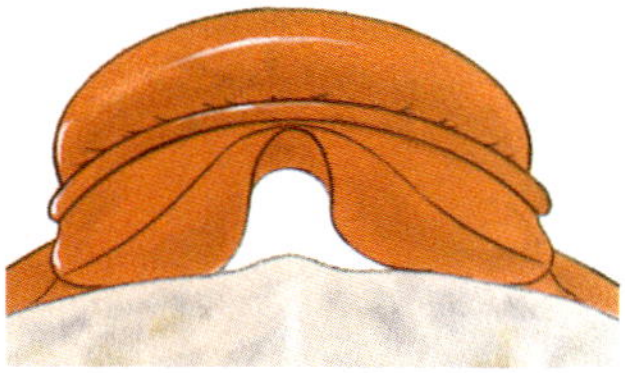

Sattelbaum

Der **Sattelbaum** ist das Gerüst, um das herum der Sattel gebaut wird. Seine Länge und Breite bestimmen die Größe des Sattels. Der Sattel muss dem Pferd genau passen, sonst ist er unbequem und drückt.

- Der Sattelbaum besteht aus leichtem Holz oder Kunststoff und wird durch Metall gestärkt.

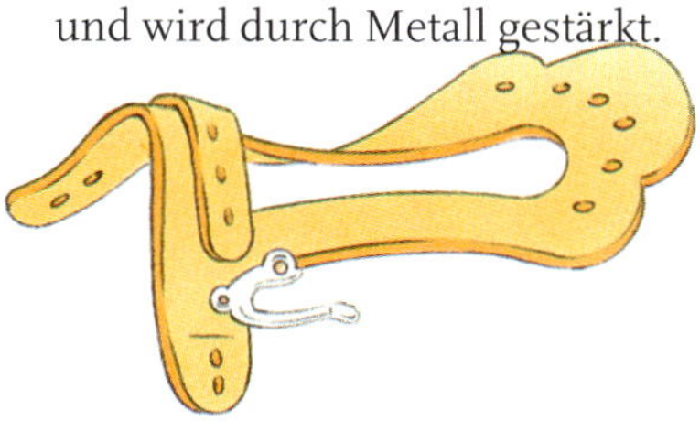

- Es gibt zwei Sattelbaumtypen: den **starren** und den **gefederten**. Letzterer wird mit flexiblen Stahlstreben an beiden Seiten gefertigt. Er ist bequemer und das Pferd kann die *Gewichts-* und *Kreuzhilfen** besser spüren.

* Gewichts- und Kreuzhilfen, 68

Sattelformen

Der Sattel verteilt das Gewicht des Reiters gleichmäßig auf die Muskeln des Pferderückens und unterstützt den korrekten Sitz des Reiters. Sättel haben unterschiedliche Formen, je nachdem ob sie zum Springen, zur Jagd, zur Dressur, zur Schau oder für Rennen gebraucht werden.

- Der **Vielseitigkeitssattel** ist für alle Zwecke geeignet, besonders auch für Reitschulen und *Geländeritte**. Durch seine etwas flachere Sitzfläche und die vorgewölbten Sattelblätter ist er vielseitig einsetzbar.

- Der **Schausattel** hat gerade Sattelblätter und liegt dicht auf dem Pferderücken. Er ermöglicht den Richtern eine gute Vorderansicht sowie eine ungehinderte Beurteilung der Rückenlinie.

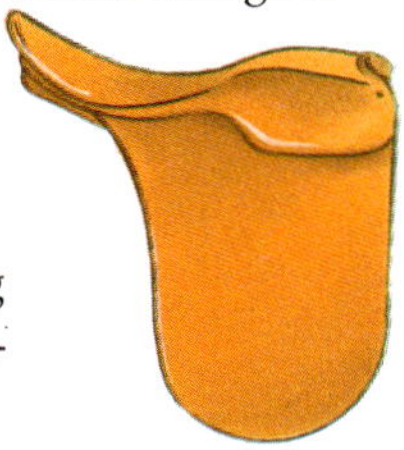

- Der **Springsattel** hat weit vorgewölbte Sattelblätter, die es dem Reiter ermöglichen, mit kürzeren Steigbügeln zu reiten. So kann der Reiter das Gleichgewicht über dem Sprung halten.

- Die Sitzfläche des **Dressursattels** ist leicht gesenkt, um dem Reiter einen tiefen Sitz in der Sattelmitte zu erleichtern. Durch lange Steigbügelriemen und gerade Sattelblätter hält der Reiter die Beine dicht am Pferd.

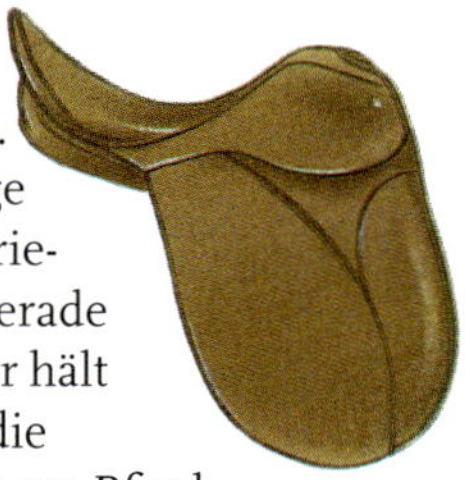

- Der **Wandersattel** verteilt das Gewicht des Reiters besonders gut auf dem Pferderücken. Bei *Distanzritten** ist er für Pferd und Reiter sehr bequem.

- Der **Rennsattel** ist aus besonders leichtem Material hergestellt. Die Sitzfläche ist unwichtig, da der Reiter in den extrem kurz geschnallten Steigbügeln steht.

- **Auflagesättel** werden für kleine Kinder hergestellt. Sie haben keinen Sattelbaum oder höchstens einen Baumvorbau. Ein Auflagesattel ist normalerweise mit einem Bandgurt fest verbunden und hat einen Handriemen zum Festhalten vorn am Sattel.

- Der **Westernsattel** wird zum *Westernreiten** gebraucht. Er ist schwerer als die meisten Sättel, aber so gefertigt, dass er sich dem Pferderücken bequem anpasst. Er ist mit einer Auflage oder Decke ausgestattet.

Zusätzliches Sattelzeug

- Das lederne **Vorderzeug** führt um den Hals herum und wird vorn am Sattel befestigt, um das Zurückrutschen des Sattels zu verhindern.

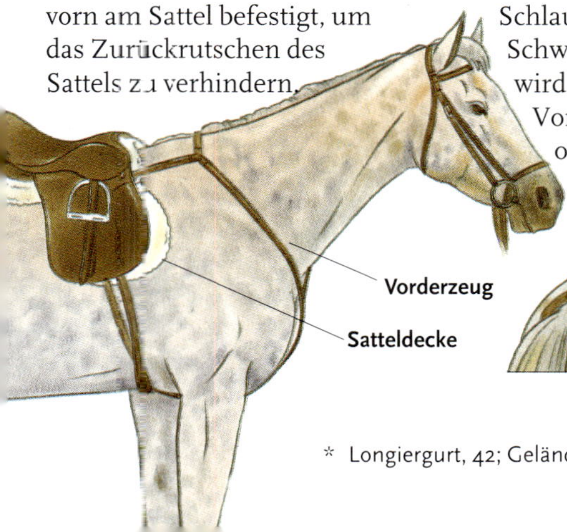

- Ein **Schweifriemen** ist ein Lederriemen mit einer Schlaufe, die um den Schweif herum befestigt wird. Er verhindert das Vorrutschen des Sattels oder *Longiergurts**.

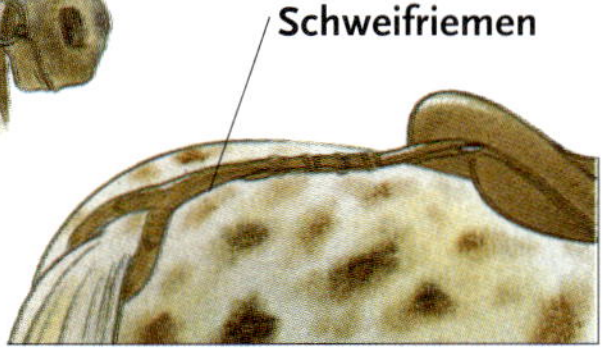

- Eine **Satteldecke** ist meist in Sattelform zugeschnitten und schützt den Pferderücken und die Unterseite des Sattels. Baumwolle ist das beste Material für eine Satteldecke. Sie ist billig, saugt den Schweiß auf und ist leicht zu reinigen. Auch Schafsfell ist gut geeignet, ist allerdings auch sehr viel teurer und schwieriger zu reinigen als Baumwolle.

* Longiergurt, 42; Geländereiten, 66; Distanzreiten, 86; Westernreiten, 72

Sattelzeug

Gurte

Der **Gurt** hält den Sattel auf dem Pferderücken fest. Der richtige Gurt ist für die Sicherheit des Reiters und für das Wohlbefinden des Pferdes sehr wichtig. Er sollte weder rutschen noch scheuern.

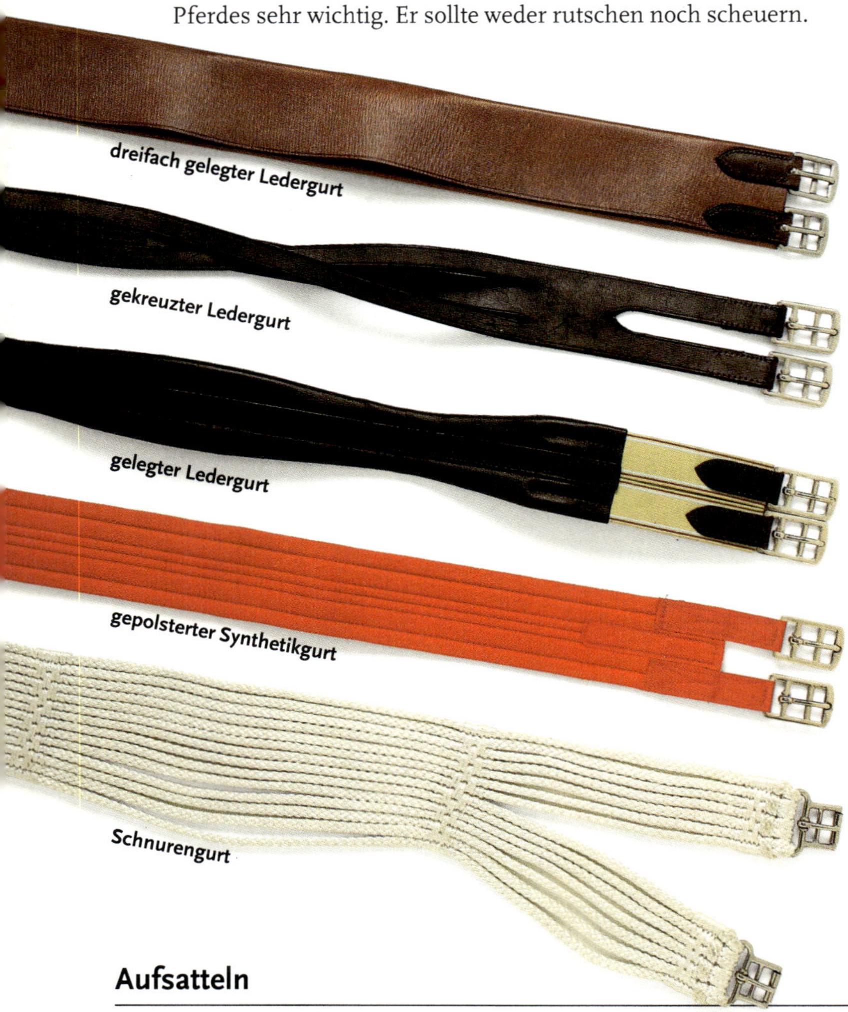

- Ein **dreifach gelegter Ledergurt** wird aus einem dreimal gefalteten Lederstück hergestellt. Er endet auf beiden Seiten mit zwei Schnallen.
- Bei einem **gekreuzten Ledergurt** besteht der mittlere Teil aus drei einzelnen, übereinander gekreuzten Riemen. Dadurch wird der Gurt hinter den Ellbogen schmaler und scheuert oder zwickt das Pferd weniger.
- Ein **gelegter Ledergurt** besteht aus einem weichen, gefalteten Lederstück, das an den Ellbogen schmaler wird. Diese Form reduziert das Auftreten von *Gallen** und Scheuerwunden.
- Ein **gepolsterter Synthetikgurt** hat eine weiche Füllung und ist zugleich bequem und stabil. Manche Synthetikgurte haben dieselbe Form wie der gelegte Ledergurt.
- Ein **Schnurengurt** besteht aus Nylonschnüren, die in Abständen miteinander verknüpft sind. Er ist ein guter, kräftiger Vielseitigkeitsgurt, kann aber das Pferd zwicken, wenn er nicht sorgfältig umgelegt wird.

Aufsatteln

Der Sattel ermöglicht dem Reiter einen bequemen und korrekten Sitz auf dem Pferd. Aber das Pferd muss sich auch wohl fühlen.

- Die Sitzfläche muss parallel zum Pferderücken verlaufen und darf nicht zu lang sein. Wenn sich das Pferd bewegt, darf der Sattel nicht rutschen.

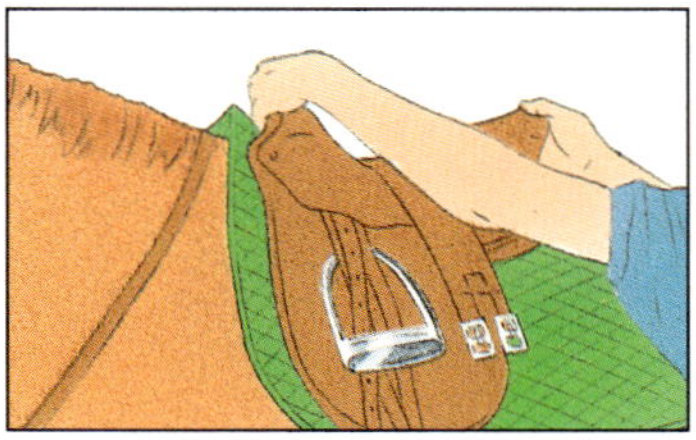

Heb den Sattel über den *Widerrist** und schieb ihn mit dem Haarstrich in die richtige Position.

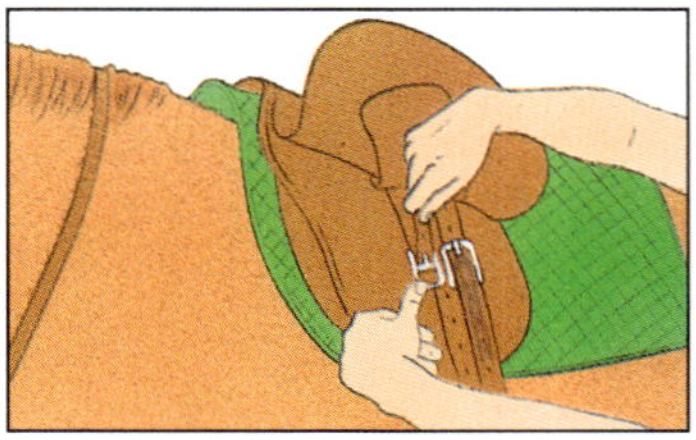

Zieh den Gurt so an, dass er fest ist, aber nicht spannt. Später musst du nachgurten.

* Gallen, 59; Widerrist, 10

Steigbügel

Die **Steigbügel** sollten aus rostfreiem Stahl gefertigt sein und an beiden Seiten der Füße ca. 1 cm Spielraum lassen. Kinder sollten kleinere Steigbügel benutzen, damit der Fuß nicht durch den Bügel rutschen kann.

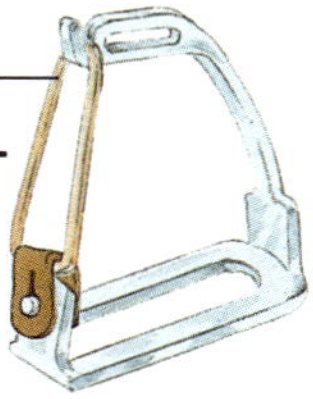

• Ein **Sicherheitssteigbügel für Kinder** hat anstatt einer Metallstrebe ein dickes Gummiband an der Außenseite. Es geht auf, wenn der Fuß durch den Steigbügel rutscht. Dieser Bügel hängt etwas schief, weil die eine Seite schwerer ist.

• **Sicherheitssteigbügel** mit **gebogener** äußerer **Seitenstrebe** werden auch australische Sicherheitssteigbügel genannt. Sie hängen gerader als Kindersicherheitsbügel.

Sicherheitssteigbügel

Sicherheitssteigbügel sollen vermeiden, dass der Fuß im Steigbügel festklemmt. Steigbügeleinlagen aus Gummi können Rutschen verhindern.

Steigbügelriemen

Steigbügelriemen verbinden die Steigbügel mit dem Sattel. Wenn sie neu sind, dehnen sie sich noch etwas. Um sicherzugehen, dass sich beide Riemen gleichmäßig dehnen, sollten sie öfters mal ausgetauscht werden.

• Dunkles, **geschältes Leder** ist das beste Material. Es ist weich und vielseitig einsetzbar.

• **Rohhaut** ist stark belastbar und am besten für *Vielseitigkeitsprüfungen** geeignet.

• **Büffelleder** ist auch stark belastbar, dehnt sich in der Regel aber mehr als andere Lederarten. Dafür ist es so gut wie nicht kaputtzukriegen.

Sattel- und Zaumzeugpflege

Sattel- und Zaumzeug ist teuer, aber wenn es gut gepflegt wird, hält es lange Zeit. Ohne sachgemäße Pflege kann es trocknen, reißen oder brechen. Es sollte deshalb regelmäßig mit speziellen Mitteln behandelt werden, z. B. mit pflanzlichen oder tierischen Ölen.

Einen Sattel tragen

Um Schäden zu vermeiden und um eine Hand zum Türen öffnen frei zu haben, sollte der Sattel stets in einer der beiden folgenden Weisen getragen werden:

• Mit der vorderen Sattelkammer in deiner Armbeuge.

• Gegen deine Hüfte gelehnt, mit der Hand in der vorderen Sattelkammer.

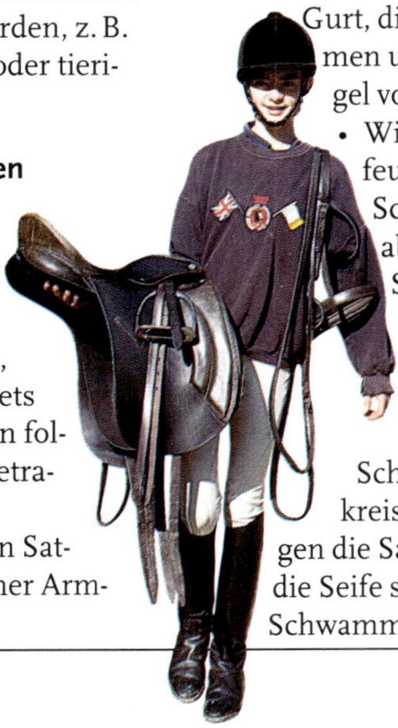

Reinigung

Leg den Sattel auf einen hölzernen **Sattelbock**. Löse den Gurt, die Steigbügelriemen und die Steigbügel vom Sattel.

• Wisch mit einem feuchten Lappen Schmutz und Fett ab. Trockne den Sattel mit einem Fensterleder oder Lappen.

• Verteile mit einem feuchten Schwamm unter kreisenden Bewegungen die Sattelseife. Wenn die Seife schäumt, ist der Schwamm zu nass. Dann kann das Leder nach dem Trocknen hart werden und eventuell brechen.

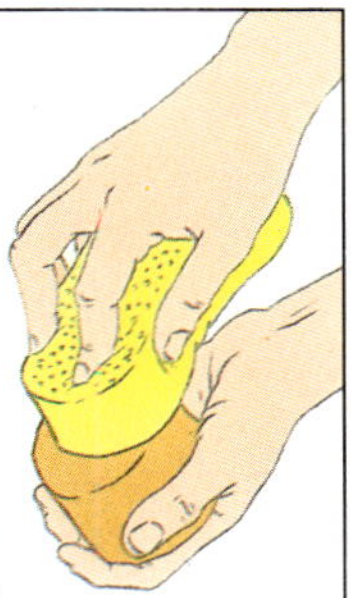

• Sitzfläche, Sattelblätter und Gurtstrippen sollten alle auf diese Weise gereinigt werden.

• Das Gleiche gilt für Steigbügelriemen, Ledergurte und lederne Teile des Zaumzeugs.

• Alle metallischen Gegenstände, wie Gebiss, Steigbügel, Ringe etc., werden mit Wasser sorgfältig abgewaschen und danach mit einem trockenen Lappen poliert.

* Vielseitigkeitsprüfung, 78

Zaumzeug

Das **Zaumzeug** besteht aus zahlreichen Riemen mit Schnallen und dem *Gebiss**. Mit Hilfe der Zügel wirkt der Reiter über das Gebiss auf das Pferd ein. Der Reiter sollte das Zaumzeug passend für sein Pferd und die jeweilige Reitsportdisziplin auswählen.

Trensenzäumung

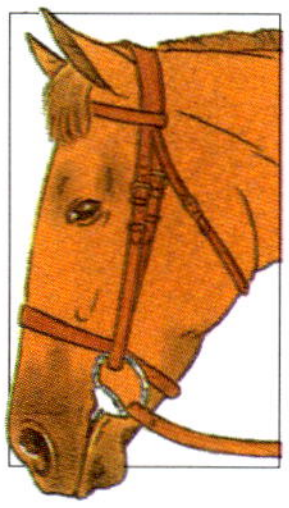

Die **Trensenzäumung** ist die gebräuchlichste Zäumung. Sie besteht aus einem Kopfteil mit Genick- und Backenstücken, Stirn- und Kehlriemen.

Das **Gebiss** hilft dem Reiter das Pferd zu kontrollieren und zu lenken. Man kann verschiedene Gebisse benutzen.

Dressurkandare

Die **Dressurkandare** wird bei *Zuchtschauen** und beim *Dressurreiten** verwendet. Sie hat zwei Gebisse: eine schmale, gebrochene *Ringtrense**, **Unterlegtrense** genannt, und ein leicht gebogenes, ungebrochenes *Kandarengebiss**.

- Die Kandare und die Unterlegtrense werden über getrennte Backenstücke mit dem Genickstück verbunden.
- Die Kandare wird mit *Kinnkette** benutzt und hat ein starres oder bewegliches Mundstück. Die Unterlegtrense ist eine Art Ringtrense, jedoch etwas leichter und mit einem dünneren Mundstück. Wie die Ringtrense hebt sie den Kopf, während die Kandare das Maul runterdrückt.

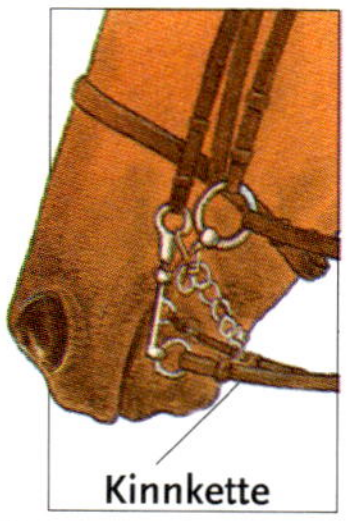

Ohne Gebiss

Die **gebisslose Zäumung** (oder **mechanische Hackamore**) hat kein Mundstück und wirkt durch Druck auf das Nasenbein, den Unterkiefer und das *Genick**. Die Zügel werden am unteren Ende der gebogenen Kandarenbäume angebracht, die wie Hebel auf den speziellen Nasenriemen wirken. Es ist eine extrem scharfe Zäumung und verlangt eine sehr feinfühlige Reiterhand. Gebisslose Zäumungen dürfen nicht zu tief angebracht werden, damit sie nicht die Atmung des Pferdes hemmen.

- Das **Scrawbrig** besteht aus dem Kopf- und Nasenriemen eines Hannoverschen Reithalfters. Es ist eine weichere gebisslose Zäumung und kann auch von Anfängern sowie zur Korrektur von schwierigen oder verdorbenen Pferden benutzt werden.

- Die **englische Hackamore-Zäumung** ist wesentlich schärfer als das Scrawbrig. Durch die metallenen Anzüge kann ein sehr starker Druck auf Nase und Kiefer ausgeübt werden. Deshalb gehören die Zügel nur in die Hände von geübten und sensiblen Reitern. Der Nasenriemen sollte gut gepolstert sein.

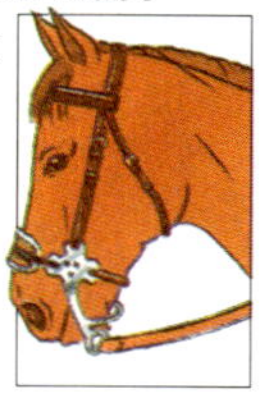

* Dressurreiten, 74; Gebiss, 40; Genick, 10; Kandare, 40; Kinnkette, 41; Ringtrense, 40; Zuchtschauen, 82

- Die **klassische Hackamore** ist eine weitere einfache, etwas weichere gebisslose Zäumung.

- Das **Bosal** ist eine gebisslose Zäumung, die manchmal beim *Westernreiten** benutzt wird. Es wirkt auf Nasenbein und Kiefer und besteht gewöhnlich aus geflochtener Rohhaut. Es muss sorgfältig angepasst werden, um den Kiefer des Pferdes vor Reibung zu schützen.

Zügel

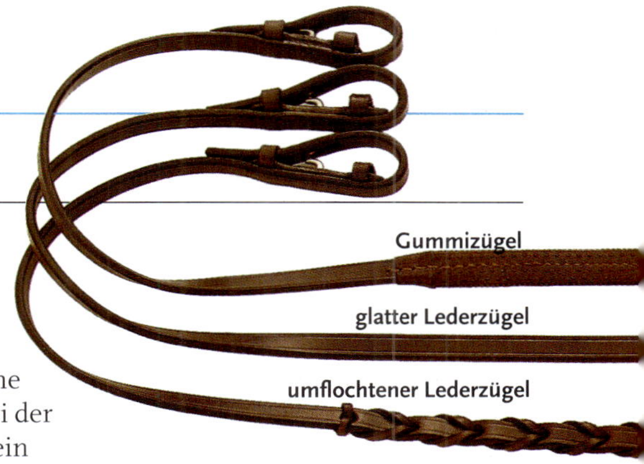

Die **Zügel** werden an den *Trensenringen** angebracht.

- Eine Dressurkandare hat zwei Zügelpaare, eine Ringtrense nur eins. Bei der Kandarenzäumung ist ein Zügelpaar breiter als das andere, so dass der Reiter sie unterscheiden kann.
- **Glatte Lederzügel** fühlen sich am besten an, werden aber bei Regen oder am schwitzenden Pferd leicht rutschig.
- **Umflochtene Lederzügel** sind weniger rutschig, aber teuer und schwer zu reinigen.
- **Gummizügel** ermöglichen den besten Zügelhalt bei Regen, bei einem *pullenden** oder schwitzenden Pferd.
- **Textilgurtzügel** haben oft **Lederstege**, die das Durchrutschen der Zügel vermeiden.

Reithalfter

Das **Reithalfter** verhindert das Aufsperren des Pferdemauls und unterstützt so die *Zügelhilfen**. Manchmal wird es auch als zusätzlicher Kopfschmuck benutzt.

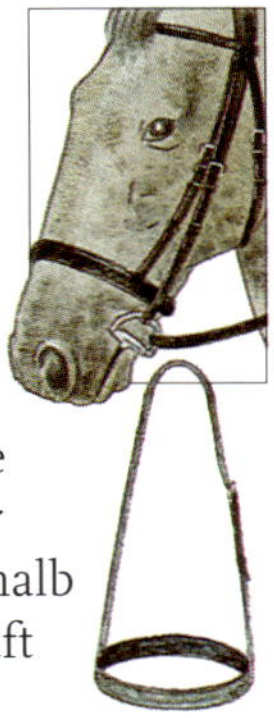

- Das **englische Reithalfter** ist das pferdefreundlichste Reithalfter, weil der Nasenriemen oberhalb des Gebisses verläuft und so dem Maul mehr Freiheit lässt. Es wird auch für Dressurkandaren benutzt.

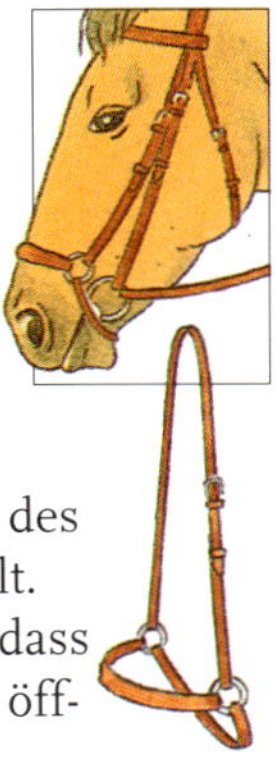

- Der Kinnriemen des **hannoverschen Reithalfters** wird unterhalb des Gebisses verschnallt. Er soll verhindern, dass das Pferd das Maul öffnet. Der tief sitzende Nasenriemen engt allerdings die Atmung ein. Es sollte insofern nicht zu stramm verschnallt werden.

- Das **mexikanische Reithalfter** besteht aus zwei sich auf dem Nasenbein kreuzenden Riemen. Es wirkt über eine breitere Fläche und vermeidet das Öffnen des Mauls oder Kieferbewegungen.

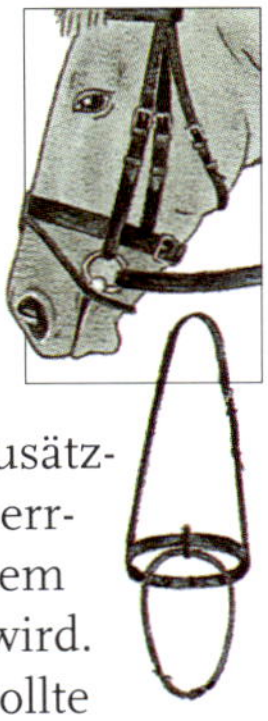

- Das **kombinierte Reithalfter** ist ein englisches Reithalfter mit einem zusätzlichen schmalen Sperrriemen, der unter dem Gebiss verschnallt wird. Der Nasenriemen sollte weit über den Nüstern liegen.

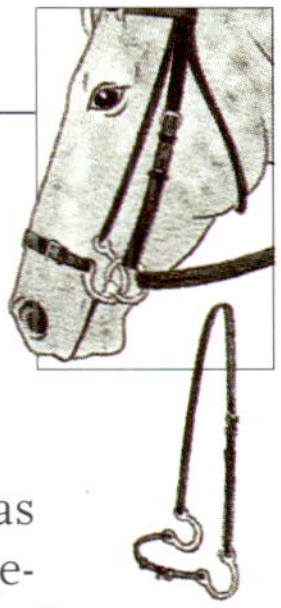

- Das **Bügelreithalfter** hat keinen Kinnriemen, um das Maul des Pferdes geschlossen zu halten. Es soll dem Reiter die Kontrolle über pullende Pferde erleichtern.

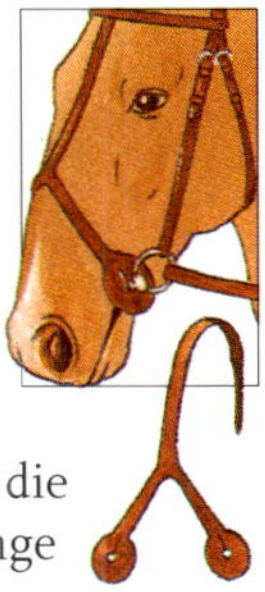

- Der **Australian Cheeker** ist ein Lefzenschutz aus Gummi. Er wird für pullende Pferde benutzt und solche, die versuchen, ihre Zunge über das Gebiss zu schieben.
- **Schafswollene Nasenschoner** werden bei *Rennpferden** auf ein englisches Reithalfter gezogen. Sie sollen vor Scheuen und Kopfschlagen schützen.

* Pullen, 120; Rennpferde, 84; Trensenringe, 40; Westernreiten, 72; Zügelhilfen, 68

Gebisse

Das **Gebiss** ist der Teil der *Zäumung**, der im Maul des Pferdes auf der Zunge liegt. Das Gebiss wirkt auf eine oder mehrere Maul- und Kopfpartien: auf Lippen und Maulwinkel, Laden, Gaumen, Nasenbein, Kinngrube und *Genick**. Die Einwirkung des Reiters erfolgt über die Zügel.

Trensenringe

Die *Backenstücke** verbinden das Genickstück mit den Trensenringen. Es gibt verschiedene Ringformen.

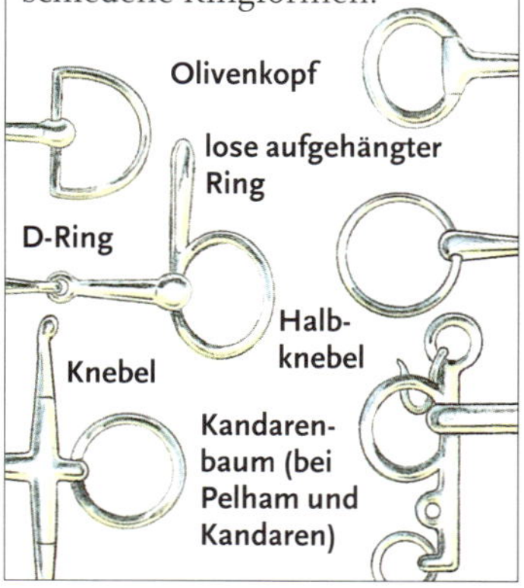

Gebissarten

- Die **einfach gebrochene Ringtrense** oder **Wassertrense** ist das am häufigsten verwendete Gebiss. Sie kann aus Metall oder Kunststoff hergestellt werden und ist in der Mitte gebrochen. Sie wirkt auf Maulwinkel, Laden und Zunge.

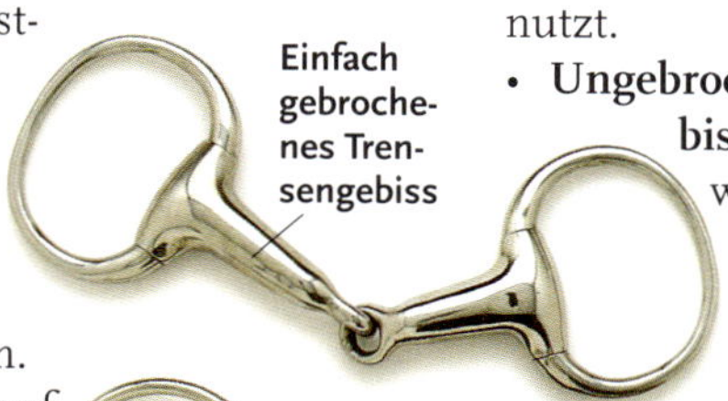

- Das **Pelham** ist *Unterlegtrense** und Kandare in einem.
- **Pumpgebisse** sind zwischen Mundstück und Anzügen bewegliche Kandaren. Sie wirken auf Maulwinkel, Zunge und Genick und können sehr scharf sein.

- Das klassische **Kimblewick** hat ein ungebrochenes, leicht nach oben gebogenes Mundstück. Es wird mit Kinnkette benutzt.
- **Ungebrochene Trensengebisse** wirken auf Maulwinkel und Zunge. Für Pferde mit beschädigtem oder weichem Maul.

- Die **Dr.-Bristol-Trense** ist eine dreiteilige Ringtrense. Ihr mittleres Teil ist rechteckig und drückt auf die Zunge. Sie ist ein sehr scharfes Gebiss.
- **Gebisse mit Mehrfachringen** werden zur Kontrolle von starken Pferden eingesetzt. Die Wiener Springkandare zum Beispiel kann schärfer oder weicher wirken, je nachdem in welchen der drei Ringe die Zügel eingeschnallt werden. Am untersten Ring wirken die Zügel am stärksten.
- Die **Kandare** ist ein ungebrochenes Gebiss und wird mit Kinnkette benutzt. Sie wirkt auf Laden, Zunge, Genick, Maulwinkel und Kinngrube. Je länger die Kandarenbäume, desto schärfer ihre Wirkung.

Ein Gebiss richtig anlegen

Das Gebiss sollte genau in den Maulwinkeln liegen. Es sollte weder zu hoch noch zu tief sitzen.

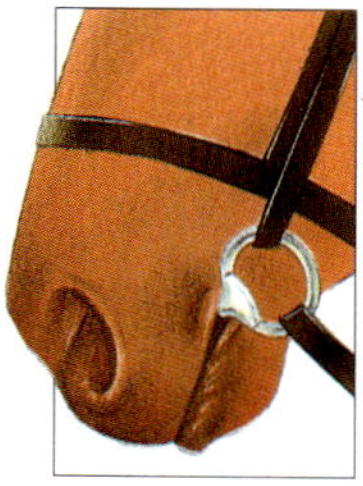

Sitzt es zu hoch, werden die Maulwinkel nach oben gezogen. Das ist für das Pferd unangenehm.

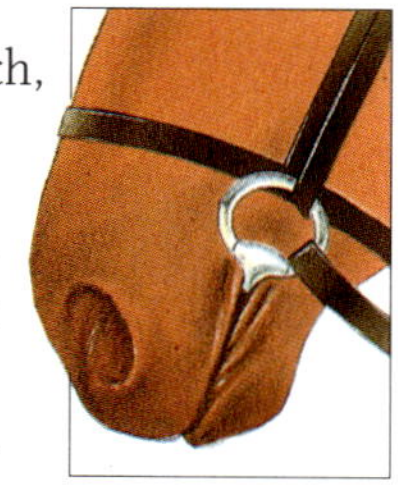

Hat das Gebiss keinen Kontakt zu den Maulwinkeln, wirken die Zügelhilfen schlechter.

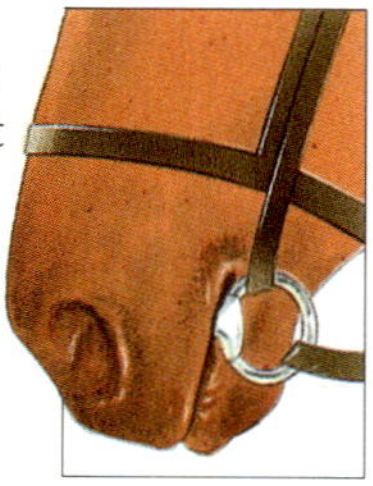

* Backenstück, 38; Genick, 10; Unterlegtrense, 38; Zäumung, 38

Das Mundstück

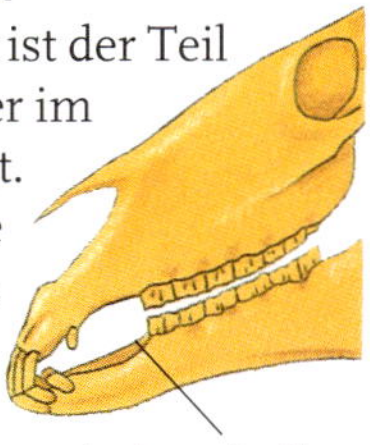

Laden – in dieser Zahnlücke liegt das Mundstück.

Das **Mundstück** ist der Teil des Gebisses, der im Pferdemaul liegt. Dickere Gebisse sind weicher als schmalere, weil sie den Druck besser verteilen.

- **Einfach gebrochene Mundstücke** sind recht weich. Aufgrund ihrer „Nussknacker-Wirkung" sind sie jedoch schärfer als ungebrochene Mundstücke.

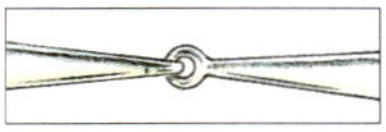

- **Doppelt gebrochene Mundstücke** sind weicher, weil die „Nussknacker-Wirkung" vermindert wird.

- **Ungebrochene Mundstücke** sind die einfachste Trensenform. Eine Variante sind **leicht gebogene Mundstücke**, die der Zunge mehr Raum lassen. Beide sind weich.
- Manche Mundstücke haben im mittleren Teil eine Ausbuchtung nach oben und gewähren so **Zungenfreiheit**. Dies lässt der Zunge zwar mehr Raum, jedoch erhöht sich auch der Druck auf die Laden.

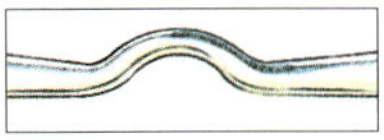

- **Gedrehte Mundstücke** haben eine gedrehte Stange. Die Furchen machen es zu einem ganz besonders scharfen Gebiss.
- **Mundstücke mit Rollen** (unten) sind scharf. Sie sollen vermeiden, dass ein Pferd pullt oder über dem Zügel geht.

Weiteres Zubehör

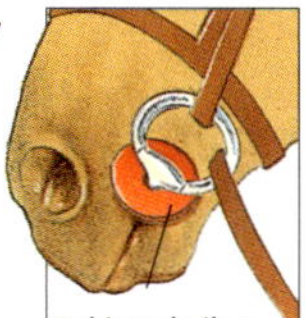

Gebissscheiben

- **Gebissscheiben** sind flache Gummiringe. Sie schützen die Maulwinkel vor Reibung.
- **Metallische Löffel** oder **Gummilöffel** verhindern, dass das Pferd seine Zunge über das Mundstück steckt und sich so der Einwirkung des Reiters entzieht.

Gummilöffel

- **Kinnketten** (oben und rechts) liegen in der Kinngrube des Unterkiefers. Eng geschlungene Reihen sind weicher als weit geschlungene. Am weichsten sind die aus Leder oder elastischem Kunststoff.

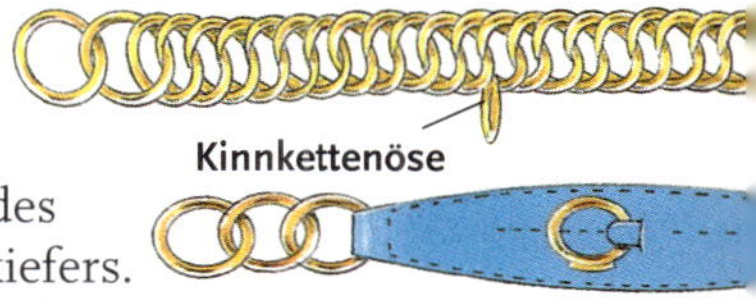

Kinnkettenöse

- **Kinnkettenriemchen** werden durch die **Kinnkettenöse** geführt, damit diese sich nicht verdrehen kann.

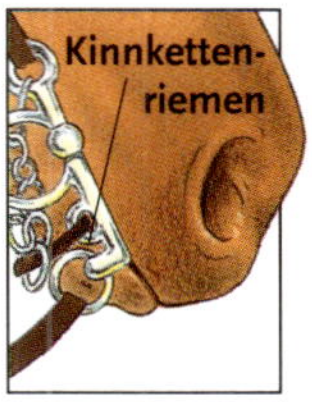

Kinnkettenriemen

Hilfszügel und Martingal

Hilfszügel sollen das Hochwerfen des Pferdekopfes verhindern.

- Das **gleitende Ringmartingal** ist der am häufigsten benutzte Hilfszügel und als einziger auf internationalen Springturnieren zulässig. Es wird zwischen den Vorderbeinen am *Gurt** befestigt und vor der Brust zweigeteilt. Die Zügel werden durch die Ringe der beiden Riemen geführt.

- Das **stehende Martingal** wird mit dem einen Ende am Gurt und mit dem anderen am Nasenriemen eines *englischen Reithalfters** befestigt. Das Pferd kann den Kopf nicht hochschlagen.

- Die **Brille** (auch: **irisches Martingal**) besteht aus zwei Metallringen, die durch einen Ledersteg zusammengehalten werden. Die Zügel laufen durch die Ringe. Das Pferd kann den Kopf kaum heben. Die Brille wird hauptsächlich im Rennsport benutzt.

- Bei der **Springgarnitur** werden die ledernen Stränge der Martingalgabel durch die Gebissringe gezogen und in den Zügeln eingehakt.

Zubehör

- **Martingalschieber** oder **Zügelstopper** verhindern das Durchrutschen der Zügel durch die Trensenringe.
- **Martingalstopper** verhindern, dass sich die Beine darin verfangen.

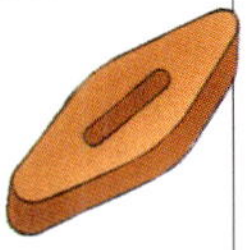

Martingalschieber

* englisches Reithalfter, 39; Gurte, 36

Ausrüstung für Pferd und Reiter

Bandagen, Gamaschen und Decken gehören zur **Ausrüstung für Pferde.** Normalerweise hält das Fell ein Pferd warm genug. In den Wintermonaten braucht es aber wärmende Decken, besonders wenn es geschoren oder krank ist. Reiter tragen ebenfalls eine spezielle Ausrüstung.

Decken

Eine Decke muss gut sitzen. Sie kann verrutschen oder scheuern, wenn sie zu locker oder zu stramm sitzt. Decken müssen gerade aufgelegt werden und den Rücken vom *Widerrist** bis über die *Hinterhand** bedecken.

- Die **Neuseelanddecke** schützt vor Wind und Regen. Ursprünglich bestand sie aus Segeltuch und war mit Wolle gefüttert. Heute wird sie in der Regel aus synthetischen Materialien hergestellt.
- Die heutzutage meist aus Kunstfasern angefertigte **Stall-** oder **Nachtdecke** wurde früher auch aus Wolle oder Jute hergestellt.

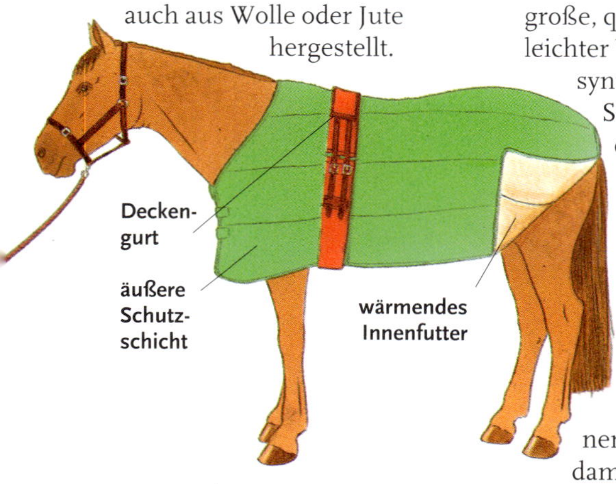

- Die **Unterdecke** ist eine leichte wollene oder synthetische Decke, die unter der Nachtdecke zusätzlich wärmt.
- **Tagesdecken** aus Wolle werden beim Transport oder bei Turnieren anstelle einer Stalldecke aufgelegt.
- Eine **Nierendecke** ist eine kurze Decke, die unter den Sattel gelegt wird. Sie wärmt die Nierenpartie eines geschorenen Pferdes bei leichter Arbeit.
- Eine **Fliegendecke** ist eine Decke aus Baumwollmaschen und wird unter einer leichten Decke getragen. Sie hilft beim Abschwitzen nach dem Reiten im Stall und beugt so einer Erkältung vor.
- Eine **Abschwitzdecke** ist eine große, quadratische Decke aus leichter Wolle, Baumwolle oder synthetischem Material. Sie wird aufgelegt, wenn das Pferd nach anstrengender Arbeit sehr verschwitzt ist.
- Eine **Sommerdecke** wird im Sommer anstelle einer Stalldecke aufgelegt. Sie besteht aus Baumwolle oder Leinen. Sie wird vor einer *Zuchtschau** aufgelegt, damit das Fell sauber bleibt.
- Eine **Regendecke** ist eine wasserdichte Nierendecke für draußen.
- Eine **Kapuze** bedeckt Hals und Kopf des Pferdes. Sie hält das Pferd draußen sauber, trocken und warm.

Decken befestigen

Ist die Decke einmal aufgelegt, muss sie gut befestigt werden, damit sie nicht verrutscht oder weggeweht wird. Deckengurte und -riemen geben ihr Halt.

- Ein **Longier-** oder **Deckengurt** wird um den Bauch herumgeschnallt und gibt der Decke Halt. Die beiden rechts und links angebrachten Polster vermindern den Druck auf die Wirbelsäule.
- **Übergurte** sind einfache Deckengurte ohne eingearbeitete Polster. Beim Anlegen sollten sie mit Schaumstoff unterlegt werden.

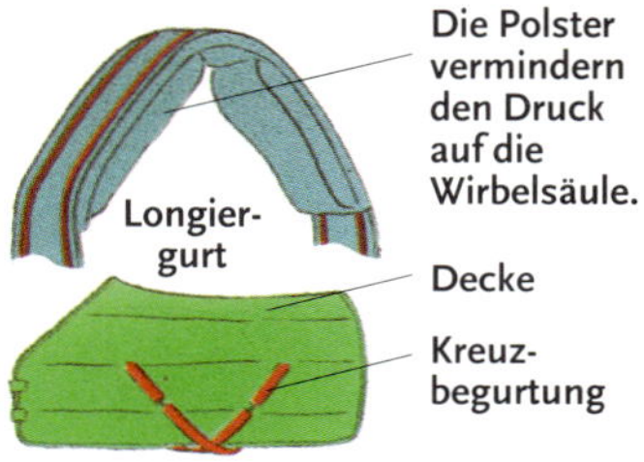

- Eine **Kreuzbegurtung** übt im Gegensatz zu Über- oder Deckengurten keinen Druck auf die Wirbelsäule aus und verhindert, dass die Decke verrutscht.
- Ein **Schweifriemen** verhindert, dass eine leichte Decke hochgeweht wird.
- **Beinschnüre** halten die Decke gerade und verhindern, dass sie im Wind hochflattert. Vor dem Schließen werden die Beinschnüre miteinander verkreuzt.

* Hinterhand, 119; Widerrist, 10; Zuchtschau, 82

Bandagen

Bandagen wärmen und stützen die Beine. Sie dienen auch zur Befestigung von *Umschlägen** an einem verletzten Bein. Sie sollten nie zu fest oder zu feucht angelegt und stets sauber gehalten werden.

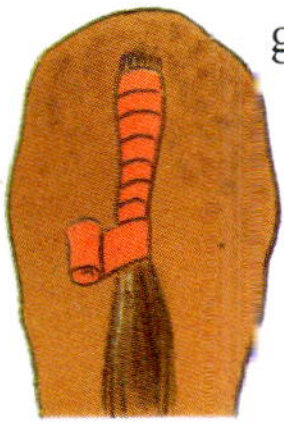

- **Schweifbandagen** werden nach dem *Putzen** angelegt, um die Schweifhaare zu glätten und den Schweif sauber zu halten. Außerdem schützen sie den Schweif beim Transport.

- **Stallbandagen** sind breite Beinbandagen aus dicker Wolle oder Baumwolle. Sie werden über ein Bandagierkissen von unterhalb des Vorderfußwurzelgelenks bis hinunter zur *Krone** gewickelt. Sie halten das Pferd warm und schützen die Beine beim Transport.
- **Arbeitsbandagen** sind aus Krepp oder elastischem Material Sie werden von unterhalb des Vorderfußwurzelgelenks bis hinunter zum *Fesselgelenk** über ein Bandagierkissen aus wattierter Baumwolle gewickelt. Sie schützen die Pferdebeine vor Kratzern bei Ritten durchs Gelände und dienen als Stoßdämpfer beim Springen oder Galoppieren.

Ausrüstung für Stall und Transport

- Das **Halfter** ist aus Leder, Baumwolle oder Nylon. Es wird zum Anbinden beim Transport, beim Putzen oder zum Führen benutzt.

- Das **Strickhalfter** ist eine einfache Halfterform. Es besteht aus einem geknoteten Seil und wird zum Führen und Anbinden gebraucht.
- Der **Genickschoner** besteht aus Leder und Fell. Er schützt den oberen Teil des Pferdekopfs.
- Der **Schweiflatz** besteht aus weichem Leder oder Stoff und wird über die Schweifrübe gebunden. Im Pferdeanhänger verhindert er das Abscheuern von Schweifhaaren.

Anbindeknoten

Ein **Anbindeknoten** ist ein Sicherheitsknoten, der sich im Notfall schnell lösen lässt.

Ein Seilende über das andere legen und eine Schlaufe bilden.

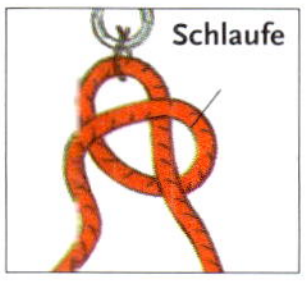

Mit dem unteren, freien Seilende eine Schlaufe bilden und durch die erste Schlaufe ziehen.

Die zweite Schlaufe festziehen. Zum Öffnen am freien Seilende ziehen.

Ein transportfertiges Pferd. Im Winter wird eine wärmere Decke aufgelegt.

Sprunggelenkkappen werden aus dickem Leder hergestellt und schützen die Sprunggelenke.

Ausrüstung für Pferd und Reiter

Beinschützer

Gamaschen schützen Pferde davor, sich an den Beinen selbst zu verletzen, sei es während der Ausbildung, beim Springen, Galoppieren oder beim Transport. Gamaschen gibt es in vielen unterschiedlichen Formen und Materialien.

- Am gängigsten sind **Streichgamaschen**. Sie bestehen aus gefüttertem Leder oder synthetischem Material und schützen Pferde, die streichen, d. h. beim Laufen mit einem Huf gegen die Innenseite des gegenüberliegenden Beins treten.

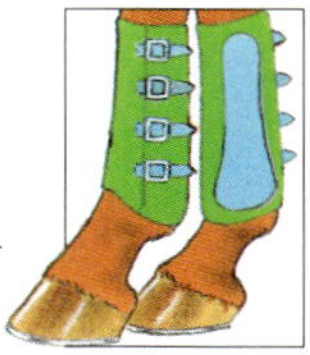
Gamaschen

- **Streichkappen** wirken wie Streichgamaschen und werden aus dem gleichen Material angefertigt. Sie schützen speziell die *Fesselgelenke** von streichenden Pferden.

Gummiglocke

- **Gummi-** oder **Springglocken** werden über den Huf gestreift und beim Springreiten gebraucht. Sie schützen die Vorderhandballen vor Tritten durch die Hinterhufe.

Sprunggelenkkappen

- **Knie-** und **Sprunggelenkkappen** werden als Transportschutz angelegt. Sie müssen im Stall angelegt werden, bevor das Pferd zum Verladen geführt wird.
- **Sehnenschoner** schützen die *Beinsehnen**.

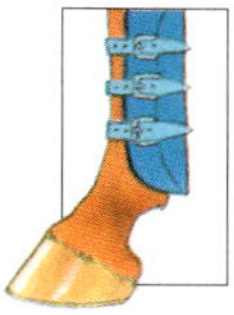
Sehnenschoner

- **Transportgamaschen** schützen vor Verletzungen beim Transport. Sie bestehen aus Schaumstoff und umschließen die Beine von unter- oder oberhalb der Gelenke bis hinunter zur *Krone**. Sie können als Alternative zu *Bandagen** benutzt werden.

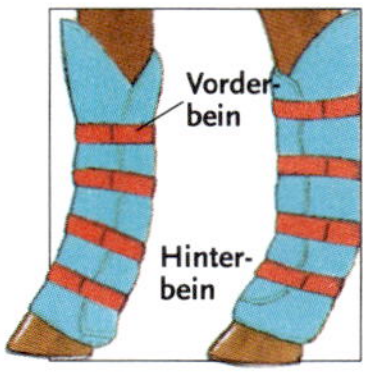

Transportgamaschen

- **Gepolsterte Streichringe** liegen um die *Fesseln**. Sie werden verletzten Pferden im Stall umgelegt und schützen Ellbogen, Fessel und Fesselkopf vor Huftritten, wenn das Pferd sich hinlegt. Sie werden bei Verletzungen oder zu lang gewachsenen Hufen angelegt.

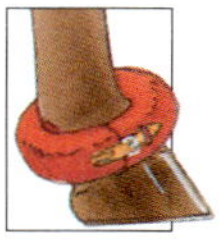
gepolsterter Streichring

- Der **Streichring** ist ein Gummischutzring, der direkt über dem Fesselgelenk angelegt wird.

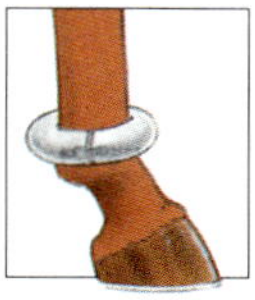
Streichring

- **Kronenschützer** reichen bis knapp über den Kronenrand. Sie sind innen mit Fell gefüttert und schützen die Krone vor Verletzungen.

Kronenschützer

Reitkleidung

Mit einer korrekten Ausrüstung ist Reiten sicherer und bequemer. Reiter sollten sich in ihrer Kleidung auch wohl fühlen, sie darf die Bewegungsfreiheit nicht einschränken.

Reithelme

- Reiter sollten sich niemals ohne **Reitkappe** auf ein Pferd oder Pony setzen. Sie ist ein unverzichtbarer Kopfschutz und muss gut sitzen.
- Ein **Sicherheitshelm** ist stärker und härter als eine Reitkappe. Sein äußeres Gehäuse fängt den Aufschlag ab. Er sollte leicht und bequem zu tragen sein.

Schuhe

Gute Schuhe zum Reiten haben flache Absätze und weiche Sohlen.

- Hohe **Leder-** oder **Gummireitstiefel** werden gewöhnlich über einer Reithose getragen.
- **Jagdstiefel** sind schwarze Lederstiefel und haben am oberen Ende einen braunen Lederrand.
- **Jodhpur-Stiefeletten** sind kurze, knöchelhohe Stiefeletten und werden in der Regel zu Jodhpurhosen getragen.
- **Westernstiefel** haben mittlere Wadenlänge und sind oft reich bestickt.

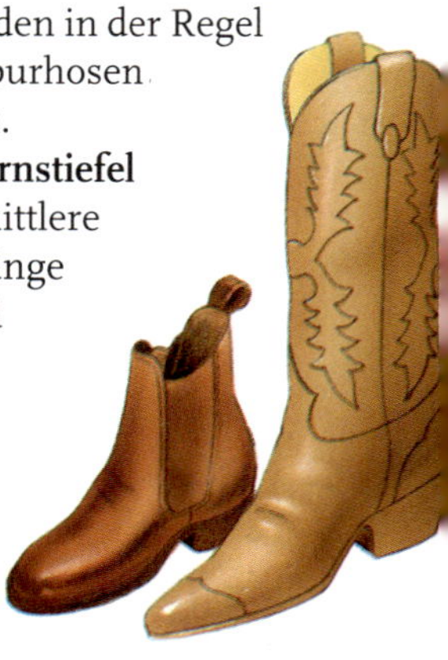

* Ausbildung, 62; Bandagen, 43; Fesselgelenke, 10; Fesseln, 10; Geländeritte, 66; Krone, 10, Schenkelhilfen, 68; Sehnen, 11

Körperschutz

Ein gepolsterter **Körperschutz** schützt die Rippen vor Hufschlägen und bei Stürzen. Er wird bei gefährlicheren Reitsportdisziplinen getragen, wie bei *Vielseitigkeitsprüfungen** und *Springreiten**.

Reithandschuhe

- **Reithandschuhe** müssen gut sitzen und eine feine Zügelführung erlauben. Sie können aus Leder, Wolle oder synthetischem Material bestehen.

Turnierreitjacken

- **Turnierreitjacken** dürfen auf keinen Fall zu eng sein und die Bewegungsfreiheit einschränken. Sie sollten eine gute Qualität haben. Ein Rückenschlitz gewährleistet, dass sie korrekt fallen.

Chaps

- **Chaps** sind Lederhosen ohne Sitzfläche. Sie werden über normalen Hosen getragen und schützen vor Dornen, Regen, Hitze und Kälte. Normalerweie werden sie zum *Westernreiten** gebraucht, aber auch bei *Geländeritten** werden sie immer beliebter.
- **Chapsletten** sind kürzere Chaps, die lediglich von unterhalb des Knies bis über die Knöchel reichen.

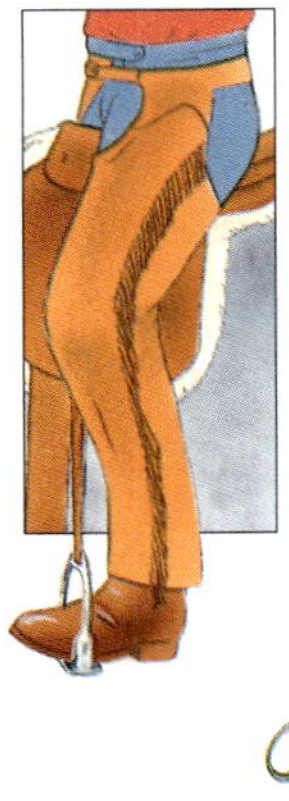

Halsbinder

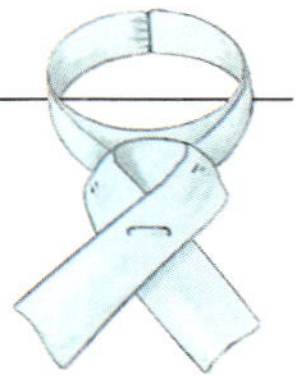

- **Halsbinder** sind lange, weiße Baumwollschleifen, die um den Hals getragen werden. Sie gehören zur offiziellen Kleidung bei Turnieren.

Sporen

- **Sporen** sollten nur von erfahrenen Reitern getragen werden.

Sie verstärken die *Schenkelhilfen** und sollten aus Metall mit stumpfen Enden sein.

Reitgerten

- **Reitgerten** werden zur Unterstützung der Schenkelhilfen verwendet.
- Die **Springgerte** ist ca. 80 cm lang und wird meist beim Springen benutzt.
- Die **Dressur-** oder **Ausbildungsgerte** ist 110 und 120 cm lang und wird zur *Ausbildung** eines Pferdes und beim Dressurreiten benutzt.
- Die **Hetzpeitsche** wird von Jagdreitern mitgeführt, aber nur selten benutzt. Ursprünglich diente sie zum Öffnen und Schließen von Toren und zum Fernhalten der Hunde von den Pferdehufen.

Reithosen

Reiten ist in speziell fürs Reiten angefertigten **Reit-** oder **Jodhpurhosen** am angenehmsten. Reithosen enden an den Waden, während Jodhpurhosen bis über die Knöchel reichen. Sie sollten eng am Bein anliegen, damit sie weder Falten werfen noch scheuern.

* Springreiten, 76; Vielseitigkeitsprüfungen, 78; Westernreiten, 72

Weiden und Zäune

Selbst bei artgerechter Freilufthaltung werden Pferde auf kleinere Flächen gehalten, als sie ihnen in der Freiheit zur Verfügung standen. Eine Pferdeweide muss in gutem Zustand gehalten werden.

Weidezustand

Die Qualität einer Weide hängt von ihrer Lage, dem dort wachsenden Gras, ihrer Größe und der Anzahl der Pferde ab.

- Grünfutter gehört zur *Futtergrundlage** der Pferde. Alte, gut wachsende Rasenflächen bieten die beste **Weidefläche**, weil es dort Gras, Klee und Kräuter gibt, die die Pferde mit Vitaminen und Mineralstoffen versorgen.

- Die ideale Weidefläche pro Pferd beträgt ca. einen halben Hektar. Allerdings hängt dies auch von der Größe des Pferdes ab, wie oft und wie lange es auf der Weide steht sowie von der Gras- und Bodenqualität und der Entwässerung.

Weidewirtschaft

- Die beste Form der Weidewirtschaft ist eine Zwei- oder Mehrfachteilung der Weidefläche, so dass sich jeder Abschnitt über einen bestimmten Zeitraum erholen kann. Diese Weideform wird **Umtriebsweide** genannt.
- Eine gute **Entwässerung** ist wichtig, weil auf überwässerten Weiden nur sehr mageres Gras wächst.
- Um große Weideflächen gesund zu halten, werden sie mit Schleppeggen bearbeitet. Man nennt das „die Weide **ausmähen**". Die Schlepperspitzen reißen Unkraut aus.

Ausmähen

- Unter den Pferdeäpfeln auf der Weide entstehen so genannte **Geilstellen**, auf denen nur noch Pflanzen wachsen, die Pferde nicht fressen. Aus diesem Grund wie auch um Wurmbefall vorzubeugen, sollten Pferdeäpfel täglich von der Weide abgesammelt werden.
- **Dünger** unterstützt das Nachwachsen der Weide und sichert das Gleichgewicht zwischen Mineral- und Nährstoffen.
- Im Winter gefrieren Weiden oder werden durch Nässe schlammig, so dass die Grasnarben aufreißen. Mit einer **Walze** kann der Boden geglättet und Dünger wirkungsvoll aufgetragen werden.

Walze

- Beim **Nachmähen** werden die Spitzen von Pflanzen und Gräsern abgeschnitten. Dadurch werden die Wurzeln gestärkt.

Gräser und Giftpflanzen

Die beste Weidefläche besteht aus Gras, Klee und Kräutern. Aber oft wachsen darunter auch für Pferde giftige Pflanzen. Sie sollten gründlich ausgestochen und vernichtet werden.

Gesunde Gräser und Kräuter

* Futtergrundlage, 118

Weidezaun

Die Weide sollte von einem sicheren Zaun oder einer breiten, hohen Hecke umgeben sein. Ein Holzzaun sollte mindestens 1,20 m hoch sein, weil die Pferde sonst darüberspringen können. Er muss regelmäßig auf hervorstehende Nägel oder sonstige scharfe Kanten abgesucht werden. Weidezäune werden nach Material unterschieden.

- Der **Drahtzaun** ist ein weit verbreiteter und billiger Weidezaun. Er muss aus glattem und rostsicherem Draht bestehen. Meistens hat er fünf bis sechs parallel verlaufende Drähte. Der untere muss mindestens 50 cm vom Boden entfernt sein, sonst kann sich das Pferd mit den Hufen darin verfangen.
- Eine starke, gut gepflegte **Hecke** ist eine gute Weideeinzäunung. Je breiter und dichter die Hecke wächst, desto besser. Schmale Hecken sollten zusätzlich durch einen Zaun unterstützt werden.

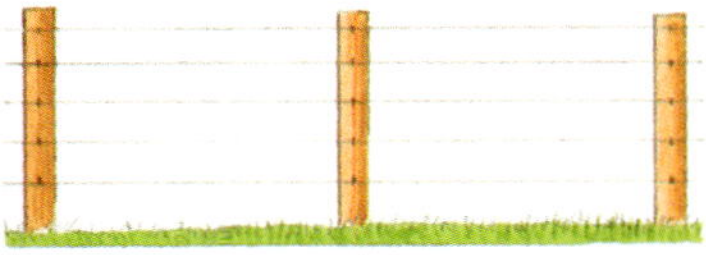

- Der **Holzzaun** ist die beste Wahl für einen Weidezaun, aber in der Regel auch die teuerste.
- Starke **Kunststoffzäune** sind eine moderne Alternative zum Holzzaun.

- **Steinmauern** können schön aussehen, sind aber teuer und müssen gut instand gehalten werden. Sie wirken zusätzlich als Windbrecher.

- Ein **Elektrozaun** versetzt dem Pferd einen kleinen elektrischen Stoß, so dass es sich davon fern halten wird. Leuchtfarbene Plastikstrippen machen den Zaun deutlich sichtbar.

Weitere Ausstattung

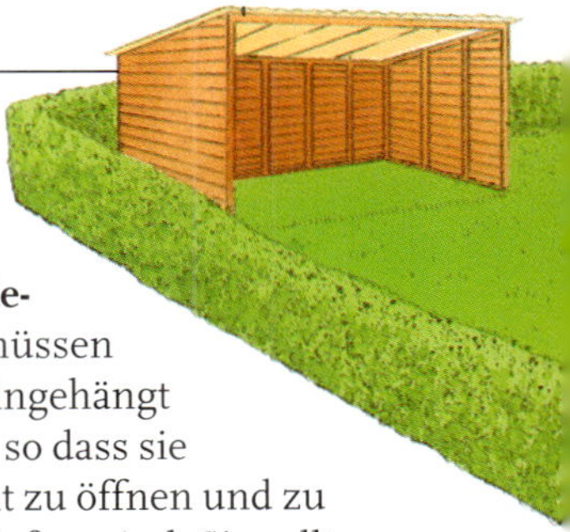

- Eine **Weidehütte** oder ein **Unterstand** bietet ganzjährigen Wetterschutz. Idealerweise steht er mit dem Rücken zum Wind.
- Die **Wasserversorgung** auf der Weide muss immer sichergestellt sein. Eine gute **Tränke** ist groß, schwer und ohne scharfe Ecken und Kanten. Das Wasser sollte immer frisch sein.

- **Weidetore** müssen gut eingehängt sein, so dass sie leicht zu öffnen und zu schließen sind. Sie sollten breit genug sein, damit Reiter und Pferd nebeneinander bequem durchpassen.

Giftpflanzen und -bäume

Ställe und Boxen

Viele Pferde verbringen die meiste Zeit im **Stall**, besonders im Winter. Ställe müssen deshalb warm und bequem für das Pferd sein, und vor allen Dingen sauber, hell, gut durchlüftet und sicher. Außerdem muss ein Pferd sich bewegen und hinausschauen können, sonst langweilt es sich.

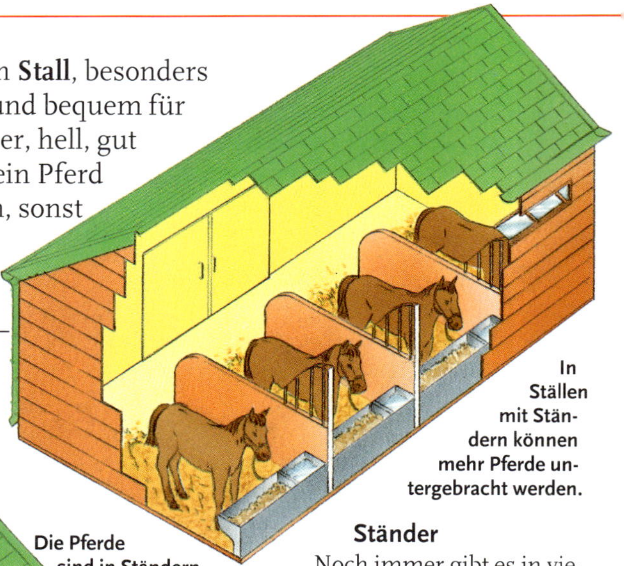

In Ställen mit Ständern können mehr Pferde untergebracht werden.

Unterbringung

Man unterscheidet zwei Boxenformen: die Laufbox und die Standbox (Ständer).

In einer Laufbox kann sich das Pferd frei bewegen.

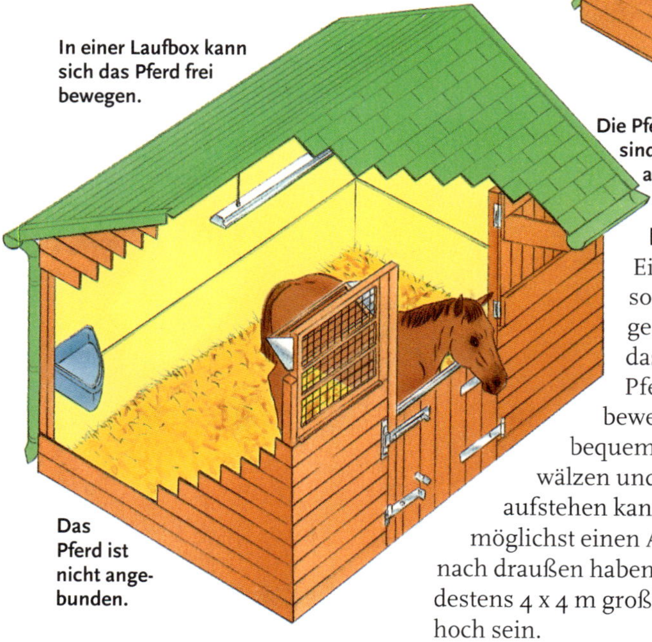

Die Pferde sind in Ständern angebunden.

Das Pferd ist nicht angebunden.

Laufbox

Eine **Laufbox** sollte groß genug sein, dass sich das Pferd frei bewegen, bequem hinlegen, wälzen und wieder aufstehen kann. Sie sollte möglichst einen Ausguck nach draußen haben und mindestens 4 x 4 m groß und 4 m hoch sein.

Ständer

Noch immer gibt es in vielen Ställen **Ständer**, weil sie sehr platzsparend sind. Aber die Pferde sind die ganze Zeit angebunden und können sich kaum bewegen.

Offenstallhaltung

Ein **Offenstall** ist die pferdefreundlichste Haltungsform. Im Offenstall kann das Pferd selbst bestimmen, wann es im Stall stehen und wann es auf die Weide gehen möchte. Leider haben viele Pferdebesitzer keine Möglichkeit, ihr Pferd so unterzustellen.

In der Box

Boxentüren sollten zweigeteilt sein. Bei Außenboxen können die Pferde, bei geöffneter oberer Hälfte, frische Luft schnappen und sich umsehen.

- Die Tür sollte mindestens 1,50 m breit und 2 m hoch sein. Bei schmalen Türen besteht Verletzungsgefahr.

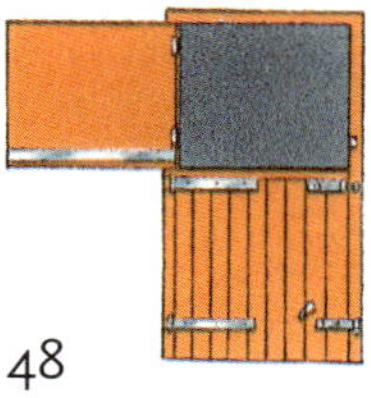

- **Fenster** sollten schräg nach oben aufklappbar sein, um Zugluft zu vermeiden.
- Sie sollten von innen vergittert sein, damit das Pferd die Scheiben nicht zerschlagen kann.

- Um Rutschgefahr zu vermeiden, sollten **Stallböden** nicht zu glatt sein. Damit die Einstreu trocken bleibt, sollte der Boden von der Tür weg leicht abschüssig zu einer Ablaufrinne führen.
- **Gummimatten** auf dem Boden schützen die Beine, sind hygienisch und leicht zu säubern.

Ausstattung und Stallzubehör

Stall und Box sollten mit möglichst wenig Zubehör ausgestattet sein, um mehr Platz zu schaffen und Verletzungen zu vermeiden.

- **Türschlösser** sollten für Menschen leicht und für Pferde gar nicht zu öffnen und zu schließen sein. Je ein pferdesicheres Schloss sollte an der oberen und eins an der

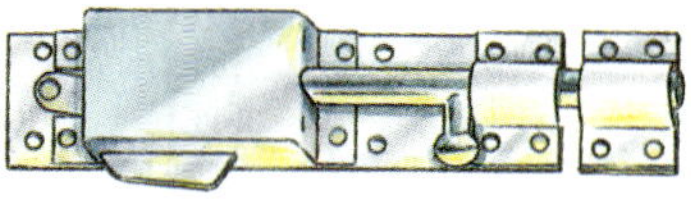

unteren Hälfte der Tür angebracht sein.

- Hölzerne **Wandverkleidungen** sollten bis zu einer Höhe von 1,50 m rund um die Innenwände der Box führen. Sie schützen die Gliedmaßen des Pferdes, wenn es gegen die Stallwand ausschlägt.

- In Stallwänden eingelassene **Ringe** dienen zum Anbinden von Pferden und zur Befestigung von *Heunetzen**. Ein Ring an der Boxinnenwand sollte sehr stabil und auf einer Höhe von ca. 1,50 m angebracht werden.

- Mit einem **Anbindeseil** wird ein Pferd im Stall so angebunden, dass es sich hinlegen kann, ohne sich im Seil zu verfangen. Das Seil führt durch einen Ring. Das eine Ende wird am Stallhalfter des Pferdes befestigt, am anderen Seilende befindet sich eine hölzerne Anbindekugel. Sie verhindert, dass das Seil durchhängt und gefährliche Schlaufen bildet.

- Wenn in der Box keine **Selbsttränke** angebracht ist, sollte ein **Wassereimer** an einem Anbindering mit einem Karabinerhaken befestigt werden. So kann das Pferd den Eimer nicht umwerfen und der Pfleger das Wasser leicht auswechseln.

- Die **Futterkrippe** sollte ca. 1 m über dem Boden an der Wand in einer Boxenecke befestigt werden.

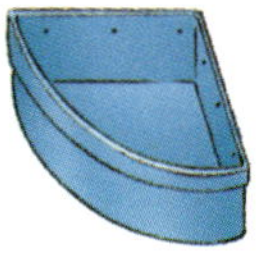

- Alle **elektrischen Anschlüsse** müssen sich außerhalb der Reichweite der Pferde befinden. Elektrische Lichtquellen sollten so installiert werden, dass sie möglichst viel Licht spenden und wenig Schatten werfen.

- Alle **Schalter** müssen außerhalb der Box angebracht werden. Es sollten Sicherheitsschalter sein.

- Ein **Feuerlöscher** darf in keinem Stall fehlen, weil es viele leicht brennbare Materialien gibt. Er sollte außerhalb der Reichweite der Pferde angebracht werden, aber im Notfall leicht von Menschenhand erreichbar sein.

Stallanlage

Vorhöfe und **Ausläufe** sollten hell und luftig, zugleich aber auch vor Wind geschützt sein. Eine sichere elektrische Stromanlage sorgt auch nachts für Beleuchtung.

- **Vorratsräume** für Heu und Stroh sollten sich in der Nähe des Stalls befinden. Auch an schädlingssichere Futterkisten für Hafer und Zusatzfutter muss gedacht werden. Stroh und Heu sollten auf Holzböden gelagert werden, um die Durchlüftung zu sichern.

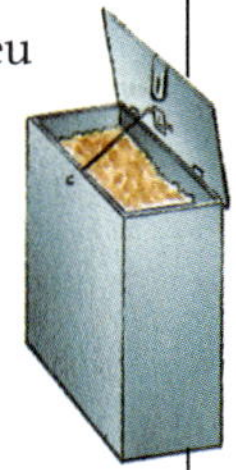

- Die **Sattelkammer** sollte trocken und groß genug sein, um Sattel- und Zaumzeug,

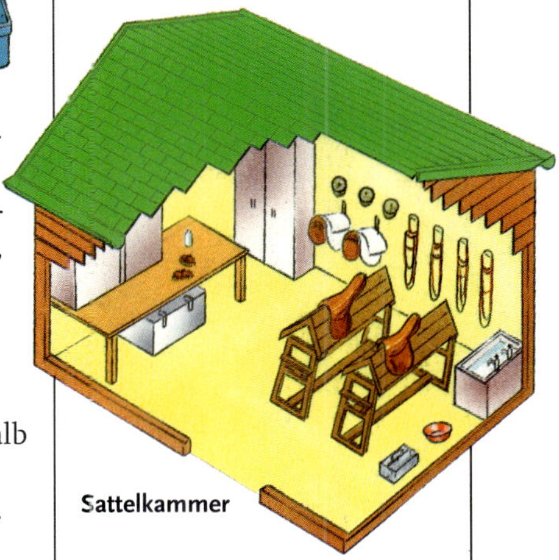

Sattelkammer

Zubehör und Geräte zu verstauen. Ein Arzneischränkchen, Schränke für Putzzeug und Kleidung gehören ebenfalls hierher. Für die Wintermonate ist eine Heizung zweckmäßig.

* Heunetz, 53

Einstreu

Wenn ein Pferd im Stall steht, muss seine Umgebung stets frisch und sauber sein. Die Einstreu (Stroh, Sägespäne, Torf) muss daher regelmäßig erneuert werden. Ein Pferd sollte nicht über längere Zeit auf hartem, nacktem Boden stehen.

Einstreu

Ein eingestalltes Pferd braucht viel **Einstreu** bei Tag und Nacht. Sie wärmt und schützt das Pferd vor Verletzungen, wenn es sich hinlegt. Sie sollte Flüssigkeit gut ablaufen lassen, darf weder Fell noch Haut irritieren und das Pferd sollte nicht allzu viel davon fressen.

Stroh

- **Weizenstroh** ist das beste Einstreustroh. Es ist leicht, lässt Flüssigkeit gut ablaufen und ist nicht so staubig wie andere Strohsorten.
- **Haferstroh** schmeckt so gut, dass manche Pferde ihre Einstreu komplett auffressen.
- **Gerstenstroh** ist stachelig und kann die Haut irritieren. Außerdem kann es eine *Kolik** verursachen, wenn ein Pferd zu viel davon frisst.

Stroh

Sägespäne

Sägespäne

Sägespäne bilden eine warme, bequeme Einstreu. Sie sind sauber, nicht essbar und gut geeignet für Pferde mit Stauballergien.

Torf

Torf muss dick ausgelegt werden, täglich durchgeharkt und von feuchten Stellen befreit werden. Ein Torfbett ist warm und bequem, aber sehr teuer.

Torf

Papierschnitzel

Im Reißwolf **zerschnitzeltes Papier** bietet eine warme und staubfreie Einstreu. Aber manche Tiere reagieren allergisch auf Tinten- bzw. Druckrückstände. Außerdem wird das nasse Papier sehr schwer.

Papierschnitzel

Dicke Strohbetten

Ein **dickes Strohbett** besteht aus einer festen, saugfähigen Streuunterlage, der Matratzenstreu, und der darauf aufliegenden Wechselstreu. Letztere wird, wie der Name schon sagt, täglich ausgewechselt. Dennoch wird im Laufe der Zeit die Matratze immer dicker. Wird sie zu hoch, muss sie komplett ausgetauscht werden.

- Vorteil: Es wird weniger Einstreu benötigt und es entsteht ein warmes Bett, dass nicht täglich komplett gewechselt wird.
- Nachteil: Das gesamte Bett muss alle sechs Monate komplett ersetzt werden.

Sägemehl

Sägemehl ist eine bequeme und billige Einstreu. Jedoch wird sie nur selten gebraucht, weil verschmutztes und feuchtes Sägemehl verklumpt und schwer auszutauschen ist.

Sägemehl

Ausmisten

Boxen müssen mindestens einmal am Tag ausgemistet, also gesäubert werden. **Ausmisten** ist eine wichtige Aufgabe, die zur täglichen Pflege aller eingestallten Ponys und Pferde gehört.

Tägliche Routine

Jeden Morgen müssen Pferdeäpfel und feuchte Einstreu entfernt und frische Einstreu aufgeschüttet werden. So bleibt sie weich und man verhindert bei Spänen, Papier und Torf, dass sie durchnässt und festgedrückt wird. Anschließend wird die Stallgasse gefegt.

Jede Woche sollte der Boden sauber gewischt werden.

Einstreuen

Bevor neue Streu ausgebreitet wird, sollte zunächst die alte, nicht verschmutzte Streu in der Box verteilt werden. Damit wird dann die frische Einstreu vermischt.

Die Streu sollte locker und gut durchgemischt werden, damit ein frisches und bequemes Bett entsteht.

Abendstreu

Abends wird die Streu an den Boxenrändern etwas höher als in der Mitte aufgehäuft, um Verletzungen vorzubeugen und Zugluft abzufangen.

Die Einstreu sollte an den Seiten höher als in der Mitte sein.

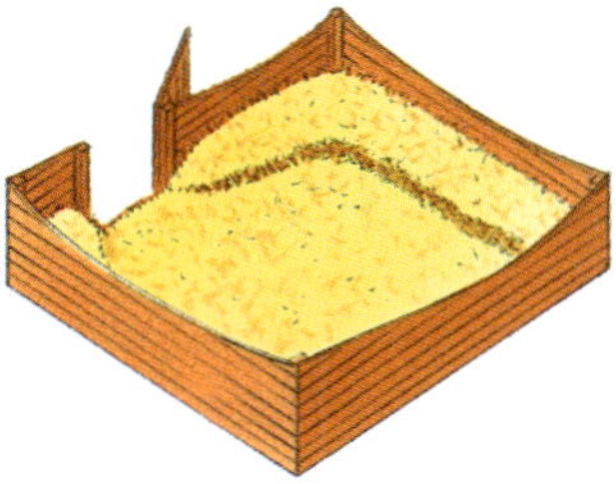

Die neue Einstreu sollte warm und einladend auf das Pony oder Pferd wirken.

Abmisten

Jedes Mal, wenn du in den Stall kommst, solltest du sämtlich Pferdeäpfel abmisten. Dazu stichst du mit der Mistgabel unter die Pferdeäpfel, hebst sie samt unterliegender Streu hoch und schaufelst alles in den Mistkübel.

Mit der Mistgabel werden Einstreu aufgelockert und Pferdeäpfel entfernt.

Ausrüstung

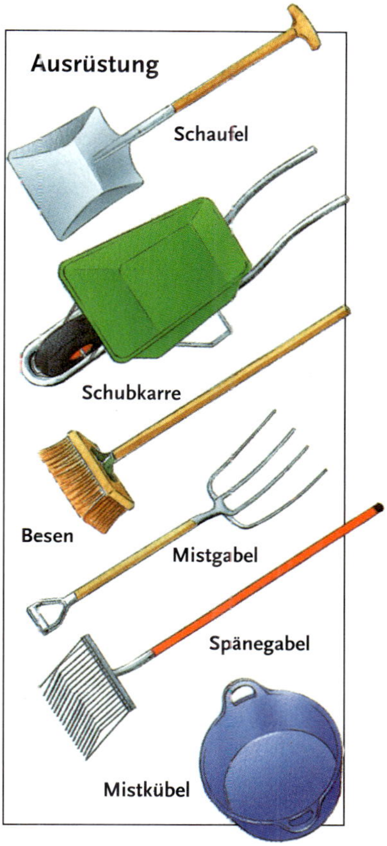

Der Misthaufen

Alte Streu und Mist wird auf den Misthaufen gekarrt. Du solltest drei Haufen anlegen:

- 1. Der älteste Haufen besteht aus verrottetem Mist, der als Dünger gebraucht werden kann.
- 2. Der zweite Haufen ist dabei zu verrotten. Keinen neuen Mist auflegen.
- 3. Der dritte Haufen ist für den frischen, täglich neu aufzuschüttenden Mist.

Der Misthaufen sollte durch niedrige Wände begrenzt sein.

* Kolik, 58

Füttern

Eingestallte Pferde und Ponys müssen mindestens dreimal täglich gefüttert werden. Die größte Mahlzeit sollte die letzte des Tages sein. Pferde lieben Regelmäßigkeit und sollten möglichst jeden Tag zu gleichen Uhrzeiten gefüttert werden. Unterschiedliches Futter ist für unterschiedliche Pferde geeignet.

Fütterregeln

Die Futtermenge ist abhängig von Pferderasse und -größe. Jedes Pferd sollte entsprechend seinem Alter, Temperament, seiner Verfassung und der zu erbringenden Leistung gefüttert werden.

- Pferde brauchen ca. 1 kg Futter pro 45 kg Körpergewicht, Ponys nur 0,6 – 1 kg pro 45 kg Körpergewicht.
- Es ist besser, häufig und in kleinen Mengen zu füttern.
- Nach dem Füttern sollte dem Pferd eine Ruhepause von mindestens einer Stunde gegönnt werden.
- Stets sichergehen, dass jedes Pferd seine richtige Ration erhält.

Kraftfutter

Pellets sind gepresste Trockenkraftfutterstücke. Sie enthalten Vitamine und Mineralien, die manchmal in Heu und Getreide fehlen.

- **Fertigfutter** enthält Getreideflocken und Pellets, gemischt mit Vitaminen und Mineralstoffen. Die Getreideflocken sind gekocht. So sind sie leichter verdaulich für die Pferde.

Hafer

Pellets

Gerste

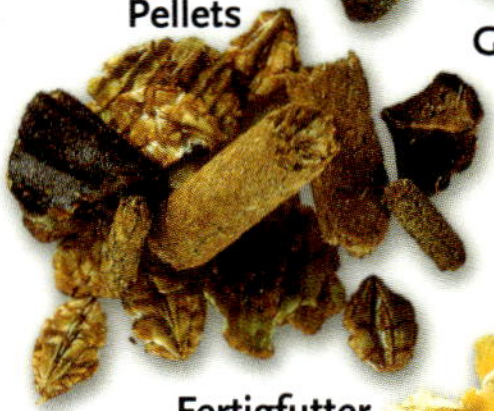
Fertigfutter

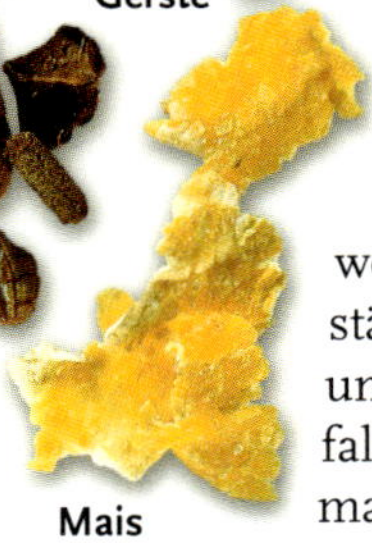
Mais

Körnerfutter

Hafer stellt eine ausgeglichene Nährstoffzufuhr sicher. Er sollte besser gequetscht oder zerstoßen als ganz gefüttert werden. Die Menge hängt von der vom Pferd geforderten Leistung ab. Manche Pferde werden durch Hafer leicht erregbar oder übermütig.

- **Gerste** ist ein sehr wertvolles Futtermittel und gut, um dünne Pferde aufzupäppeln. Durch Gerste werden Pferde nicht so übermütig oder reizbar.
- **Maisflocken** werden gekocht. Sie sollten nicht alleine gefüttert werden, weil sie stärkehaltig sind und Pferde ebenfalls übermütig machen.

Gräser und Heu

Gras ist ein besonders gesundes Futter.

- Das beste Grasfutter besteht aus einer Mischung von Roggengras, Weidelgras und Wiesenlieschgras mit etwas Klee.
- Man unterscheidet drei verschiedene Arten **Heu** (getrocknetes Gras).

Pferden darf nie schimmliges oder modriges Heu gefüttert werden.

- **Saat-** oder **Mischheu** wird von speziell ausgesäten Feldern geschnitten. Es ist gewöhnlich unkrautfrei, von hoher Qualität und sehr teuer.
- **Wiesenheu** wird von normalen Weiden geschnitten. Dabei gibt es große Qualitätsunterschiede.
- **Kleeheu** enthält wie Saatheu viele Nährstoffe.

Gras

Weidelgras

Wiesengras

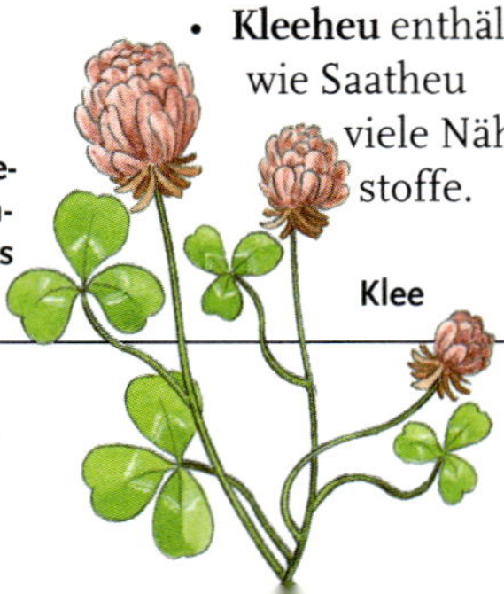
Klee

Zusatzfutter

Kleie

Zuckerrübe

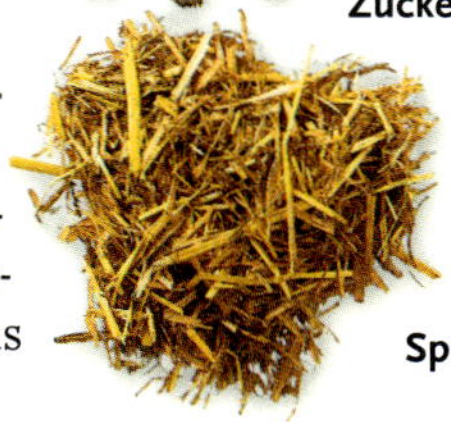

Spreu

- **Kleie** hat einen geringen Nährwert, aber einen hohen Fasergehalt. Mit kleinen Mengen Kleie wird Futter gestreckt.
- **Zuckerrübenschnitzel** haben einen hohen Faser- und Zuckergehalt. Unter das Futter gemischt, wird es reichhaltiger. Sie dürfen aber nie ohne Wasser gefüttert werden.
- **Häcksel** oder **Spreu** ist zerkleinertes Heu, manchmal auch gemischt mit einer geringen Menge Haferstroh. Häcksel fördert die Kaubewegungen und streckt das Futter.

Gekochtes Futter

- Mit gekochtem **Leinsamen** werden Pferde aufgespeckt und sie bekommen ein glänzendes Fell. Wenn Leinsamen nicht richtig abgekocht wird, kann er giftig sein. Nach dem Kochen muss er innerhalb von 24 Stunden verfüttert werden.
- Der dünnflüssigere **Leinsamentee** wird genauso gekocht, nur mit mehr Wasser. Er wird müden oder kranken Pferden zum Aufwärmen gegeben.
- **Haferschleim** (dickflüssiges Haferflockengetränk) wird Pferden kalt gefüttert. Er macht müde Pferde wieder munter, wenn sie nach harter Arbeit in den Stall zurückkehren.
- Gekochter **Gerstenschleim** ist leicht verdaulich. Das Korn muss 2–3 Stunden weich kochen. Dann wird es mit anderem Futter gemischt und warm verfüttert.

- **Siloheu** ist eine Mischung aus Heu und *Silage**. Es ist staubfrei und gut für Pferde mit Atemproblemen. Um Verdauungsprobleme zu vermeiden, sollte Siloheu über einen Zeitraum von 2–3 Wochen allmählich dem üblichen Raufutter beigemischt werden.
- **Alfalfa**, auch **Luzerne** genannt, gilt als Alternative zum gewöhnlichen Heu. Es ist eine grüne Pflanze mit lila Blüten. Das Futter wird genauso hergestellt wie Heu, ist aber nahrhafter und auch sehr teuer.

Alfalfa

Fütterausrüstung

Waage zum Futterwiegen

Futterschaufel misst die Futtermenge.

Selbsttränke sorgt für frisches Wasser.

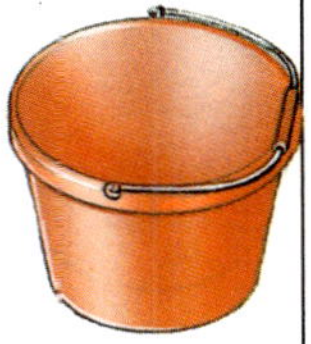

Wassereimer zum Tränken

Heunetz

Futterkrippe

Ergänzungsfutter

- **Vitamine** und **Mineralstoffe** brauchen Pferde für Wachstum und Gesundheit. Eine gute Weidefläche und Sonne sind die Grundlage für die Mineralstoffversorgung. Im Stall sollten **Lecksteine** aufgehängt werden, die Pferde mit Mineralstoffen versorgen.
- **Melasse** ist ein nahrhafter Sirup aus braunem Zucker. Weil sie so lecker schmeckt, werden *schlechte Fresser** mit Melasse zur Nahrungsaufnahme bewegt. Sie wird, in Wasser aufgelöst, unter das Futter gemischt.

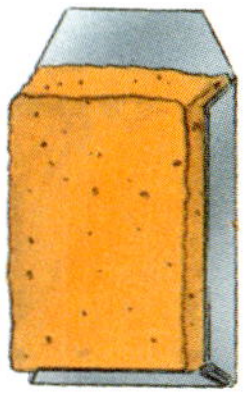

Leckstein

* Fresser, 118; Silage, 121

Putzen und Scheren

Pferde in Boxenhaltung sollten möglichst täglich **geputzt** werden. Putzen hält die Haut gesund, kräftigt die Muskeln und bringt das Fell zum Glänzen.

Wie Pferde sich selbst putzen

Pferde, die auf der Weide gehalten werden, putzen sich selbst. Miteinander befreundete Pferde befreien sich gegenseitig von lästigem Juckreiz. Wenn sich ein Pferd dreckig oder verschwitzt fühlt, kann es sich auf dem Rasen wälzen. Um den Fellwechsel im Frühjahr und Herbst zu beschleunigen, reiben Pferde ihre Körper an Bäumen.

Putzzeug

Jedes Putzwerkzeug hat seine eigene Funktion.

Die **Wurzelbürste** hat lange, harte Borsten und dient zur Entfernung von grobem Schmutz. Niemals an empfindlichen Körperstellen benutzen.

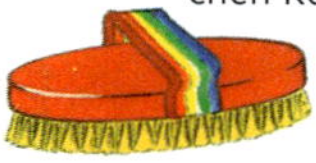

Die **Kardätsche** ist die wichtigste Bürste, um Staub aus dem Fell zu putzen. Die kurzen, weichen Borsten dringen durch das Fell bis auf die darunter liegende Haut.

Ein **Striegel** aus Gummi oder Metall wird zum Abstreifen des Staubs von der Kardätsche gebraucht.

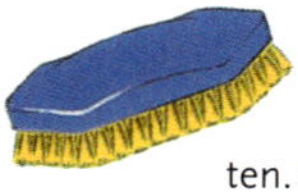

Eine **Waschbürste** ist lang, schmal und hat kurze Borsten. Sie wird zum Bürsten von Mähne und Schweif gebraucht.

Mit jeweils eigenen, in warmem Wasser angefeuchteten **Schwämmen** werden Augen, Nüstern und After geputzt.

Mit dem **Hufkratzer** werden vor und nach dem Reiten Dreck und Steine aus den Hufen gekratzt.

Huföl oder **-fett** schützt die Hufwände und lässt die Hufe schön glänzen. Mit einem Pinsel wird eine dünne Schicht aufgetragen.

Mit einem **Schweißmesser** wird starker Schweiß oder Wasser vom Fell entfernt.

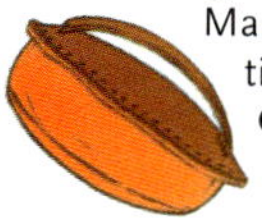

Ein **Massagekissen** aus gefülltem Leder dient zum Massieren. Die gleiche Funktion erfüllt ein weicher **Gummistriegel.**

Ein **Mähnen-** und **Schweifkamm** aus Aluminium oder Plastik dient vor dem Einflechten zur Unterteilung von Mähnen- oder Schweifhaar.

Tägliche Pflege

Die meisten Pferde lassen sich gerne putzen. Trotzdem müssen sie immer geduldig und aufmerksam behandelt werden.

Hufe auskratzen

Beginne das tägliche Putzen mit dem Hufauskratzen.

- 1. Nimm einen Huf nach dem anderen auf. Entferne den

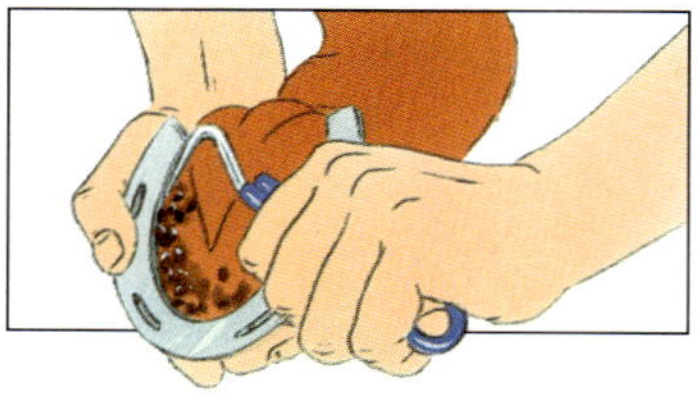

gesamten Dreck mit dem Hufkratzer. Kratze den Huf vom Ballen in Richtung Zehe aus. Die Hufkratzerspitze zeigt von dir weg. So vermeidest du Verletzungen an weichen Hufzonen.
- 2. Säubere die *Strahlfurche** und schau nach Anzeichen von *Strahlfäule**. Überprüfe, ob das *Hufeisen** fest sitzt und ob auch keine *Niete** übersteht.

Putzen

Putze dein Pferd gründlich, bevor du es reitest.

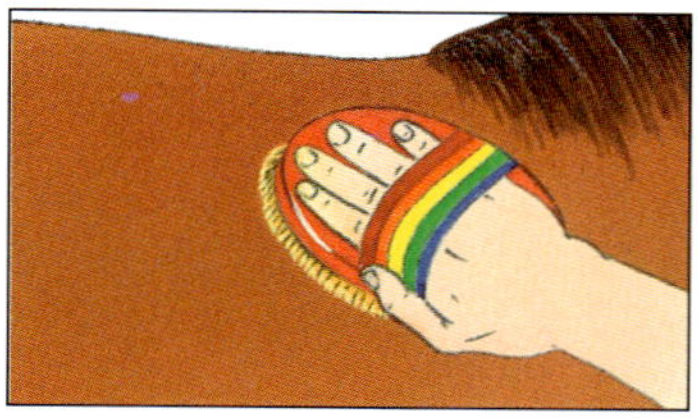

- 1. Beginne am Hals und putze zuerst die linke, dann die rechte Körperseite mit Kardätsche und Gummistriegel.

* Hufeisen, 56; Niete, 57; Strahlfurche, 10; Strahlfäule, 61

Scheren

• 2. Kreise mit einem weichen Gummistriegel über die Muskeln der *Hinterhand**, Schultern und Hals. Das stärkt die Muskeln und löst den Staub.

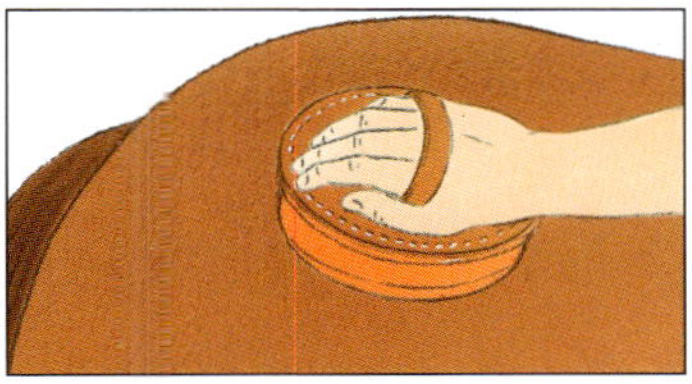

• 3. Nun putze mit der Kardätsche den Staub aus dem Fell.

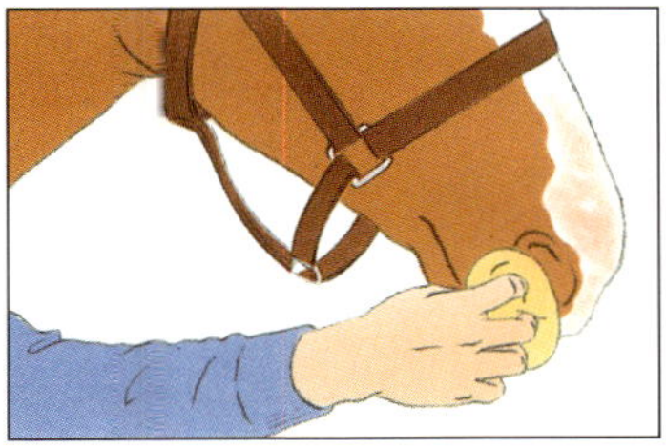

• 4. Wisch zum Schluss mit einem Baumwolllappen oder **Putzhandschuh** noch mal über das Fell um auch das letzte Staubkörnchen zu entfernen.

Unterteile Mähnen- und Schweifhaar.

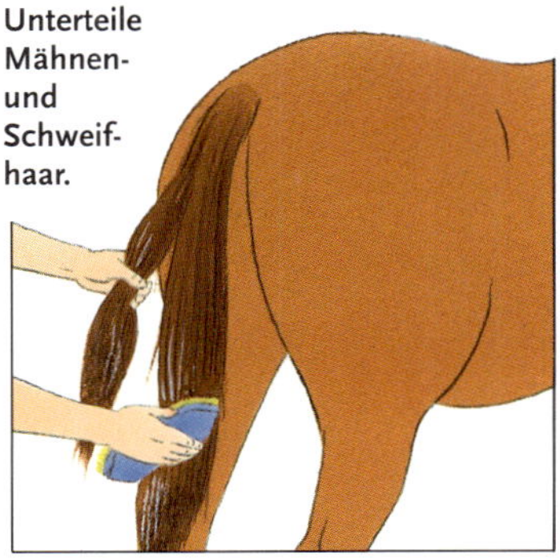

• 5. Bürste Mähne und Schweif mit einer Waschbürste.

• 6. Pinsel etwas Huffett oder Huföl auf die Hufe.

Überbürsten

Auch nach dem Reiten solltest du dem Pferd ein bisschen Pflege zukommen lassen:

• 1. Hufe auskratzen.

• 2. Augen, Nüstern und After mit jeweils einem eigenen Schwamm säubern.

• 3. Wenn das Pferd geschwitzt hat, mit einem Strohwisch trockenreiben.

• 4. Im Sommer die Beine mit Wasser abspritzen.

Wenn du fertig bist, muss das Fell glänzen.

Steh immer seitlich am Pferd, um Tritten auszuweichen.

Das Pferd wird mit Halfter und Führstrick angebunden.

Pferde **wechseln ihr Fell** zweimal im Jahr, im Frühling und im Herbst. Im Winter wächst ein dickes Winterfell zum Schutz gegen Wind und Wetter. Eine Schur alle 2 bis 6 Wochen schützt ein Pferd, das sehr gefordert wird, vor Überhitzung.

• Bei einer **vollständigen Schur** wird das gesamte Fell, auch an den Beinen, geschoren.

• Bei der **Hunter-Schur** werden die Beine und die Sattellage nicht geschoren. Letztere, um Satteldruck zu vermeiden.

• Bei dem **Geschirr-Schnitt** wird das Pferd unter dem Hals, an den Flanken und am Bauch geschoren. Er eignet sich auch für Pferde, die auf der Weide stehen.

• Bei der **Latz-Scherfrisur** wird das Fell nur an der Brust und unter dem Hals geschoren. Für Pferde, die viel draußen stehen und nur wenig bewegt werden.

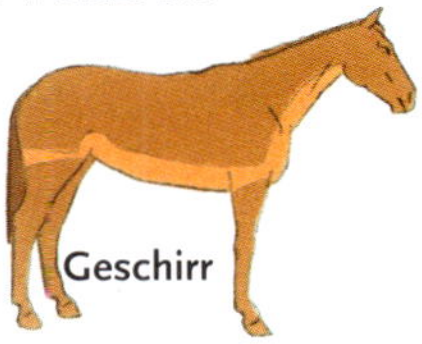

• Bei dem **Decken-Schnitt** wird das Fell an den Lenden, am Rücken und an den Beinen nicht geschoren. So gerät ein Pferd auch bei hohem Leistungseinsatz nicht allzu sehr ins Schwitzen.

* Hinterhand, 119

Beschlag

Zum Laufen über harten Asphalt müssen Pferdehufe mit **Hufeisen** beschlagen werden. Sie schützen die Hornwände und vermindern ihre Abnutzung. Da Hufe permanent wachsen, sollten sie alle 4 bis 6 Wochen vom **Hufschmied** geschnitten und neu beschlagen werden.

Amboss

Werkzeug des Hufschmieds

Um ein Hufeisen anzulegen, braucht der Schmied verschiedene Werkzeuge.

Die **Feile** ebnet Kanten und Ecken.

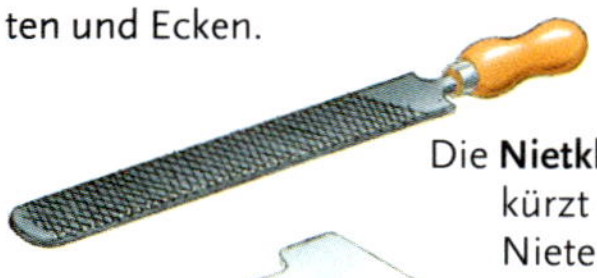

Die **Nietklinge** kürzt die Nieten.

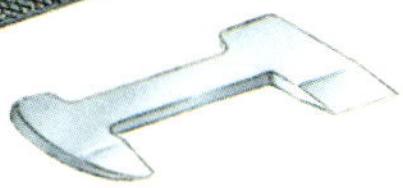

Mit dem **Nagellochdorn** wird das heiße Eisen zum Pferd getragen.

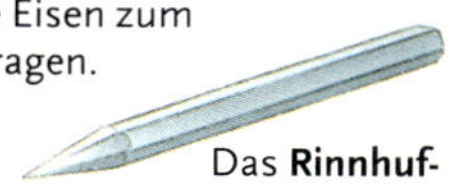

Das **Rinnhufmesser** entfernt das Horn in der Strahlfurche und am Strahl.

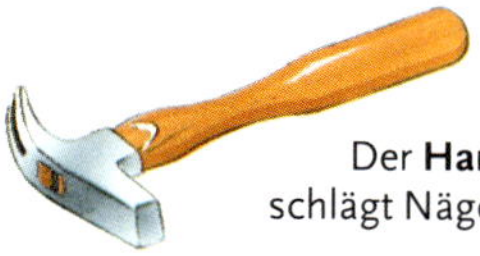

Der **Hammer** schlägt Nägel ein.

Der **Hufschneider** schneidet überflüssiges Horn ab.

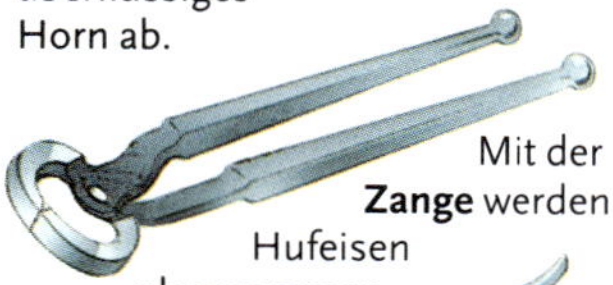

Mit der **Zange** werden die Hufeisen abgenommen.

Die **Nietzange** schlägt die neuen Nägel um.

Hufeisen

Es gibt verschiedene Hufeisen, die zu den unterschiedlichen Pferdehufen und ihrem Arbeitseinsatz passen.

- Das **Stempeleisen** ist ein einfaches Hufeisen, das aus einer glatten, gebogenen Eisenstange besteht. Stempeleisen werden nur bei langsamer Arbeit eingesetzt.

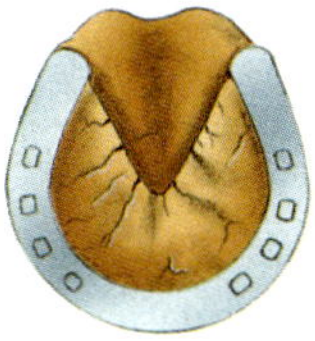

- Hufeisen mit einer Rille auf der Unterseite, der so genannten **Falz**, sind für Pferde geeignet, die schneller bewegt werden. Die Falz macht die Eisen leichter und auf weichem Boden griffiger.
- Mit **Spezialeisen** werden z. B. Pferde beschlagen, die *greifen**. Das Eisen verläuft an der entscheidenden Stelle etwas innerhalb des Hufrandes und die Außenkante ist abgerundet.

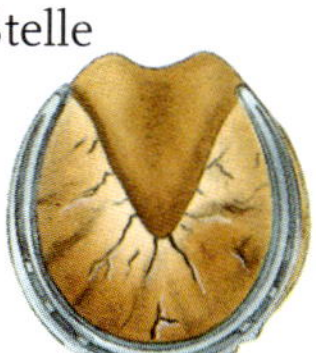

- Ein dünnes **halbes Hufeisen** schützt die Hufwand um den Zeh vor Absplitterungen sowie den *Strahl** von Pferden, die nicht viel bewegt werden.
- An der Zehenspitze **hochgebogene Hufeisen** werden bei Pferden eingesetzt, die leicht stolpern.

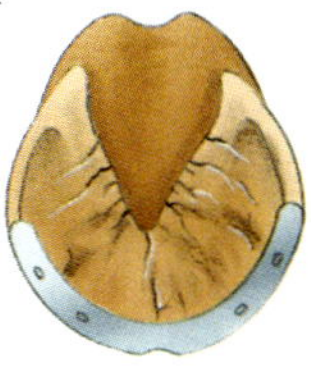

- **Orthopädische Hufeisen** sind besondere Hufeisen, die Pferden mit Huferkrankungen wie *Steingallen**, *Hufrehe** und Verletzungen der *Sehnen** aufgenagelt werden.
- Das **Renneisen** ist ein sehr leichtes Hufeisen aus Aluminium. Es wird *Rennpferden** und Ponys bei *Materialprüfungen** aufgenagelt und darf nur auf weichem Boden, wie Rasen oder Sand, gebraucht werden.
- **Anti-Rutsch-Eisen** sind auf der Unterfläche mit Querrillen versehen. Sie geben auf glattem Grund besseren Halt.

Teile des Hufeisens

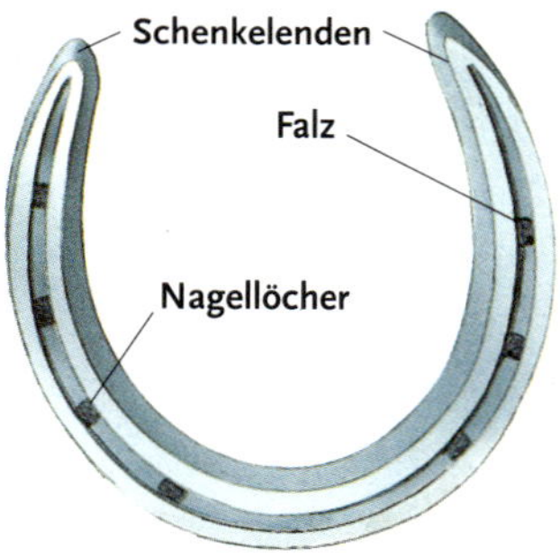

* Greifen, 119; Hufrehe, 61; Materialprüfungen, 82; Pferderennen, 84; Sehnen, 11; Steingallen, 61; Strahl, 10

Stollen

Metallstollen vermindern die Rutschgefahr bei beschlagenen Pferden. Sie werden an den Schenkelenden der Hufeisen eingeschraubt.

- **Straßenstollen** machen Hufeisen auf Asphalt griffiger. Sie können im Hufeisen bleiben.
- **Wettkampfstollen** werden nur zur Nutzung auf Rasenflächen eingeschraubt. Sie müssen nach Gebrauch wieder entfernt werden.

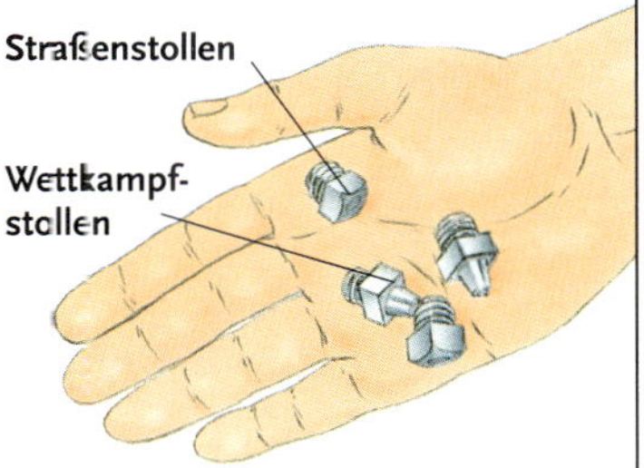

Beim Hufschmied

Die beste Beschlagmethode ist der **Heißbeschlag.** Dabei wird das Hufeisen dem Huf ganz genau angepasst. Es wird anprobiert und seine Form korrigiert, solange es noch heiß ist. Erst dann wird es aufgeschlagen.

- Beim **Kaltbeschlag** wird ein Pferd mit einem zuvor angefertigten Hufeisen beschlagen. Die Hufeisenform kann nur noch geringfügig angepasst werden.

Abnehmen

Um das alte Hufeisen abzunehmen, werden die Nieten gelockert und das Eisen mit der Zange vom Huf entfernt. Die Nieten müssen sorgfältig abgeschnitten werden, damit die

Das Hufeisen wird mit der Zange abgenommen.

Hufwand nicht beschädigt wird.

Vorbereitung

Der Schmied reinigt die *Hufsohle** und den Strahl. Die zu lang gewachsene Hufwand kürzt er mit dem Hufschneider und der Feile.

Die nachgewachsene Hufwand wird mit dem Hufschneider entfernt.

Anpassen

Der Schmied drückt das heiße Hufeisen auf den Huf und prüft, ob es richtig passt. In der Hufwand sind keine Nerven, deshalb tut das Aufbrennen nicht weh.

Das neue Hufeisen wird auf den Huf gedrückt und es wird überprüft, ob es richtig anliegt.

Aufnageln

Das Hufeisen wird in Wasser gekühlt und dann aufgenagelt. Die Nagelspitzen treten aus der Hufwand aus und werden umgebogen, so dass die **Nieten** entstehen. Sie werden in die Hufwand eingeschlagen.

Ein neues Hufeisen festnageln.

Abschluss

Zum Schluss feilt der Schmied die äußere Hufwand und die Nieten, um alle scharfen Kanten zu begradigen.

Alle Kanten werden begradigt.

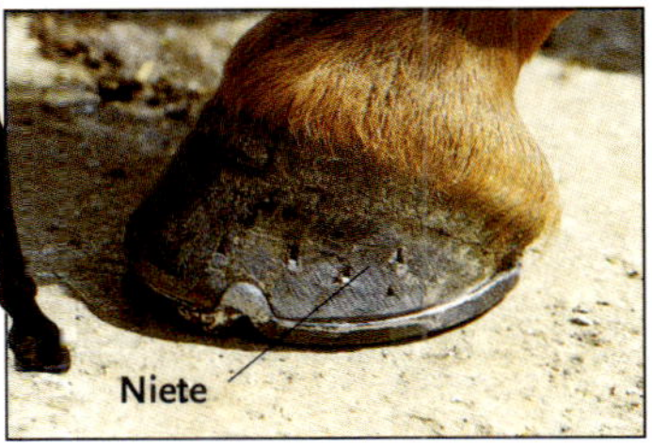

Hufsohle, 10

Krankheit und Verletzung

Ein gesundes Pferd ist ein glückliches Pferd. Es ist aufmerksam und lebhaft, hat ein glänzendes Fell und wachsame Augen und Ohren. Trübe Augen und ein schlechter Allgemeinzustand weisen auf Erkrankungen hin.

Magen- und Darmkrankheiten

- Bauchschmerzen des Pferdes oder Schmerzen im *Abdomen** werden als **Kolik** bezeichnet. Eine Kolik tritt oft in Folge von Verstopfungen auf, die durch Futterumstellung hervorgerufen werden können, durch zu frühen Arbeitseinsatz nach dem Füttern oder durch Wurmbefall. Eine Kolik kann tödlich verlaufen und deshalb muss bei den ersten Anzeichen sofort der Tierarzt gerufen werden.

- **Würmer** sind eine der häufigsten Ursachen für einen schlechten Allgemeinzustand. Blut-, Spul-, Lungen- oder Bandwürmer sind die gefährlichsten. Sie können Schweifscheuern, Husten, Kolik, *Anämie** und Blutgerinnsel verursachen oder sogar zum Tod führen. Alle sechs bis acht Wochen sollten Pferde deshalb mit einem speziellen Mittel (Wurmkur) entwurmt werden.

- **Abzesse** an Zähnen oder in der Mundhöhle verursachen Vereiterungen im Maul. Für das Pferd ist das Fressen sehr schmerzhaft. Möglicherweise *priemt** es. Die verminderte Nahrungsaufnahme führt zu Ausdauerverlust.

  Abzesse können durch Futterumstellung und bei jungen Pferden auch während des *Zahnwechsels** auftreten. Auch zu scharfe Zähne können die Ursache sein. Sie sollten daher regelmäßig vom Tierarzt überprüft werden.

Äußere Anzeichen können Aufschluss über den Gesundheitszustand geben.

Würmer werden mit Wurmkuren behandelt.

Dieses Fell ist gesund. Ein stumpfes Fell kann auf einen schlechten Gesundheitszustand hinweisen.

Aus Nüstern und Maul austretender Speichel kann auf eine Schlundverstopfung hinweisen.

Dieser Querschnitt zeigt die inneren Verdauungsorgane.

- Eine **Schlundverstopfung** kann lebensbedrohlich sein, weil das Pferd daran zu ersticken droht. Sie wird durch trockenes Futter oder einen in der Kehle stecken gebliebenen Gegenstand ausgelöst. Schnell einen Tierarzt rufen.

Erkrankungen der Atemwege

- **Husten** kann durch eine Bakterien- oder Vireninfektion hervorgerufen werden. Er kann sehr langwierig sein. Manchmal ist Husten auch eine allergische Reaktion auf Pilze oder *Sporen**, die sich im Heu oder Stroh befinden. Das Pferd sollte nicht strapaziert werden.

Pferde mit Husten sollten viel Ruhe haben.

- **Dämpfigkeit**, auch **chronisch obstruktive Bronchitis** genannt, kann durch allergische Reaktionen auf Pilzsporen hervorgerufen werden. Ruhe, Antibiotika und eine staubfreie Umgebung helfen.
- **Druse** ist eine höchst ansteckende Krankheit. Die Symptome sind: hohes Fieber, gefolgt von trockenem Husten, angeschwollenen Lymphknoten und eitrigen Abzessen. Die Pferde müssen isoliert stehen und mit Antibiotika behandelt werden.

- Die **Pferdegrippe** wird durch Viren verursacht. Das Pferd sollte isoliert stehen und nicht bewegt werden. Am besten lässt man Pferde dagegen impfen.

Hautkrankheiten

- **Läuse** jucken Pferde fürchterlich und befallen sie meistens im Frühjahr. Das Fell wirkt stumpf und es kann zu Gewichtsverlust kommen. Man sollte Läusepuder wiederholt über das ganze Fell streuen.

Laus

- **Räude** wird durch die stark ansteckenden Räudemilben hervorgerufen und verursacht Juckreiz, Hautausschlag und Haarausfall. Sie ist anzeigepflichtig. Der Tierarzt verschreibt gegen die unangenehme Hautkrankheit spezielle Cremes und Waschlotionen.
- **Ekzeme durch Mückenstiche** entstehen in der Regel von April bis Oktober. Sie können durch Einstallen der Pferde über Nacht oder durch Insektensprays verhindert werden.

Ein aufgeriebener Schweif ist oft ein Zeichen von Sommerekzem.

- **Dasselfliegen** legen ihre Eier auf den Pferdebeinen ab. Die Larven bohren sich durch die Haut, wandern bis zum Pferderücken und erzeugen schmerzhafte Schwellungen, die eventuell operativ entfernt werden müssen.
- **Nesselausschlag** oder **Quaddeln** können plötzliche allergische Reaktionen auf Pflanzen, Insektenbisse oder Futterumstellungen sein. In schlimmen Fällen muss der Tierarzt eingeschaltet werden.
- **Satteldruck** und **Gallen** sind Wunden oder Schwellungen am Pferderücken. Sie können durch den Sattel oder den Gurt entstehen. Jede offene Wunde muss sorgfältig ausgewaschen, getrocknet und dann mit Wundpuder eingestäubt werden. Bis zur kompletten Verheilung darf das Pferd nicht geritten werden.
- Die **Scherpilzflechte** ist eine höchst ansteckende Pilzerkrankung, die auf Menschen übertragen werden kann. Sie muss mit fungiziden Lösungen und einer dem Futter beigemischten Medizin behandelt werden. Das Pferd muss isoliert stehen und sämtliches Zubehör muss desinfiziert werden.

Die Scherpilzflechte erzeugt einen runden Hautausschlag.

- **Mauke** entsteht bei mangelnder Stallhygiene. Schmutzige und feuchte Bedingungen fördern Hautverletzungen und lassen Bakterien eindringen. Mauke ist ein nässendes Ekzem an den Fesseln, das sich bis zur Bauchgegend hochziehen kann. Sie muss bei ersten Anzeichen behandelt werden, die Haut behutsam und gründlich gereinigt und Wundsalbe aufgetragen werden.

* Abdomen, 118; Anämie, 118; Priemen, 120; Sporen, 121; Zahnwechsel, 20

Krankheit und Verletzung

Verschiedene Krankheiten

• **Tetanus** oder **Wundstarrkrampf** hat zumeist einen tödlichen Ausgang. Die Glieder werden steif, später verschließt sich der Kiefer. Ein weiteres Symptom ist, dass die Nickhaut die Hälfte der Augen bedeckt. Alle Pferde sollten gegen Tetanus geimpft sein.

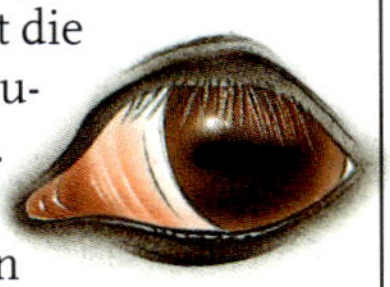

Die Nickhaut überzieht die Hälfte des Auges.

• **Augenentzündungen** können sehr gefährlich sein. Hier sollte der Tierarzt eingeschaltet werden. Antibiotika können Entzündungen stoppen. Das einzelne Auge sollte mit jeweils einem eigenen, in Kochsalzlösung getauchten Baumwollläppchen gesäubert werden.

• Bei der **Feiertagskrankheit** oder **Kreuzverschlag** werden die Muskeln plötzlich steif und schmerzen. Sowohl Muskelfasern als auch Nieren können bleibende Schäden davontragen. Sie tritt häufig bei den ersten Übungen nach ein paar Tagen Ruhepause auf. Der Tierarzt muss sofort gerufen werden und das Pferd mit beruhigenden, entzündungshemmenden Mitteln behandeln.

Der Fliegenschutz hält Fliegen fern.

Erkrankungen der Beine und Gelenke

• **Überbeine** sind kleine, knöcherne Wucherungen, die zumeist bei jüngeren Pferden am Griffelbein und Röhrbein auftreten. Sie entstehen als Folge von Verstauchungen, einem Schlag, unausgeglichener Mineralzufuhr oder einem Bruch. Zur Behandlung sollte das Pferd ruhen, dreimal täglich kalt abgespritzt werden und mit Umschlägen (siehe gegenüberliegende Seite) versorgt werden.

• **Fesselgallen** sind Schwellungen, die seitlich über dem Fesselgelenk auftreten. Sie sind ein Schönheitsfehler und bereiten nur selten Probleme. Zur Behandlung sollte das Pferd ausruhen und kalt abgespritzt werden.

• **Piephacken** sind weiche, schmerzlose Schwellungen auf der oberen Innenseite der Sprunggelenke. Sie sind nicht gefährlich, weisen aber deutlich auf eine hohe Belastung der Hinterbeine hin. Ein Pferd mit Fesselgallen sollte Ruhepausen einlegen und kalt abgespritzt werden.

• **Stollbeulen** sind Schwellungen unter der Haut, die durch Quetschungen oder Tritte am Ellbogenhöcker hervorgerufen werden. Kaltes Abspritzen kann die Schwellung verringern.

• **Knochenbrüche** können durch Stolpern oder einen Sturz verursacht werden. Ein Tierarzt muss das Bein untersuchen.

• **Sehnenschäden** können durch übermäßige Belastung oder Stauchung der Sehnenfasern entstehen. Das Pferd muss vom Tierarzt untersucht werden. Die Behandlung kann kaltes Abspritzen, Umschläge und entzündungshemmende Medikamente einschließen.

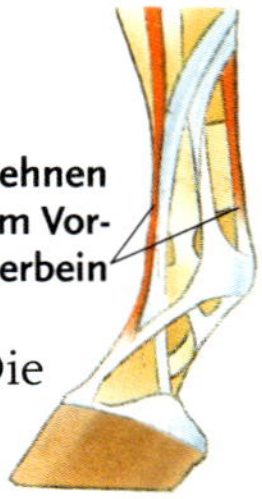

Sehnen am Vorderbein

• Verletzungen, die durch *Streichen** entstehen, können durch *Gamaschen** und guten *Beschlag** vermieden werden.

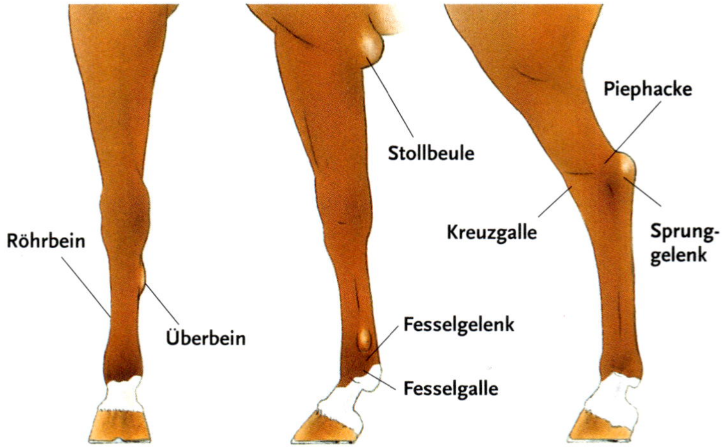

* Gamaschen, 44; Beschlag, 56; Streichen, 121

Hufkrankheiten

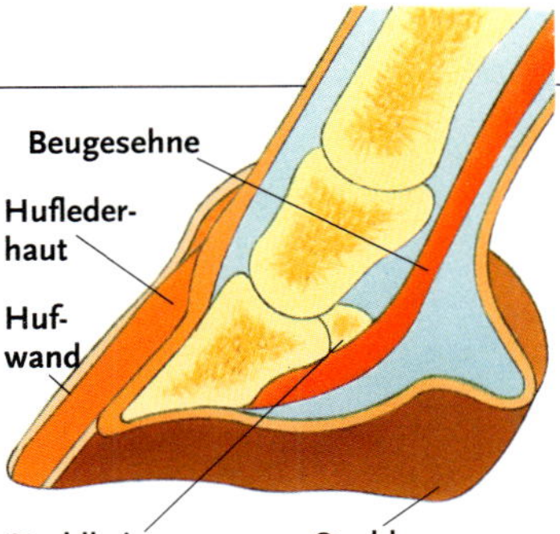

Querschnitt durch einen Pferdehuf

- **Lahmheiten** können viele Ursachen haben, wie *Exterieurfehler**, Steingallen oder fest eingetretene Steinchen. Wenn ein Pferd lahmt, sollte immer ein Tierarzt gerufen werden.
- Die **Hufrollenentzündung** ist eine schwere Gelenkentzündung, die zur Lahmheit führt. Das Strahlbein im hinteren Teil des Hufes und die darunter liegende Beugesehne sind entzündet. Sie kann durch Überlastung oder Exterieurfehler hervorgerufen werden.
- **Hufrehe** ist eine äußerst schmerzhafte Entzündung der Huflederhaut, die den inneren, schmerzempfindlichen Huf mit dem äußeren, schmerzunempfindlichen Horn verbindet. Sie kann durch Fütterungsfehler oder Überanstrengung auf hartem Asphalt hervorgerufen werden. Die Hufeisen sollten abgenommen und die Hufe regelmäßig kalt abgespritzt werden. Der Tierarzt kann entzündungshemmende Injektionen und Schmerzmittel verabreichen.

Stehen ist für ein Pferd mit Hufrehe sehr schmerzhaft.

- **Strahlfäule** ist eine Infektion des Strahls, die einen Fäulnisgeruch verbreitet. Sie wird in der Regel durch schmutzige, feuchte Einstreu und unregelmäßige Hufpflege verursacht. Die befallenen Stellen müssen ausgeschnitten werden, der Huf gesäubert und wenn nötig mit Umschlägen behandelt werden.
- Die **hohle Wand** entsteht durch eine Hufverletzung mit anschließender Entzündung. Hierbei bildet sich ein Hohlraum in der Hufwand. Ein Tierarzt muss das Horn zurückschneiden und die Wunde versorgen.
- Der **Kronentritt** ist ein Riss in der Hufwand. Er wird durch Verletzungen am Kronrand hervorgerufen und wächst von der *Krone** abwärts. Ein Tierarzt oder Hufschmied muss ihn behandeln.

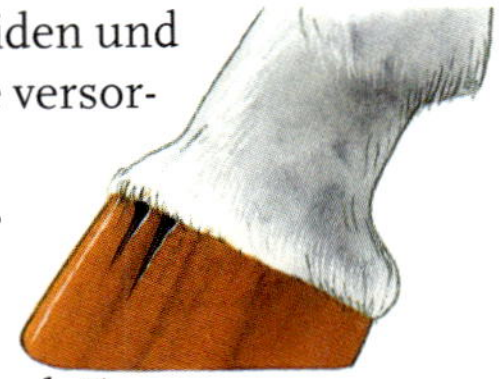

Kronentritt

Die Abbildung zeigt einen Huf von unten und die Stellen, wo Erkrankungen auftauchen können.

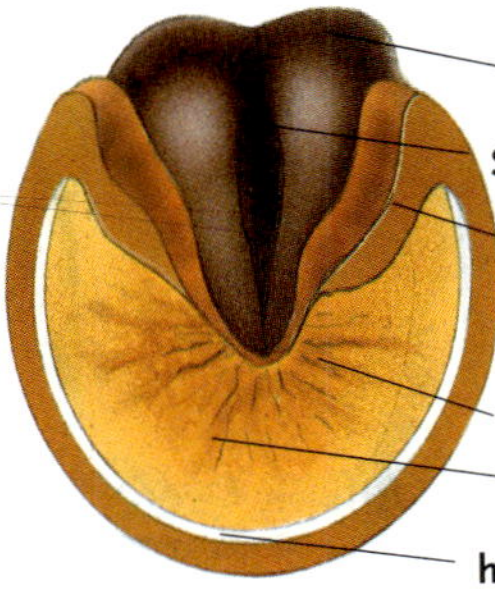

- Ein **Nagelstich** wird vom Schmied verursacht, der einen Nagel zu nah an der Huflederhaut einschlägt. Der Nagel muss sofort entfernt werden.
Beim **Vernageln** dringt ein Nagel tatsächlich in die Huflederhaut ein. Das Hufeisen muss abgenommen und der Huf mit Umschlägen behandelt werden.

Behandlungen

- **Umschläge** können mit verschiedenen Substanzen gemacht werden, wie z.B. Lehmbrei oder Kleie. Sie werden für unterschiedliche Behandlungen feucht auf die Haut aufgelegt.
Heiß unter Bandagen gewickelt, lindern sie Entzündungen, Prellungen und Schwellungen. Auf offenen Wunden oder Schnitten helfen sie, Schmutz und Sekrete aus der Wunde zu ziehen.

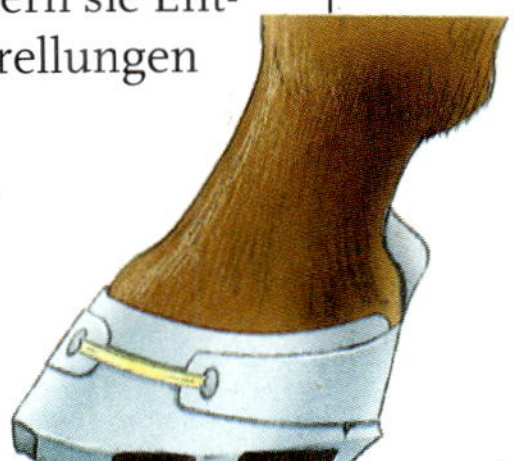

ein Hufschuh für Umschläge

- **Kalt abspritzen** hilft bei der Behandlung von Prellungen, Schwellungen, Verstauchungen und zur Wundsäuberung.
- Mit **heißen Umschlägen** werden Schmerzen oder Schwellungen behandelt. Ein in heißes Salzwasser getauchtes Handtuch wird dazu sanft auf die verletzte Stelle gelegt.

* Exterieurfehler, 18; Krone, 10

Ausbildung

In der **Ausbildung** lernt ein Pferd, einen Reiter auf seinem Rücken zu akzeptieren und die *Hilfen** des Reiters zu verstehen. Beim **Einreiten** sollte jeder Ausbildungsschritt langsam, ruhig und entschieden eingeleitet werden.

Ausbildung von Fohlen

Ein Fohlen sollte an den Umgang mit Menschen gewöhnt werden. Ein erster Schritt ist das Streicheln am Hals, dann über den Rücken bis zur Hinterhand und schließlich am ganzen Körper.

Führen

Du kannst einem Fohlen beibringen an einem Strick neben dir herzulaufen, ohne dass es versucht wegzurennen. Das wird **Führen** genannt. Zuerst sollte das Fohlen neben seiner Mutter geführt werden.

- Zum Halten und Führen braucht man ein spezielles **Fohlenhalfter**. Daran muss sich das Fohlen auch erst einmal gewöhnen. Das Halfter muss weich sein und gut passen.

Anbinden

Allmählich sollte das Fohlen lernen, sich anbinden zu lassen. Das übt man am besten mit Führstrick und *Anbindeknoten**.

Hufpflege

Die Fohlenhufe müssen regelmäßig berundet werden. Das Fohlen sollte frühzeitig lernen, einen Huf nach dem anderen zu geben.

Absetzen

Wenn ein Fohlen älter als 6 Monate ist, wird es von seiner Mutter getrennt und auf neue Nahrung umgestellt. Diesen Vorgang nennt man **Absetzen**.

Einreiten

Wenn ein Pferd als Fohlen richtig behandelt wurde, wird es einen Reiter leichter akzeptieren. Diesen Ausbildungsschritt, der im Alter von 3 bis 4 Jahren beginnt, nennt man **Einreiten**.

- Zuerst wird das Pferd an einen *Longiergurt**, dann an einen Sattel gewöhnt.
- Danach erfolgt die Gewöhnung an ein Trensengebiss. Dies ist besonders entscheidend, weil das Gebiss eines der wichtigsten Mittel ist, über die der Reiter später auf das Pferd einwirkt.

Longieren

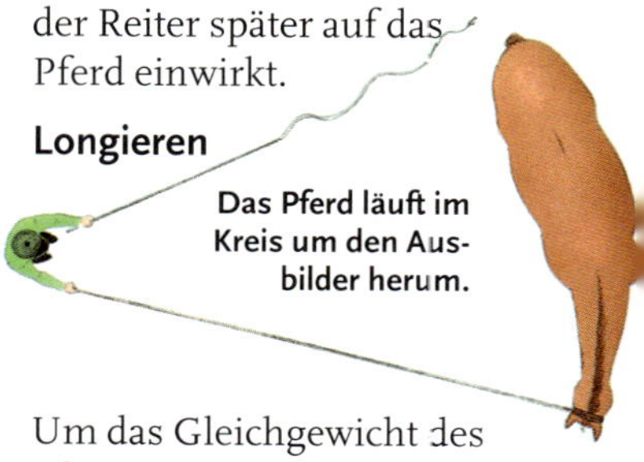

Um das Gleichgewicht des Pferdes zu unterstützen, seine *Gangarten**, Takt und *Schwung** zu verbessern, wird es am Ende einer Gurtleine im Kreis dirigiert. Das nennt man **longieren**. Dadurch lernt das Pferd sprachliche Kommandos.

Longierausrüstung

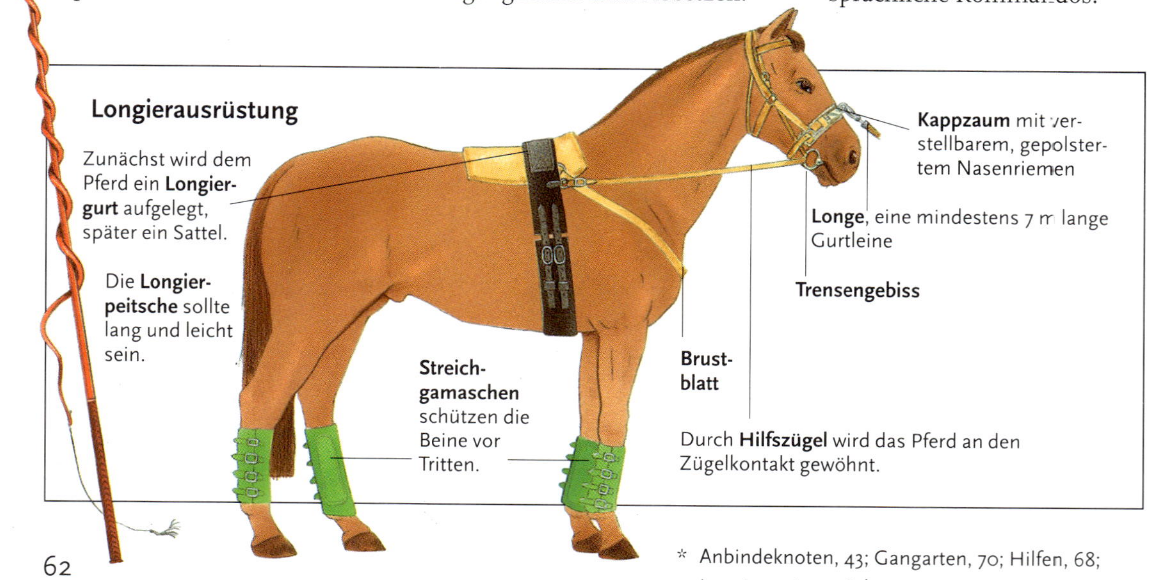

* Anbindeknoten, 43; Gangarten, 70; Hilfen, 68; Longiergurt, 42; Schwung, 121

Ausbildung an der Hand
Später geht der Ausbilder hinter oder neben dem Pferd und wendet und lenkt es mit zwei **langen Zügeln**, der **Doppellonge**.

Rückenbelastung
Dann muss das Pferd lernen, einen Reiter auf seinem Rücken zu akzeptiert.

- Streiche mit den Händen über den Rücken, bis sich das Pferd entspannt.

- Lehne langsam dein Gewicht über seinen Rücken.

- Stelle einen Fuß in den Steigbügel und belaste ihn leicht. So gewöhnt sich das Pferd an dein Gewicht.

- Wenn es entspannt ist, kannst du ganz aufsitzen.

Das Pferd reiten
Damit ein Pferd das **Gebiss annimmt**, sollte es im Schritt vorwärts geritten werden. Der Schwung wird durch Schenkelhilfen erhöht. Wenn sich das Pferd vorwärts bewegt, sollte der Reiter Stimmhilfen geben, damit das Pferd sie mit den noch unbekannten Schenkelhilfen in Verbindung bringen kann.

Das Pferd mit Zügel- und Schenkelhilfen wenden.

Wenden
Um ein junges Pferd zu wenden, wird der innere Zügel weit nach innen geführt. So merkt das Pferd, in welche Richtung es gehen soll. Die gebräuchlichen Hilfen sind: Der **innere Schenkel** treibt; der **äußere Schenkel** richtet die Hinterhand gerade; der **innere Zügel** gibt die Richtung an; der **äußere** kontrolliert den Schwung.

Springen

Pferde können mit oder ohne Reiter zum Springen ausgebildet werden. Sie müssen vor allem lernen, ruhig und sicher zu springen.

Über Stangen reiten

Reite zunächst mit dem Pferd über auf dem Boden liegende Stangen. Sobald es ruhig trabt, kannst du mit einfachen, niedrigen Cavalettis weitermachen.

Freispringen
Freispringen bedeutet, dass ein Pferd in einer geschlossenen Bahn ohne Reiter springt. Der Ausbilder kontrolliert das Pferd vom Boden aus.

Erste Hindernisse
Der Reiter sollte das Hindernis im *Trab** anreiten, damit das Pferd Zeit hat, seine Bewegungen abzustimmen.

- Eine Stange vor dem Hindernis hilft dem Pferd den richtigen Absprung zu finden.

Springen an der Longe
Einem Pferd kann das Springen auch an der Longe beigebracht werden. Das Pferd muss das Hindernis dabei gerade angehen.

Das Pferd geht das Hindernis in der Mitte an.

* Trab, 70

Untugenden

Ein gut ausgebildetes und gehaltenes Pferd wird sich in der Regel auch gut verhalten. Manche Pferde haben Untugenden, die sich durch sorgsamen Umgang und erfahrene Reiter legen.

ein bockendes Pferd

Ursachen

Die Hauptursache für Untugenden ist Angst. Schlechte Behandlung oder unzureichende Ausbildung kann ebenfalls dazu führen, dass Pferde beißen, treten oder ausbrechen. Manche Pferde sind aber auch von Natur aus angriffslustiger und brauchen eine strenge Hand. Auch Langeweile, fehlende Gesellschaft oder Schmerzen können Untugenden hervorrufen.

Spielzeuge, wie ein Plastikapfel, können Langeweile verhindern.

Kleben

Ein Pferd, das an seiner Umgebung und an Stallgenossen **„klebt"**, widersetzt sich den Hilfen des Reiters. Beim Einzelritt bleibt es plötzlich stehen oder dreht sich um und stürmt nach Hause.

Wenn ein Pferd klebt, musst du energisch durchgreifen.

- Hier hilft nur energisches Vorwärtstreiben durch verstärkte *Schenkelhilfen**.

Steigen

Zum **Steigen** richtet sich ein Pferd auf den Hinterbeinen auf. Wenn ein Pferd häufig steigt, sollte zuerst der Tierarzt untersuchen, ob es Schmerzen hat.

- Wenn ein Pferd steigt, musst du dein Gewicht nach vorne verlagern und nicht an den Zügeln ziehen.

Wenn das Pferd steigt, muss der Reiter das Gewicht nach vorne verlagern.

Sobald das Pferd wieder auf dem Boden steht, muss es energisch vorwärts getrieben werden.

Bocken

Beim **Bocken** springt das Pferd mit durchgedrückten Beinen und nach oben gekrümmten Rücken in die Luft. Häufig wird dabei der Reiter abgeworfen.

- Manchmal bockt ein Pferd, weil ihm etwas wehtut.
- Wenn ein Pferd vorwärts geht, hat es es viel schwerer zu bocken. Merkst du, dass dein Pferd bocken will, treibe es gut vorwärts.

Durchgehen

Wenn ein Pferd plötzlich losstürmt, **geht** es **durch**. Gewöhnlich geht es aus Angst durch.

- Versuche, das Pferd durchzuparieren. Um besseren Halt zu haben, kannst du dich mit einer Hand an der Mähne festhalten und mit der anderen die Zügel annehmen.
- Schrei nicht, sondern versuch mit beruhigender Stimme auf das Pferd einzuwirken. Setze dich tief in den Sattel und versuch es auf einen Kreis zu lenken.

Beißer

Ein **Beißer** geht mit angelegten Ohren auf jeden, der in seine Nähe kommt, los und versucht ihn zu beißen.

- Lass niemals zu, dass ein Pferd sich mit Beißen durchsetzt. Halte es direkt mit einem strengen „Nein" zurück.
- Gib ihm einen Klatsch auf die Schulter oder die Brust. Schlag es niemals am Kopf, das macht es nervös und *kopfscheu**.

* Kopfscheu, 119; Schenkelhilfen, 68

Schlagen

Ausschlagen kann zu einer schlechten Angewohnheit werden und muss unterbunden werden, bevor jemand verletzt wird.

- Beim Putzen schlagen manche Pferde aus, weil sie kitzlig sind. Du musst feinfühlig mit ihnen umgehen.
- Steh immer seitlich vom Pferd, um dich vor Verletzungen zu schützen.

Vorsicht vor den Hinterbeinen eines ausschlagenden Pferdes.

Krippensetzen und Koppen

Beim **Krippensetzen** nagt ein Pferd mit seinen Zähnen an Kanten im Stall herum und schluckt dabei Luft.

- Aus dem Krippensetzen kann **Koppen** werden. Dabei zieht das Pferd mit einem lauten „röhrenden" Geräusch Luft ein, ohne dabei zu nagen.
- Streiche die Türkanten mit einem gegen das Nagen und Koppen wirksamen Mittel ein. Leg dem Pferd vorübergehend einen **Kopperriemen** an.

Das Nagen schadet den Zähnen.

Ein Webrahmen an der Stalltür verhindert das Weben.

Weben

Beim **Weben** schwingt das Pferd seinen Hals von einer Seite zur anderen. Weben ist eine durch Langeweile erzeugte, häufig auftretende Stalluntugend. **Webrahmen** wirken dagegen.

- Ein Pferd, das webt, muss so oft wie möglich bewegt werden und Weideauslauf haben.

Kauen

Kauen an Ausrüstung, Decken und anderen Gegenständen im Stall kann sehr teuer werden und den Zähnen des Pferdes schaden.

- Wenn ein Pferd ein Deckenkauer oder -fresser ist, kannst du die Decke mit einer speziellen, übelschmeckenden Flüssigkeit bestreichen.
- Wenn das nicht hilft, kannst du ihm einen **Deckenfresserschutz** anlegen. Er wird am Halfter befestigt.

Boxenlaufen

Beim **Boxenlaufen** geht ein Pferd immer im Kreis in seiner Box herum. Auch diese Unart wird durch Langeweile hervorgerufen. Die Gliedmaßen können sich dabei verspannen oder verstauchen und das Pferd verliert an Gewicht.

- Stell das Pferd wenn möglich Tag und Nacht auf eine Weide mit Unterstand und decke es, wenn nötig, warm ein.
- Wenn es in der Box stehen muss, stelle sicher, dass es ausreichend Heu zur Beschäftigung hat und keine Angst vor benachbarten Pferden.

Wälzen

Wälzen ist eine natürliche, gesunde Bewegung, die alle Pferde genießen. Aber heftiges Wälzen kann auch ein Anzeichen für *Kolik** sein und bedeutet, dass sofort der Tierarzt gerufen werden muss.

- Wenn sich ein Pferd in der Box wälzt, kann es **sich festlegen**. Das passiert, wenn es mit den Beinen zu dicht an die Boxenwand gerät. Man sollte das Pferd durch Streicheln und Zusprechen beruhigen und versuchen, es auf die andere Seite zu wälzen. Gelingt das nicht, muss es an Hals, Kopf und Schweifrübe weggezogen werden, bis es selbst aufstehen kann.

Ein sich dauerhaft wälzendes Pferd kann krank sein.

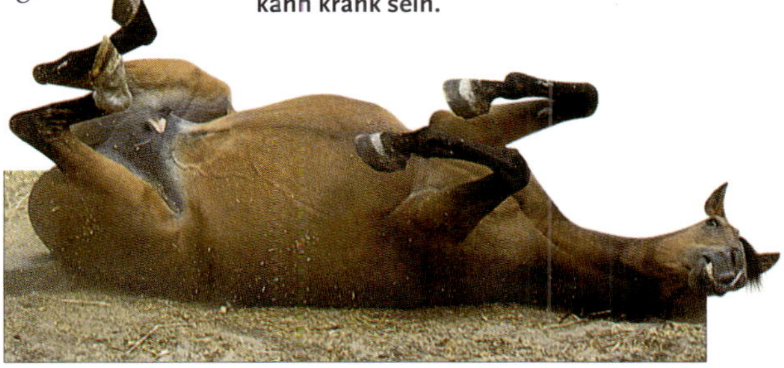

* Kolik, 58

Englische Reitweise

Die **englische Reitweise** hat sich aus der klassischen, europäischen entwickelt und wird heute auf der ganzen Welt praktiziert. Sie ist eine elegante Reitweise. Ihr Hauptanliegen ist Gehorsam und Harmonie zwischen Pferd und Reiter.

Reitbahnen

- Eine **Reithalle** ist der beste Ort zur Ausbildung von Reitschülern und zur *Ausbildung** und *Gymnastizierung** von Pferden. Der Reitplatz ist in der Regel rechteckig und 40 x 20 m groß oder größer.
- Eine Außenreitbahn wird auch als **offene Reitbahn** bezeichnet. Sie ist ebenfalls rechteckig.
- Der Boden von offenen oder überdachten Reitbahnen kann aus Sand, Sägespänen oder PVC-Granulat sein.

Vor dem Aufsitzen

Überprüfe vor dem Aufsitzen den Sattelgurt und zieh ihn gegebenenfalls nochmals nach.

- Stell dich vor den Sattel und schnall die Steigbügelriemen so lang, dass sie dir mitsamt den *Steigbügeln** von den Fingerspitzen bis in die Achselhöhle reichen. Stell dich nun vor das Pferd und überprüfe, ob beide Bügel gleich lang sind.

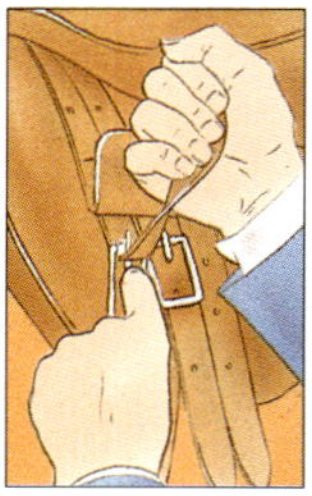

- Überprüfe noch einmal, ob Sattel- und Zaumzeug richtig angelegt und verschnallt sind.

Geländereiten

Unter **Geländereiten** wird das entspannte Ausreiten im Gelände verstanden. Aber auch dabei müssen viele Regeln beachtet werden. Eine der wichtigsten ist, Rücksicht auf fremdes Eigentum und Felder zu nehmen.

Reiten im Gelände

Du darfst auf Straßen, Reitwegen und einigen anderen freien Geländen reiten.

- Überprüfe, ob du eine Erlaubnis des Landeigentümers brauchst.
- Schließe Tore immer hinter dir.
- Springe niemals über Tore, Hecken oder Gräben.

Versichere dich, dass das Tor richtig verschlossen ist.

Reiten auf der Straße

Reite nicht auf der Straße, bevor dein Pferd nicht verkehrssicher ist.

- Reite, wann immer es möglich ist, auf Grasstreifen.
- Trage reflektierende Streifen auf den Ärmeln oder Jacken.
- Es gilt die Straßenverkehrsordnung, d. h. Reiter werden Fahrzeugen gleichgestellt. Richtungsänderungen müssen mit der Hand angezeigt werden, Rad- und Fußwege dürfen nicht benutzt werden.
- Gruppen müssen in einer Reihe hintereinander reiten.

* Ausbildung, 62; Gymnastizierung 119; Steigbügel, 37

Aufsitzen

Vom Boden

Steh neben der linken Schulter des Pferdes. Halt die Zügel mit der linken Hand und lege sie vor dem *Widerrist** auf den Hals des Pferdes.

- Halte den Steigbügel mit der rechten Hand und stelle den linken Fuß hinein.

- Dreh dich zum Pferd. Halte dich mit der rechten Hand kurz an der Sitzfläche fest, strecke beide Knie durch und zieh dich hoch.
- Schwing dein rechtes Bein über den Pferderücken.

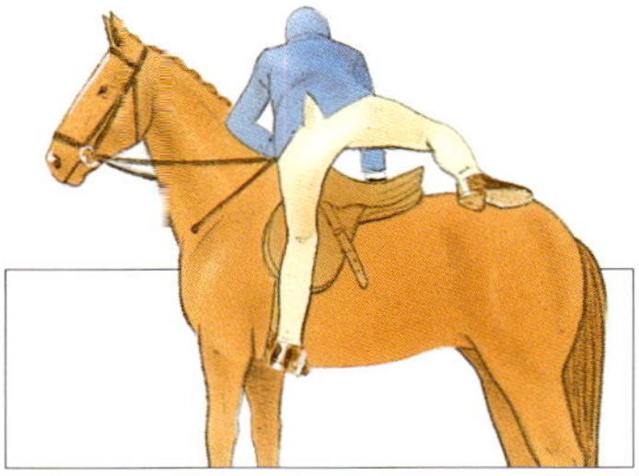

- Gleite sanft in den Sattel. Sobald du sitzt, stellst du deinen rechten Fuß in den Steigbügel und nimmst die Zügel auf.

Mit Aufsteighilfe

Es gibt zwei Möglichkeiten:

- Bei der **Steigbügelhilfe** legt ein Helfer seine linke Hand unter das angewinkelte linke Knie und die rechte Hand um das Fußgelenk des Reiters. Der stößt sich mit seinem rechten Bein ab, während der Helfer das linke Bein hochdrückt.

- Du kannst auch von einem **Aufsitzbock** auf den Pferderücken kommen.

Absitzen

Beim Absitzen nimmst du zuerst beide Füße aus den Steigbügeln und lässt die Beine runterhängen.

- Lehn dich dann leicht vor. Halte die Zügel in der linken Hand und leg sie auf die Mähne.
- Leg deine rechte Hand auf den *Vorderzwiesel** des Sattels. Schwing dein rechtes Bein über den Rücken des Pferdes und spring herunter.

Nach dem Aufsitzen

Um die Steigbügellänge richtig einzustellen, zieh am freien Ende des Steigbügelriemens und halte mit einem Finger die Schnallenzunge fest. Jetzt kannst du den Riemen kürzer oder länger schnallen, ohne dass er dir durchrutscht.

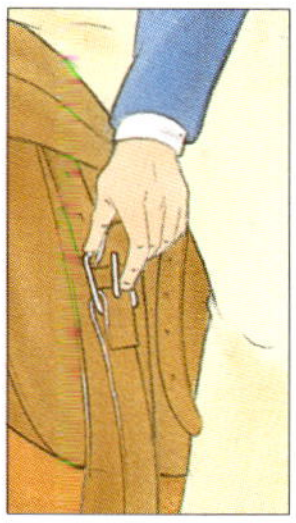

- Zieh die Schnalle anschließend wieder ganz hoch, damit sie nicht reibt.
- Nach dem Aufsitzen musst du den Sattelgurt nochmals anziehen (nachgurten).
- Dazu legst du dein Bein mit dem Fuß im Steigbügel vor den Sattel und hebst das Sattelblatt an.
- Zieh eine Gurtstrippe nach der andern hoch und schnall sie in einem höheren Loch fest.

Sitz an der tiefsten Stelle der Sitzfläche.

* Vorderzwiesel, 34; Widerrist 10

Englische Reitweise

Zügelhaltung

Deine Hände sind eine wichtige Verbindung zwischen dir und dem Pferd. Über sie wird der Kontakt zum Maul hergestellt.

Eine gerade Linie sollte von dem Ellbogen des Reiters über die Hand und die Zügel bis zum Maul führen.

• Der Zügel wird zwischen kleinem und Ringfinger durch die Faust geführt und kommt zwischen Daumen und Zeigefinger wieder heraus. Halte den Daumen auf dem Zügel.

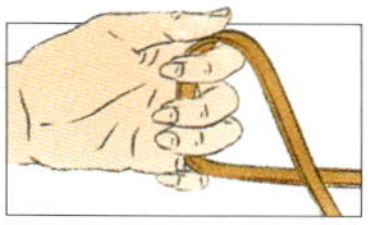

• Zwei Zügel in einer Hand sollten genauso gehalten werden wie ein Zügel, außer dass der kleine Finger die Zügel auseinander hält. Beide Hände sollten auf gleicher Höhe geführt werden. Deine Handgelenke sind leicht nach außen gerichtet, der Daumen liegt auf der Faust auf.

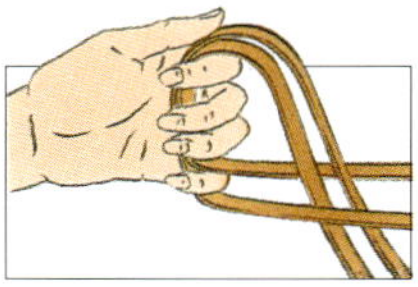

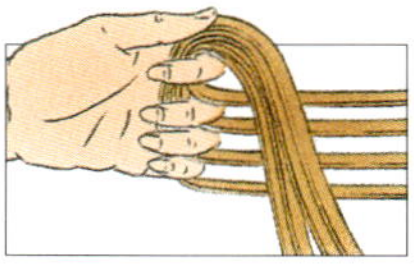

• Doppelzügel einhändig halten. Der Mittelfinger trennt die Zügelpaare. Die Zügelenden laufen alle über den Zeigefinger und werden mit dem Daumen festgehalten.

Die Hilfen

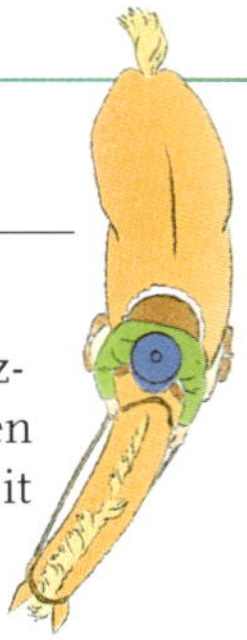

Es gibt: Zügelhilfen, Gewichts- und Kreuzhilfen, Schenkelhilfen und Stimmhilfen. Mit ihnen zeigt der Reiter dem Pferd, was es tun soll. *Gerten**, *Hilfszügel** und *Sporen** sind zusätzliche Hilfsmittel.

• Mit **Zügelhilfen** wirkt der Reiter auf das Gebiss im Pferdemaul ein. Die innere Hand gibt die Richtung an, die äußere reguliert die Geschwindigkeit.

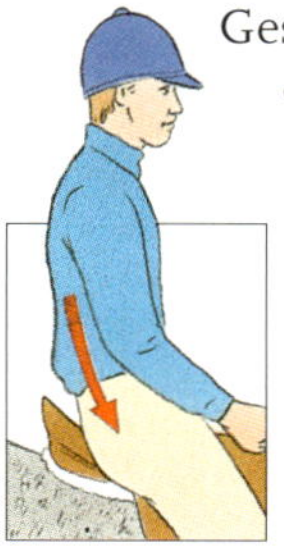

• **Gewichts-, Kreuz-** und **Schenkelhilfen** wirken auf Tempo und *Schwung** des Pferdes ein. Sie unterstützen Richtungsänderungen.

Übungen

Reiten kann sehr anstrengend sein, weil dabei Muskeln beansprucht werden, die normalerweise nicht so oft eingesetzt werden. Ein paar einfache Übungen können Geschmeidigkeit, Haltung und Gleichgewicht verbessern.

• **Kreisen mit den Knöcheln** erhöht die Geschmeidigkeit der Fußgelenke. Kreise mit deinen Fußgelenken erst linksherum, dann rechtsherum.

• **Nach den Zehen greifen** stärkt die Bauchmuskulatur. Beuge dich langsam vor und berühre deine Zehen. Erst zum linken, dann zum rechten Fuß.

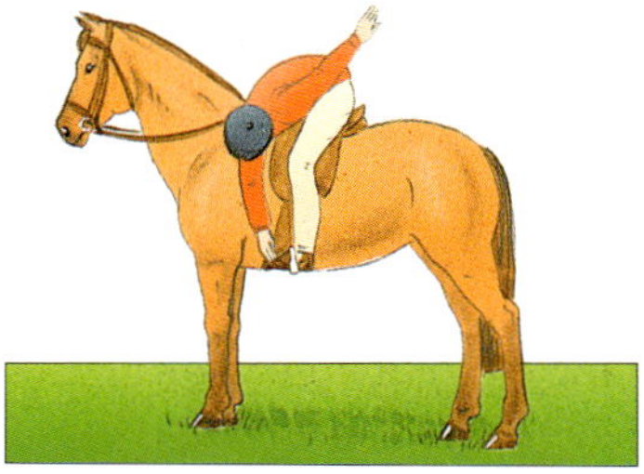

• **Mit den Armen schwingen** erhöht die Geschmeidigkeit in der Taille. Blicke geradeaus und hebe die Arme in Schulterhöhe. Dann schwinge deinen Körper erst zur linken, dann zur rechten Seite. Wiederhole die Übung mehrmals mit weiten, weichen Bewegungen und versuche das Gleichgewicht zu halten.

* Gerten, 45; Hilfszügel, 41; Sporen, 45; Schwung, 120

Im Damensitz reiten

Im **Damensitz** zu reiten ist eine sehr elegante Reitweise. Sie wurde speziell für Frauen entwickelt, weil der „Herrensitz“ früher als unschicklich empfunden wurde. Zu Beginn des 20. Jh. war der Damensitz kaum noch gebräuchlich, aber heute steigt das Interesse daran wieder.

Der Sattel

Man braucht einen speziellen Sattel mit flacher Sitzfläche und zwei Sattelhörner.

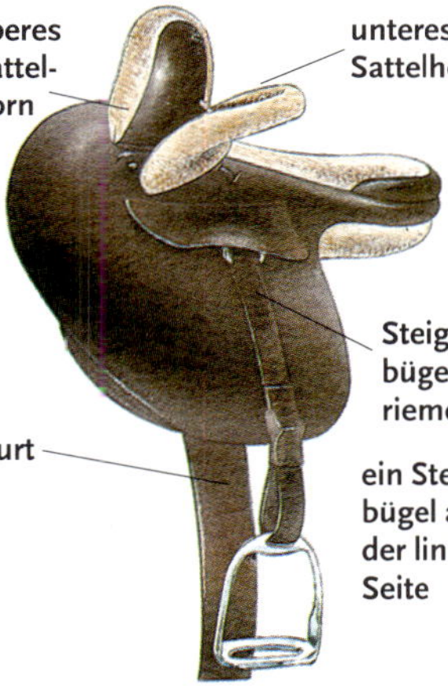

Der Sitz

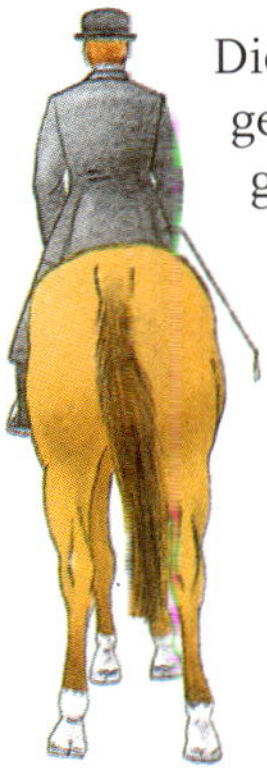

Die Reiterin sitzt aufgerichtet und blickt geradeaus. Der linke Fuß ist im Steigbügel, während das rechte Bein auf dem oberen Sattelhorn ruht.

- Nimm die rechte Schulter zurück, um gerade zu sitzen.
- Für eine gute Haltung verteile dein Gewicht gleichmäßig auf beide Gesäßhälften. Der äußere rechte Oberschenkel liegt eng am Sattel. Der innere rechte Oberschenkel liegt fest im oberen Sattelhorn.
- Der linke Oberschenkel ist in der gleichen Position wie beim „Herrensitz“.
- Die Zügel werden in einer geraden Linie vom Ellbogen bis zum Gebiss gehalten.

Aufsitzen

Beim Reiten im Damensitz ist es üblich, **Steigbügelhilfe** zu geben. Die einfachste Art aufzusitzen ist es, zuerst rittlings auf dem Rücken zu landen und dann das rechte Bein über das obere Sattelhorn zu legen.

- Wenn du von einem Bock aus aufsitzt, tritt mit dem linken Fuß in den Steigbügel und nimm mit der linken Hand die Zügel auf. Halte dich an der Mitte der Sitzfläche fest, springe hoch und wende dein linkes Knie nach vorne. Du landest im Herrensitz und hebst dann dein rechtes Bein in die richtige Position.

Der innere rechte Oberschenkel liegt fest im oberen Sattelhorn.

Gangarten

Die **Gangarten** werden durch verschiedene Schrittfolgen und Geschwindigkeiten unterschieden. Die **Grundgangarten** sind der Schritt (Viertakter), der Trab (Zweitakter) und der Galopp (Dreitakter). Der Renngalopp ist eine Viertaktgangart.

Schritt

Beim **Schritt** treten die vier Hufe nacheinander auf. Er wird deshalb Viertakter genannt. Die Beine werden in einer bestimmten Schrittfolge aufgesetzt: linkes Hinterbein, linkes Vorderbein, rechtes Hinterbein, rechtes Vorderbein.

Trab

Der **Trab** ist ein Zweitakter, die Beine bewegen sich paarweise. Rechtes Vorderbein und linkes Hinterbein fußen zusammen auf, dann linkes Vorderbein und rechtes Hinterbein. Man spricht auch vom Aufsetzen der jeweils diagonalen Beinpaare.

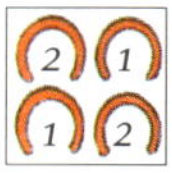

Galopp

Der **Galopp** ist ein Dreitakter. In der Schrittfolge sind drei Hufschläge zu hören. Das Pferd führt mit einem Bein zum Links- oder Rechtsgalopp. In einer Kurve sollte das innere Vorderbein führen, um das Gleichgewicht zu gewähren.

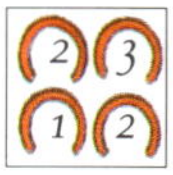

Renngalopp

Der **Renngalopp** ist die schnellste Gangart des Pferdes. Er ist ein Viertakter: linkes Hinterbein, rechtes Hinterbein, linkes Vorderbein, rechtes Vorderbein.

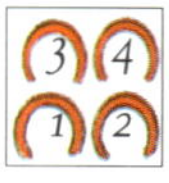

Halten

Beim **Halten** oder **Aufstellen** muss das Pferd gerade und still stehen. Sein Gewicht ist gleichmäßig auf alle vier Beine verteilt.

- Beide Vorder- und Hinterbeine sollten genau nebeneinander stehen. Das Pferd sollte aufmerksam und einsatzbereit sein, wenn es dazu aufgefordert wird.

Gruß beim Halten

Springen

Der **Sprung** hat fünf Phasen.

- Beim **Anreiten** nimmt das Pferd den Kopf runter, streckt den Hals und setzt seine Schritte für den richtigen Absprung.
- Beim **Absprung** nimmt das Pferd den Kopf hoch und hebt die Vorderbeine vom Boden. Es drückt sich mit den Hinterbeinen vor- und aufwärts ab.
- Jetzt ist es in der **Schwebephase**. Es streckt seinen Hals, wölbt seinen Rücken und winkelt seine Vorderbeine an. Wenn es auch die Hinterbeine über den Sprung gebracht hat, beginnt es die Vorderbeinen wieder zu strecken.
- Das Pferd **landet** mit gestreckten Vorderbeinen. Es nimmt seinen Kopf hoch, um das Gleichgewicht aufzubauen. Die Beine setzen eins nach dem anderen auf.
- Der Reiter **reitet weiter**, sobald das Pferd sein Gleichgewicht wiedergewonnen hat.

Springsitz

Der Reiter sollte dem Pferd das Springen so leicht wie möglich machen. Es wird nur dann sein Bestes geben können, wenn du dein Gewicht mit dem Schwerpunkt des Pferdes verlagerst.

- Du kannst einen ausbalancierten Springsitz erlangen, indem du den Pferderücken entlastest und dein Gewicht hoch und nach vorne verlagerst.

Dein Rücken muss gerade sein, so dass du dein Gewicht von den Beinen und nicht von der Taille aus nach vorn verlagerst.

Du musst deinen Kopf hochhalten, damit du geradeaus blicken kannst.

Die Absätze müssen nach unten zeigen.

- Das Gleichgewicht ist leichter mit kurzen Steigbügeln zu halten. So hast du einen stärkeren Knieschluss als im Dressursitz.
- Die Unterschenkel sind gerade und liegen am Pferd an, so dass du ihm Schenkelhilfen geben kannst.
- Die Knie und Knöchel tragen dein ganzes Gewicht. Sie müssen beweglich bleiben, weil sie wie Stoßdämpfer wirken.

Westernreiten

Die **Westernreitweise** hat sich aus der Vieh- und Farmarbeit in Südamerika und im mittleren Westen Nordamerikas entwickelt. Sie wird mit langen Steigbügeln geritten und die Zügel werden mit einer Hand geführt. Dies ist bei der Farmarbeit sehr nützlich, z. B. beim *Kälberfang**, aber auch bei Wettbewerben wie *Barrelracing** und *Rodeos**.

Sattelzeug

Westernsättel sehen anders aus als das übliche europäische *Sattelzeug**. Es gibt sie in unterschiedlichen Ausführungen.

Einfache Sättel dienen dem täglichen Gebrauch, reich verzierte Sättel werden bei Vorführungen aufgelegt.

Teile des Sattels

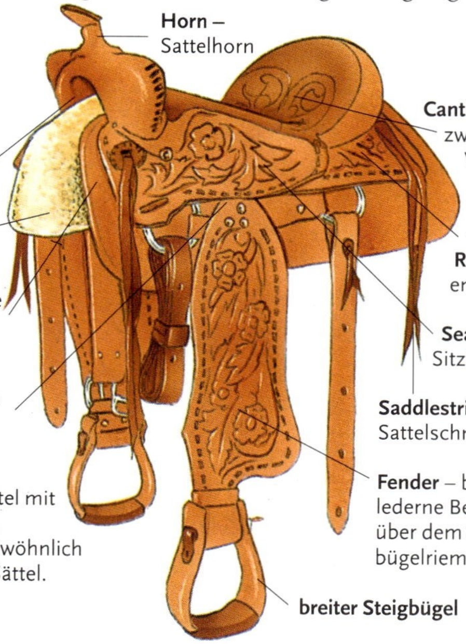

Ein kalifornischer Sattel mit runder Sattelschürze. Westernsättel sind gewöhnlich schwerer als andere Sättel.

Zügel

Westernzügel können bis zu 2 m lang sein. Es werden zwei Zügelarten benutzt.

- **Geteilte Zügel** sind an ihren Ende nicht miteinander verbunden. Sie liegen in der Faust und werden durch den Zeigefinger getrennt.

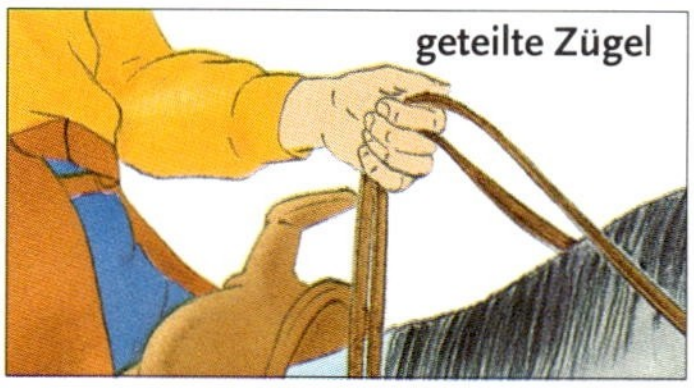

- **Kalifornische Zügel** laufen von unten nach oben durch die linke Hand. Die Enden der kalifornischen Zügel hält der Reiter in der rechten Hand auf dem Oberschenkel. Sie sind durch einen Lederstreifen, der als Peitsche benutzt wird, miteinander verbunden.

Kalifornische Zügel

Steigbügel

Westernsteigbügel sind breit und bequem. Sie sind aus flachem oder in Leder eingebundenem Holz angefertigt oder haben eine lederne Trittfläche.

Teile der Zäumung

Westernzaumzeug wird aus starkem, ungegerbtem Leder, der so genannten Rohhaut, hergestellt. Oft wird der Zaum nur durch **Stirnriemen** in Position gehalten. *Reithalfter** sieht man selten.

- Das **Einohr-Kopfstück** hat anstelle eines Stirnriemens eine Schlaufe, in die das Pferdeohr gelegt wird.

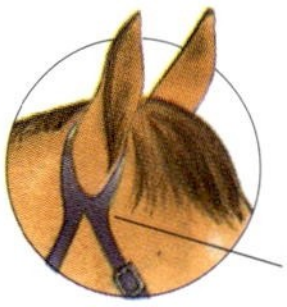

* Barrelracing, 91; Kälberfang, 91; Reithalfter, 39; Rodeo, 90; Sattelzeug, 34

Aufsitzen

Das **Aufsitzen** im Westernstil unterscheidet sich nur leicht vom Aufsitzen in *englischer Reitweise**. Du solltest vor der linken Seite des Pferdes stehen. Die Zügel hältst du in der linken Hand und legst sie auf den Pferdehals direkt vor den Widerrist. Steig in gewohnter Art mit dem linken Fuß in den Steigbügel. Dann halte dich mit der rechten Hand an der rechten Wulst der Westernsattelgabel fest und schwinge dein rechtes Bein mit einer ruhigen Bewegung möglichst hoch über den Pferderücken.

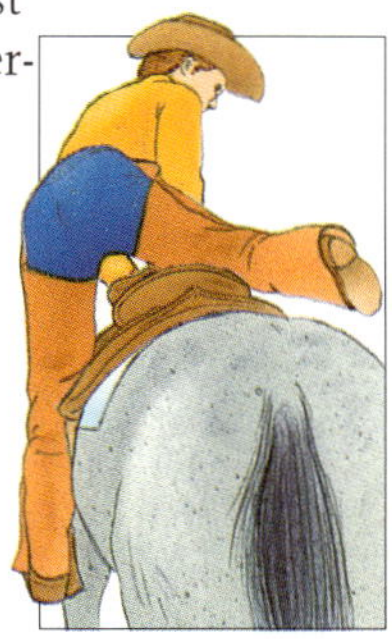

- Das **Absitzen** im Westernstil verläuft anders als das in der englischen Reitweise. Halte die Zügel in der linken Hand und leg sie auf den Hals des Pferdes. Gleichzeitig ergreifst du mit der rechten Hand das Sattelhorn. Nimm deinen rechten Fuß aus dem Steigbügel und verlagere dein Gewicht auf den linken Steigbügel. Schwinge dann dein rechtes Bein über den Pferderücken bis auf den Boden. Danach ziehst du den linken Fuß aus dem Steigbügel.

Sitz

Bei der Westernreitweise beruht der **Sitz** auf Gleichgewicht und loser Zügelführung. Der Reiter sitzt aufrecht und entspannt in der Mitte der Sitzfläche. Der Körper des Reiters sollte im rechten Winkel zum Pferd aufgerichtet sein. Die Beine sind fast gerade.

Diese Reiterin trägt traditionelle Westernreitkleidung.

Die langen Steigbügelriemen erlauben die Streckung der Beine.

Die Zügel liegen locker in einer Hand.

Gangarten

Die bequemen Gänge der Westernpferde, kombiniert mit den langen Steigbügeln, ermöglichen es dem Reiter, in allen Gangarten im Sattel sitzen zu bleiben.

- Der **Schritt** ist ein Viertakter, der ruhig und gleichmäßig sein sollte.
- Der **Jog** ist die gleiche Gangart wie der *Trab** in der *englischen Reitweise**, allerdings traben Westernreiter nie leicht. Das Pferd sollte eine regelmäßige Schrittfolge zeigen.
- Der **Lope** ist ein sehr bequemer Dreitakter und gleicht dem *Galopp**. Wie beim Jog muss der Reiter eine entspannte und gleichzeitig kontrollierte Körperhaltung einnehmen.

Das Pferd wenden

In der Westernreitweise werden die Zügel zum Wenden eines Pferdes in einer bestimmten Methode, dem **Neck Reining**, eingesetzt. Die zügelhaltende Hand wird in die Richtung geführt, in die das Pferd wenden soll.

- Um nach links zu reiten, wird die linke Hand zur linken Seite geführt. Dabei berührt der rechte Zügel (engl.: **rein**) den Hals (engl.: **neck**) des Pferdes, das dem Druck ausweicht und nach links geht.
- Dies wird mit *Schenkel-* und *Gewichtshilfen** kombiniert. Bei einer Wendung nach links wird der rechte Schenkel angedrückt und das Gewicht nach links verlagert.

Die Reiterin wendet durch Neck Reining nach rechts.

* englische Reitweise, 66; Hilfen, 68; Galopp, 70; Trab, 70

Dressurreiten

Beim **Dressurreiten** stellen Reiter und Pferd bestimmte Bewegungsabläufe des Pferdes (Lektionen) harmonisch vor. Ursprünglich gehörten die Lektionen zur Ausbildung von *Kavalleriepferden**.

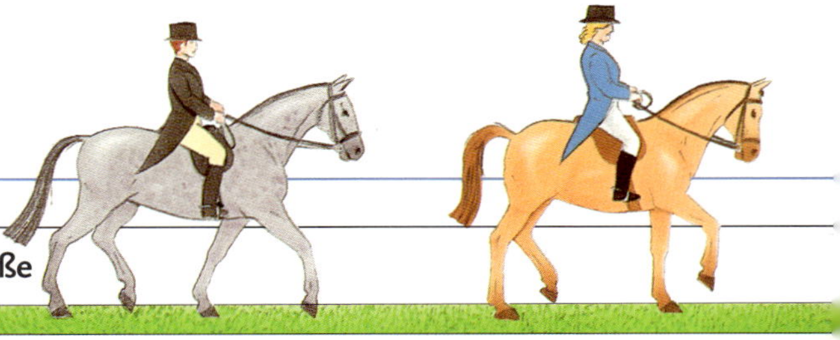

Gangmaße

Grundlegend für das Dressurreiten sind die Gangarten im Arbeitstempo. Dabei treten die Hinterbeine genau in oder etwas über die Hufspur der Vorderbeine.

In der **Versammlung** bleiben Rhythmus und Takt genau so wie im Arbeitstempo. Jedoch sind die einzelnen Schrittfolgen weniger raumgreifend, also verkürzt und dafür höher.

Das Dressurviereck

Die Bahnpunkte (Buchstaben) markieren die Anhaltspunkte für die Bahnfiguren.

In Deutschland finden Dressurprüfungen in der Regel auf einer 20 x 40 m großen Reitbahn statt. Bei internationalen Prüfungen ist die Reitbahn 20 x 60 m groß.

Punkte und Strafpunkte

Die einzelnen Lektionen werden mit **Punkten** von 10 (ausgezeichnet) bis 0 (nicht ausgeführt) bewertet.

- Reitfehler, die eine niedrige **Wertnote** rechtfertigen: Auslassen einer Gangart oder Lektion; Verlust von Takt, Gleichgewicht oder *Schwung**; Nichtannehmen der reiterlichen *Hilfen** oder fehlende Anlehnung.

Lektionen

Bei der **Wendung um die Vorhand** bewegen sich die Hinterbeine um die Vorderbeine, die auf der Stelle treten. Das Pferd darf sich dabei weder rückwärts noch vorwärts bewegen.

- Beim **fliegenden Galoppwechsel** wechselt das Pferd vom *Links-* in den *Rechtsgalopp** oder umgekehrt.

- Bei der **Traversale** bewegt sich das Pferd vorwärts-seitwärts und biegt sich in die Richtung, in die es geht.

fliegender Galoppwechsel

- Beim **Kontergalopp** oder **Außengalopp** galoppiert das Pferd auf der rechten Hand im Linksgalopp, oder auf der linken Hand im Rechtsgalopp. Das Pferd sollte nach außen gebogen sein.
- Beim **Schulterherein** ist das Pferd in einem Winkel von rund 30° gegen die Bewegungsrichtung gebogen. Das innere Vorderbein tritt über das äußere Vorderbein. Die Hinterhand bewegt sich geradeaus und tritt nicht über.

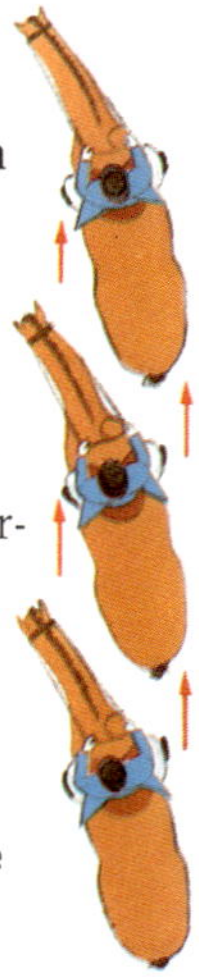

Das Pferd schaut gegen die Bewegungsrichtung.

* Hilfen, 68; Kavallerie, 7; Links- und Rechtsgalopp, 70; Schwung, 120

Mittelschritt, Mitteltrab oder **Mittelgalopp** liegen geschwindigkeitsmäßig zwischen Arbeitstempo und starkem Tempo der jeweiligen Gangart. Takt und Rhythmus bleiben gleich, aber die Schrittfolgen sind raumgreifender. Bei Gangarten im **starken Tempo** werden die Schrittfolgen noch raumgreifender, wodurch die Geschwindigkeit noch höher ist.

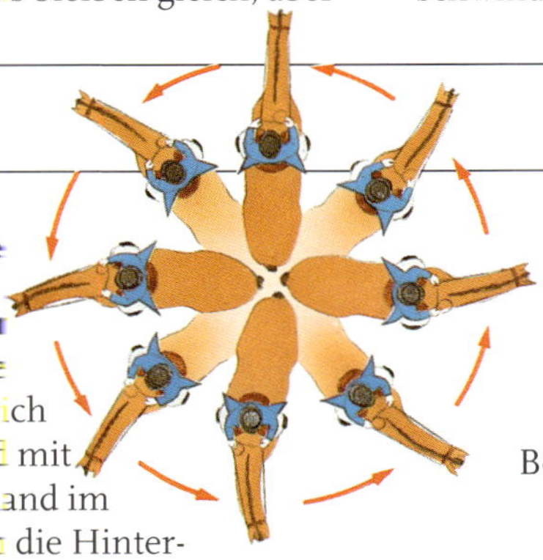

Pirouette

- Bei der **Pirouette** wendet sich das Pferd mit der Vorhand im Kreis um die Hinterhand.
- Beim **Renvers** bewegt sich das Pferd auf drei Hufspuren, wobei das äußere Hinterbein der Spur des inneren Vorderbeins folgt. Er wird in der Regel schräg zur Wand geritten.
- Die **Piaffe** ist wie ein *Trab**, der in höchster *Versammlung** mit hoher Knieaktion auf der Stelle ausgeführt wird.

- Die **Passage** ist ein langsamer Trab mit hoher Knieaktion. Es sieht aus, als würde das Pferd über den Boden schweben.

Passage

Piaffe

- Beim **Rückwärtsrichten** geht das Pferd rückwärts, wobei es die diagonalen Beinpaare gleichzeitig hebt und senkt.
- Beim **Schenkelweichen** gibt das Pferd dem seitwärts treibenden Schenkel des Reiters nach und bewegt sich vorwärts-seitwärts.

Prüfungsklassen

Prüfungsklassen werden nach Schwierigkeitsgrad unterschieden.

- Die Anforderungen an die **Klasse E (Eingangsstufe)** sind die leichtesten: ganze Parade aus dem Trab, Antraben aus dem Halten und Übergänge am vorgeschriebenen Punkt.
- Zu den Dressuraufgaben in der **Klasse A (Anfangsklasse)** gehören Übergänge vom Arbeitsgalopp zum Mittelgalopp.
- Zu den Pflichtlektionen der **Klasse L (Leicht)** gehören: einfacher Galoppwechsel, versammelter Galopp und Volten im Galopp.
- In der **Klasse M (Mittelschwer)** werden halbe Pirouetten, Seitgänge im Trab und einzelne fliegende Galoppwechsel verlangt.
- In **Dressurprüfungen der Klasse S (Schwer)** werden Traversalen im versammelten Galopp, fliegende Galoppwechsel nach jeweils 2 oder 3 Sprüngen und ganze Galopp-Pirouetten gefordert.

Galopp-Pirouette

* Versammlung, 118; Trab, 70

Springreiten

Springreiterwettbewerbe finden in der Halle oder auf Außenplätzen statt. Die meisten Springturniere bestehen aus zwei Umläufen. Wer fehlerfrei durch den ersten Umlauf gekommen ist, darf am zweiten Umlauf oder Stechen teilnehmen.

Hindernisse

Man unterscheidet **Steilsprünge** und **Hochweitsprünge**. Steilsprünge testen, wie hoch ein Pferd springen kann. Hochweitsprünge sind Hindernisse, über die das Pferd sowohl hoch als auch weit springen muss. Alle Sprünge sind so gebaut, dass die oberen Hindernisstangen oder -steine von der **Auflage** fallen, wenn ein Pferd dagegen tritt.

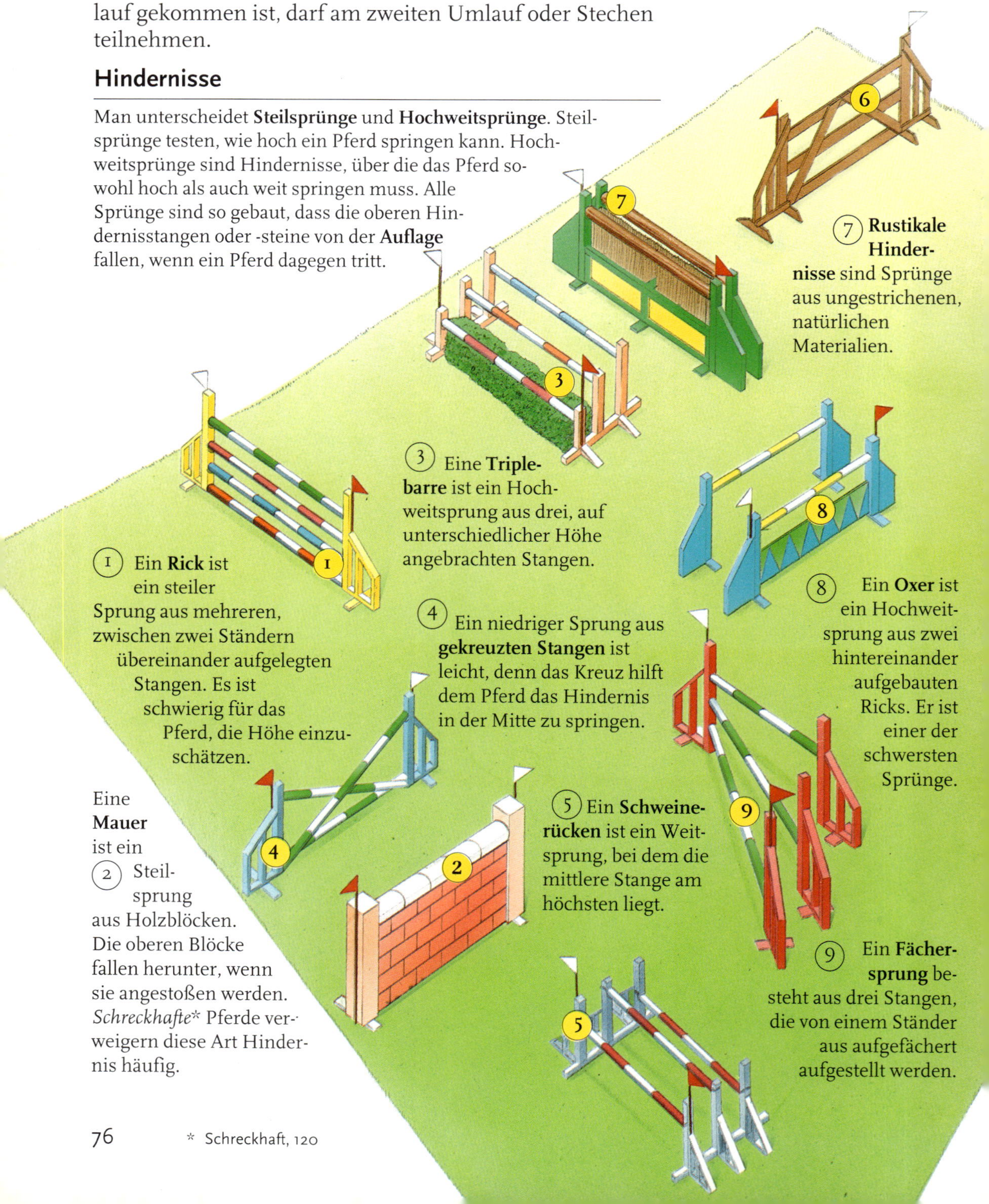

(1) Ein **Rick** ist ein steiler Sprung aus mehreren, zwischen zwei Ständern übereinander aufgelegten Stangen. Es ist schwierig für das Pferd, die Höhe einzuschätzen.

Eine **Mauer** ist ein (2) Steilsprung aus Holzblöcken. Die oberen Blöcke fallen herunter, wenn sie angestoßen werden. *Schreckhafte** Pferde verweigern diese Art Hindernis häufig.

(3) Eine **Triplebarre** ist ein Hochweitsprung aus drei, auf unterschiedlicher Höhe angebrachten Stangen.

(4) Ein niedriger Sprung aus **gekreuzten Stangen** ist leicht, denn das Kreuz hilft dem Pferd das Hindernis in der Mitte zu springen.

(5) Ein **Schweinerücken** ist ein Weitsprung, bei dem die mittlere Stange am höchsten liegt.

(6) Ein **Gatter** ist ein Steilsprung, der leicht fällt, weil er besonders flache Auflagen hat.

(7) **Rustikale Hindernisse** sind Sprünge aus ungestrichenen, natürlichen Materialien.

(8) Ein **Oxer** ist ein Hochweitsprung aus zwei hintereinander aufgebauten Ricks. Er ist einer der schwersten Sprünge.

(9) Ein **Fächersprung** besteht aus drei Stangen, die von einem Ständer aus aufgefächert aufgestellt werden.

* Schreckhaft, 120

(10) Es gibt zwei verschiedene **Wassergräben**: den überbauten Wassergraben mit einem davor oder darüber aufgebauten Steil- oder Hochweitsprung und den wesentlich weiteren Sprung (wie hier gezeigt) aus einem breiten Wassergraben mit einer niedrigen Buschhürde davor.

- Bei einem **Kombinationssprung** stehen mehrere Hindernisse hintereinander. Der Abstand zwischen ihnen kann je nach Leistungsklasse enger oder weiter sein.

- Als **Lückenfüller** können Büsche oder Strohballen herhalten. Sie füllen die Abstände unter den oberen Stangen eines Hindernisses auf, wodurch es kompakter wirkt.

Wettkampfregeln

Springreiter, die den ersten Umlauf fehlerfrei geritten sind, nehmen am zweiten Umlauf, dem **Stechen**, teil.

- Der Stechparcours ist in der Regel kürzer, aber höher und wird „auf Zeit" geritten. Wenn zwei Reiter die gleiche Fehlerpunktzahl haben, gewinnt derjenige, der am schnellsten im Ziel war.

Bei **Mächtigkeitsspringturnieren** wird die Leistung der Pferde an wenigen, aber dafür besonders hohen Hindernissen geprüft.

Fehler und Strafpunkte

- Wenn ein Pferd an einer Seite des Hindernisses vorbeigalopiert, spricht man von **Ausbrechen**. Dafür gibt es die gleichen Strafpunkte wie beim Verweigern (siehe unten). Um das Ausbrechen zu vermeiden, sollten Hindernisse gerade und in der Mitte angeritten werden.

Ausbrechen

- Bei einer **Verweigerung** bleibt ein Pferd abrupt vor einem Hindernis stehen. Beim ersten Verweigern gibt es drei Fehlerpunkte, beim zweiten sechs und beim dritten Mal wird der Reiter disqualifiziert. Die Ursachen von Ausbrechen oder Verweigern können schlechtes Anreiten, Überforderung des Pferdes durch zu hohe Sprünge oder fehlender *Schwung** sein.

Verweigern

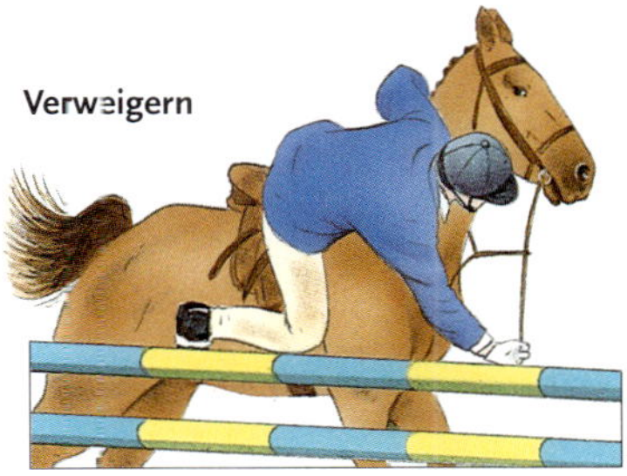

- Ein **Abwurf** erfolgt meist durch zu schnelles oder schlechtes Anreiten. Helle Stangen und gefüllte Hindernisse erhöhen die Aufmerksamkeit des Pferdes auf den Sprung. Für einen Abwurf gibt es vier Fehlerpunkte.

* Schwung, 120

Vielseitigkeitsprüfungen

Vielseitigkeitsprüfungen werden an einem, zwei oder drei Tagen abgehalten. In der schwierigsten Turnierklasse finden dreitägige Prüfungen statt, auch als **Militaryprüfungen** bekannt, an denen Pferd und Reiter im *Dressurreiten**, Geländereiten und *Springreiten** geprüft werden. Die teilnehmenden Pferde müssen mindestens fünf Jahre alt sein.

Dressurprüfung

Dressurreiten ist die erste Teilprüfung.

In der höchsten Leistungsklasse, der dreitägigen Vielseitigkeitsprüfung, geht es am ersten Tag um Dressurreiten, das in einer mittelschweren Leistungsklasse abgehalten wird. Pferd und Reiter sollten *versammelte** und raumgreifende *Gangarten**, *Seitengänge** und *Außengalopp** zeigen.

Geländeprüfung

Der zweite Tag ist in vier Abschnitte unterteilt: A, B, C und D. Sie werden bei nationalen Prüfungen über eine Gesamtstrecke von 27 km und bei den Olympischen Spielen über 35 km geritten.

Wegstrecke

- **Phase A** führt über eine Wegstrecke von 15,2 km. Sie wird in gleichmäßigem Trab- oder Galopptempo geritten. Bei Überschreiten der vorgeschriebenen Zeit werden Strafpunkte erteilt.
- **Phase C** (nach Phase B) ist eine weitere Rennstrecke. Auf sie folgt eine zehnminütige Zwangspause, in der das Pferd vom Tierarzt untersucht wird.

Geländejagdrennen

- **Phase B** ist ein *Jagdrennen**, bei dem die Pferde über 10 – 12 Naturhindernisse springen müssen. Der Parcours kann zwischen 1 und 3 km lang sein und unterliegt einem vorgeschriebenen Zeitrahmen.

Cross-Country

- **Phase D** besteht aus einem **Cross-Country-Parcours** mit festen Hindernissen, in dem die Geschicklichkeit von Pferd und Reiter in einem vorgeschriebenen Zeitrahmen geprüft wird. Er besteht aus 20 – 32 Hindernissen. Viele davon sind Kombinationssprünge, so dass das Pferd oft mehr als 32 Sprünge absolvieren muss. Höhe und Weite der Hindernisse wechseln, damit verschiedene Springmanöver geprüft werden.

Springreiten

Am letzten Tag wird die Springprüfung abgehalten. Hier zeigt sich, ob das Pferd nach dem anstrengenden zweiten Tag noch fit und losgelassen ist. Die Hindernisse sind eher leicht, aber der Parcours hat schwierige Drehungen.

* Außengalopp, 74; Dressurreiten, 74; Gangarten, 70; Jagdrennen, 84; Seitengänge, 121; Springreiten, 76; Versammlung, 121

Cross-Country-Hindernisse

Beim Cross-Country (Phase D) werden Kraft und Mut des Pferdes durch schwierige und ungewöhnliche Hindernisse geprüft. Die Hindernisse sind je nach Austragungsort verschieden.

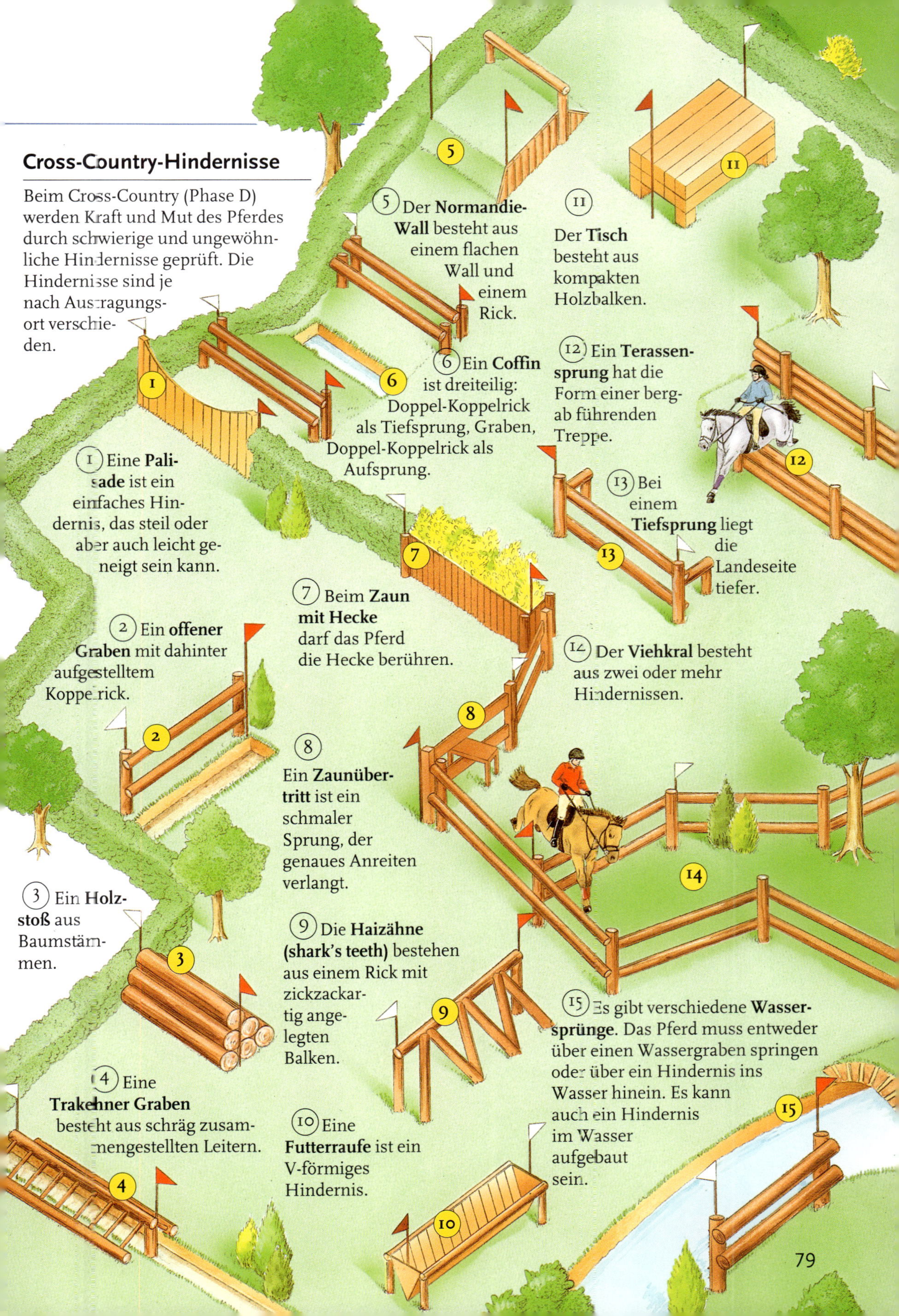

(1) Eine **Palisade** ist ein einfaches Hindernis, das steil oder aber auch leicht geneigt sein kann.

(2) Ein **offener Graben** mit dahinter aufgestelltem Koppelrick.

(3) Ein **Holzstoß** aus Baumstämmen.

(4) Eine **Trakehner Graben** besteht aus schräg zusammengestellten Leitern.

(5) Der **Normandie-Wall** besteht aus einem flachen Wall und einem Rick.

(6) Ein **Coffin** ist dreiteilig: Doppel-Koppelrick als Tiefsprung, Graben, Doppel-Koppelrick als Aufsprung.

(7) Beim **Zaun mit Hecke** darf das Pferd die Hecke berühren.

(8) Ein **Zaunübertritt** ist ein schmaler Sprung, der genaues Anreiten verlangt.

(9) Die **Haizähne (shark's teeth)** bestehen aus einem Rick mit zickzackartig angelegten Balken.

(10) Eine **Futterraufe** ist ein V-förmiges Hindernis.

(11) Der **Tisch** besteht aus kompakten Holzbalken.

(12) Ein **Terassensprung** hat die Form einer bergab führenden Treppe.

(13) Bei einem **Tiefsprung** liegt die Landeseite tiefer.

(14) Der **Viehkral** besteht aus zwei oder mehr Hindernissen.

(15) Es gibt verschiedene **Wassersprünge**. Das Pferd muss entweder über einen Wassergraben springen oder über ein Hindernis ins Wasser hinein. Es kann auch ein Hindernis im Wasser aufgebaut sein.

Reiterspiele

Reiterspiele sind eine vergnügliche Art des Leistungsvergleichs in Form von Geschicklichkeitsspielen. Besonders in England sind **Ponyspiele**, auch **Gymkhanas** genannt, sehr verbreitet. In Indien wie auch in vielen anderen Ländern haben Reiterspiele eine lange Tradition.

Prince-Philip-Cup

Im Oktober findet in England einer der wichtigsten Wettkämpfe des Ponyspiele-Kalenders statt: der **Prince-Philip-Cup**. Dabei treten fünf Mannschaften mit gut ausgebildeten Ponys, die häufig keine reinrassigen Zuchtponys sind, gegeneinander an.

Spiele

Es gibt verschiedene Spiele, bei denen die Beweglichkeit und Geschicklichkeit von Pferd und Reiter geprüft werden.
- Bei **Schnelligkeitsspielen** muss der Reiter so schnell wie möglich von einem Ende zum anderen einer abgesteckten Strecke reiten.
- Bei **Genauigkeitsspielen** wird die Geschicklichkeit getestet.

Fahnenrennen

Beim **Fahnenrennen** wird eine Fahnenstange am Ende einer absteckten Strecke aus einem Halter gezogen und damit wieder zurückgeritten.

Apfelbeißen

Beim **Apfelbeißen** galoppiert der Reiter zu einem Eimer, sitzt ab und versucht mit seinen Zähnen einen schwimmenden Apfel aus dem Eimer zu holen. Mit dem Apfel im Mund, sitzt der Reiter wieder auf und galoppiert zurück.

Slalom

Slalomrennen ist ein besonders schnelles Spiel. Der Reiter muss in Schlangenlinien durch eine Reihe mit sechs Stangen reiten, um die letzte herum wenden und wieder zurückgaloppieren.

Die richtige Ausrüstung

- Das Pferd sollte eine *Wassertrense** tragen. Härtere Gebisse sind in den meisten Spielen verboten.
- *Hilfszügel** sind erlaubt.
- Gerten und Sporen sind nicht erlaubt.
- Der Reiter sollte Reithosen, Reithelm und gutes Schuhwerk tragen.

* Hilfszügel, 41; Wassertrense, 40

Eierlauf

Das **Eierlauf-Rennen** verlangt viel Konzentration. Der Reiter galoppiert zum Ende einer abgesteckten Strecke, sitzt ab, nimmt ein Ei auf einen Löffel und läuft neben dem Pony mit dem Ei auf dem Löffel zurück.

Kartoffelrennen

Beim **Kartoffelrennen** muss jeder Wettkampfteilnehmer Kartoffeln am Ende der abgesteckten Strecke einzeln aufsammeln und sie dann in einen Eimer in der Nähe des Starts werfen.

Der Reiter muss aufpassen, dass die Kartoffel nicht vom Eimer abprallt.

Kistenrennen

Beim **Kistenrennen** werden kleine Kartons zu einem Turm aufgebaut. Dabei müssen Reiter und Pony perfekt zusammenarbeiten.

Sackhüpfen

Beim **Sackhüpfen** werden Säcke auf den Boden gelegt. Der Reiter galoppiert dorthin, hält an und sitzt ab. Er schlüpft in einen Sack und hüpft zurück zum Start.

Schritt, Trab und Galopp

Die Teilnehmer reiten im Schritt bis zum Bahnende und kehren im Trab und Galopp wieder um. Wenn das Pony in eine schnellere Gangart verfällt als auf einem Streckenabschnitt vorgesehen, muss der Reiter eine Volte reiten, bevor er in der richtigen Gangart weiterreiten darf.

Reise nach Jerusalem

Bei der **Reise nach Jerusalem** werden Säcke auf den Boden gelegt. Die Teilnehmer reiten auf dem Zirkel um sie herum. Immer wenn die Musik verstummt, springen sie vom Pony und stellen sich auf einen Sack. Aber nicht für jeden Reiter ist ein Sack da, weil in jeder

Reise nach Jerusalem

Musikpause einige weggenommen werden. Derjenige, der als Erster auf dem letzten Sack steht, gewinnt das Spiel.

Aufspringen

Beim **Aufspringen** oder **Aufscheren** springt der Reiter im Schersprung vom Boden aus auf das trabende oder galoppierende Pony. Dadurch beschleunigt der Reiter seinen Einsatz. Aufspringen ist schwer zu lernen und erfordert Geschicklichkeit. Ausschlaggebend ist ein genaues Timing.

Eignungsprüfungen

Bei **Zuchtschauen** und **Eignungsprüfungen** werden Pferde und Ponys hauptsächlich nach Aussehen, Temperament und Rittigkeit beurteilt. Die Prüfungen sind in verschiedene Klassen unterteilt.

Wie Pferde vorgeführt werden

An der Hand werden Pferde und Ponys vorgestellt, indem sie in einem Ring herumgeführt werden, während die Richter sie von der Bahnmitte aus beobachten. Danach werden sie in einer Reihe aufgestellt, einzeln begutachtet und abgetrabt. Geritten müssen sich die Pferde in allen *Gangarten** **rittig** zeigen, sie müssen im Gleichgewicht gehen und die reiterlichen Hilfen problemlos annehmen.

Unterschiedliche Klassen

- **Materialprüfungen** sind offen für 3- bis 4jährige Ponys. Hier wird nicht der Ausbildungsstand beurteilt, sondern ausschließlich die natürlichen Bewegungen, der Gesamteindruck und das Temperament.

- Bei **Eignungsprüfungen für Reitponys** wird die Rittigkeit anhand einer Dressuraufgabe und das Springvermögen an 4 Hindernissen beurteilt.

Cob

- Es gibt **Kleinpferd-** und **Ponyprüfungen**. Kleinpferde haben ein Stockmaß von 130 bis 148 cm. Bei den Ponyklassen unterscheidet man kleine, mittlere und große Ponys.

- Zu **Eignungsprüfungen für Reitpferde** gehören Reiten in der Abteilung zur Prüfung der Rittigkeit sowie Springen. Außerdem werden das *Exterieur** und die Bewegungsabläufe in den Grundgangarten geprüft.

Damensitz*

- In England werden spezielle **Berg- und Moorponyklassen** für rein gezüchtete britische Ponyrassen abgehalten. Die Richter beurteilen Schönheit, Kraft und *Exterieur** sowie Widerstandsfähigkeit und Umgänglichkeit.

Berg- und Moorponyklasse

Reitpferd

- Bei der Eignungsprüfung für **Jagdpferde** wird neben Rittigkeit, Springvermögen und Materialbeurteilung auch das Verhalten in einer Gruppe auf einer Geländestrecke geprüft.

- **Springpferde** unterliegen der gleichen Eignungsprüfung wie Reitpferde. Sie werden aber im Springprüfungsteil besonders beurteilt.

- **Reitpferde** und **Reitponys** nehmen je nach Größe, Alter, Zuchtstätte, Rasse und Geschlecht (*Hengst**, *Wallach** oder *Stute**) an verschiedenen Eignungsprüfungen teil. Bei der Beurteilung spielt der Vorführer eine wichtige Rolle. Er sollte nicht nur korrekt gekleidet sein, sondern auch ruhig, konsequent und freundlich mit dem Pferd umgehen.

Welsh-Pony

* Damensitz, 69; Exterieur, 16; Gangarten, 70; Hengst, 15; Stute, 15; Wallach 15

Vorführung auf der Rundbahn

• Zur Beurteilung der Grundgangarten werden 4 – 6 Pferde oder Ponys in einer **Abteilung** in der Bahn geritten. Begonnen wird im Trab, danach *Rechts-* und *Linksgalopp** mit Tempowechsel und schließlich Schritt am langen Zügel.

• Danach stellen sich Reiter und Pferde in der Bahnmitte auf. Die Reiter steigen ab und **satteln** das Pferd **ab**. Der Sattel wird aus dem Weg geräumt.

Reiter und Pferde stellen sich vor der Exterieurbeurteilung in der Bahnmitte auf.

• Danach werden die Pferde an einer geeigneten Stelle so **aufgestellt**, dass die Richter alle vier Beine von der Seite sehen können. Zur Exterieurbeurteilung betrachten die Richter jedes Pferd einzeln von allen Seiten.

• Anschließend wird das Pferd zuerst im Schritt von der Richtergruppe weggeführt und dann im Trab gerade auf die Gruppe zugeführt. Beim **Abtraben** erkennt der Richter fehlerhafte Bewegungen, wie z. B. *Bügeln**.

Rittigkeitsprüfung

Ein Pferd sollte bei der Vorführung gehorsam und rittig sein. Dazu muss es:

• die *Vorhand** nur leicht belasten und das Gewicht verstärkt durch Untertreten der Hinterhand tragen;
• ein gutes Gleichgewicht haben;
• am Zügel gehen und an den Hilfen stehen;
• taktreine Gänge mit gleichmäßigen Schrittfolgen zeigen;
• *schwungvolle**, *raumgreifende** Gangarten zeigen.

Aufmachung

Frisieren

Viele Pferde und Ponys sehen besser aus, wenn sie vor einer Prüfung frisiert werden. Manche Rassen, wie die urtypischen Ponyrassen, dürfen nicht frisiert werden, weil sie nach ihrem natürlichen Erscheinungsbild beurteilt werden.

• Der „Bart“ an Maul und Kehle wird von unten nach oben mit einer Schere gekürzt. Nicht die Tasthaare schneiden!

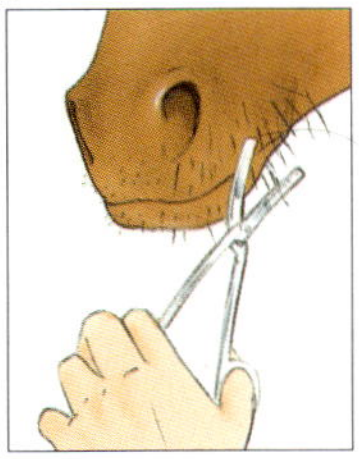

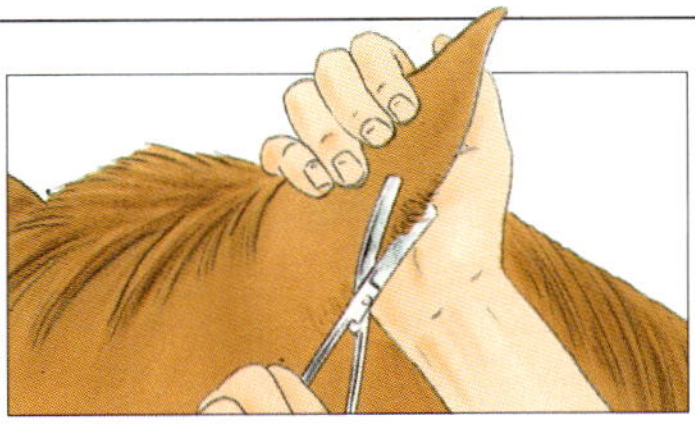

• An den Ohren nur die hervorstehenden Haare abschneiden.
• Die Mähne darf nicht mit einer Schere geschnitten werden. Aber ein kleine Partie hinter den Ohren kann abgeschnitten werden, damit das Kopfstück bequemer sitzt.
• Der Schweif sollte so geschnitten werden, dass er 8 – 10 cm über den Sprunggelenken endet.

Einflechten

Mit eingeflochtener Mähne und Schweif sieht das Pferd gepflegt aus. Durch Anzahl der Zöpfe und Ausrichtung der Flechtfrisur wird die obere Halslinie des Pferdes besser betont. Pferdekopf und -hals sind wichtige Beurteilungskriterien.

* Bügeln, 19; Raumgriff, 119; Rechts- und Linksgalopp, 70, Schwung, 120; Vorhand, 121

Pferderennen

Pferderennen gehören zu den ältesten aller Sportarten. Sie standen schon bei den Olympischen Spielen im alten Griechenland auf dem Programm. Heute gibt es verschiedene Pferderennen. Ein Rennpferd ist ein speziell für den Rennsport gezüchtetes Pferd. Die bekannteste Rennpferderasse ist das *englische Vollblut**.

Flachrennen

Ein **Flachrennen** wird auf einer Rennbahn ohne Hindernisse geritten. Berühmte internationale Rennen finden in Newmarket oder Ascot in England statt. In Deutschland gilt das **Deutsche Derby**, das seit 1869 in Hamburg-Horn veranstaltet wird, als eine der wichtigsten Prüfungen für dreijährige Vollblüter. Aber auch die Rennen in Berlin-Hoppegarten, Baden-Baden oder München-Riem sind sehr berühmt.

Jagdrennen

Bei einem **Jagdrennen (Steeplechase)** müssen Pferde über Reisighecken, Gräben und Wassersprünge springen.

- Das erste Jagdrennen fand 1752 in Irland statt. Das berühmteste Jagdrennen ist das **Grand National** in England.

Die Pferde springen über ein natürliches Hindernis.

Point-to-Point-Rennen

Point-to-Point-Rennen sind in England sehr beliebte Geländejagdrennen. Sie wurden ursprünglich von einem Ort (point) querfeldein zum nächsten geritten. Heute sind sie eine Art Jagdrennen für Amateurreiter auf *Huntern**.

Hürdenrennen

Bei einem **Hürdenrennen** müssen mindestens acht feste Hürden auf einer 3,2 km langen Rennstrecke aufgestellt sein. Bei jeder Verlängerung von 400 m Strecke muss ein weiteres Hindernis aufgebaut werden. Die Hürden sind niedriger als beim Jagdrennen.

- Das bekannteste findet in Cheltenham, England statt und heißt **Champion Hurdle**.

Trabrennen

Das Pferd zieht einen Sulky.

Beim **Trabrennen** zieht das Pferd im *Trab** den Fahrer in einem leichten Wagen, dem **Sulky** oder *Gig**. Trabrennen sind besonders in den USA sehr beliebt. In der Regel führen die Rennstrecken über 1,6 km und werden in 1:54 Minuten oder noch schneller zurückgelegt.

Palio

Das **Palio-Rennen** wurde zum ersten Mal 1482 in Siena (Italien) rund um den Marktplatz abgehalten. Das Rennen wurde nach der bemalten Seidenflagge, dem Palio, benannt, die der Gewinner erhält. Vor dem Rennen wird ein großer Straßenumzug mit farbenprächtigen Gewändern veranstaltet.

Startboxen und Startbänder

- Es gibt feste oder an einem fahrbaren Gestell angebrachte **Startboxen**. Wenn alle Rennpferde in den Boxen sind, gehen die Klapptüren auf und die Pferde galoppieren los.
- Zum Start bei Galopprennen werden auch **Startbänder** von einer Rennbahnseite zur andern gespannt. Sie fliegen hoch, sobald der Starter den Startmechanismus auslöst.

Jockeys

Ein **Jockey** ist ein ausgebildeter Berufsrennreiter. Er hat eine Jockey-Prüfung abgelegt und mindestens 50 Rennen der Klasse A gewonnen.

- Ein **Jockey-Lehrling** sollte kleiner als 1,50 m sein und muss zu Ausbildungsbeginn weniger als 50 kg wiegen.
- Der **Rennsitz** ist ein spezieller Sitz für Flachrennen. Der Jockey steht nach vorne gebeugt in den sehr kurz geschnallten *Steigbügeln**. Bei Hindernisrennen sitzen die Jockeys etwas weiter hinten, bei längeren Steigbügelriemen.

Wiegen und Ausgleich

Alle Pferde müssen, abhängig von den Rennbedingungen und dem vom offiziellen **Ausgleicher** ermittelten Gewicht, bei einem Rennen ein bestimmtes Gewicht tragen.

- Jeder Jockey wird in Bezug auf das Pferd, das er reiten wird, gewogen. Das geschieht spätestens 15 Minuten vor dem Start und wird **Auswiegen** genannt.
- Nach dem Rennen wird wieder jeder Jockey gewogen. Das nennt man **zurückwiegen**.
- Ein **Gewichtsausgleich** wird vom Ausgleicher berechnet, der das Gewicht des Reiters, des Sattels und der Satteldecke von jedem Starter zusammenrechnet. Der Ausgleicher kann nun leichteren Jockeys Bleigewichte für die Satteldecke vorschreiben, damit alle die gleichen Voraussetzungen haben.

Stallfarben

Die **Stallfarben** werden bei Flach-, Hürden- und Jagdrennen vom Jockey auf der Jacke und Kappe getragen. Sie geben Aufschluss über den Besitzer des Pferdes. Verschiedene Farben werden kombiniert und für den Pferdebesitzer eingetragen. Ein Jockey muss die Stallfarben wechseln, je nachdem für welchen Pferde- oder Rennstallbesitzer er gerade reitet.

Stallfarben

* Gig, 95; Hunter, 119; Steigbügel, 37; Trab, 70; englisches Vollblut, 31

Distanzreiten

Distanzreiten ist eine Reitsportdisziplin unter Wettbewerbsbedingungen. Sie stammt aus Australien und den USA und ist mittlerweile auch in Europa sehr beliebt. Wanderritte und Trail-Rides fordern zwar ebenfalls viel Ausdauer, gelten aber in erster Linie als Freizeitvergnügen.

Wanderreiten

Wanderritte finden außerhalb von Wettkampfbedingungen statt. Meist finden sich hierzu mehrere Reiter mit einem Führer zusammen, der die Gruppe auf ausgewählten Routen begleitet. Wanderritte können wenige Stunden, einen oder auch mehrere Tage dauern.

- Reitanfänger und Fortgeschrittene können an Wanderritten teilnehmen. Erfahrene und gut ausgebildete Pferde können für Wanderritte gemietet werden.

Wanderritte führen oft durch wunderschöne Landschaften.

Trail-Rides

Trail-Rides, oder auch Querfeldeinritte, sind besonders unter Westernreitern überall auf der Welt beliebt. In einigen Ländern werden sie auch unter Wettkampfbedingungen geritten. Die Disziplin **Trail** auf Westernreitturnieren ist dem Reiten einer schwierigen Wegstrecke nachempfunden. Hier passieren Pferd und Reiter einen Geschicklichkeitsparcours mit Hindernissen, wie sie auch im Gelände auftreten könnten, z. B. Brücken, Tore, Wippen etc.

Distanzreiten

Distanzwettbewerbe sind Ausdauerprüfungen für Pferde auf einer Geländestrecke. Man unterscheidet kurze, mittlere und lange Distanzwettbewerbe. Sie werden an einem Tag oder in Etappen über mehrere Tage verteilt abgehalten. Pro Tag werden mindestens 25 km zurückgelegt. Lange Tagesetappen führen über mehr als 80 km bei Eintageswettbewerben und 60 km bei Mehrtageswettbewerben. Bei Distanzritten werden regelmäßige Verfassungskontrollen durch einen Tierarzt durchgeführt.

Verfassungskontrollen

Gründliche tierärztliche Untersuchungen finden vor, während und nach Distanzritten statt.

Der Tierarzt untersucht das Pferd genau, bevor es weitergehen darf

- Vor dem Start wird das Pferd komplett durchgecheckt. Der Reiter erhält nur dann eine Starterlaubnis, wenn das Pferd rundum gesund und fit ist.
- Auf der Strecke findet nach jedem Viertel der Tagesstrecke eine weitere Kontrolle statt.
- Im Ziel angelangt, wird das Pferd nochmals durchgecheckt. Spätestens 20 Minuten nach dem Eintreffen muss der Puls wieder seinen Normalwert erreicht haben.

Polo

Polo ist ein Ballspiel, das vom Pferderücken aus im rasanten Galopp gespielt wird. Es ist das schnellste Mannschaftsspiel der Welt. Die frühesten Überlieferungen von Polospielen stammen aus dem Jahr 525 v. Chr. aus Persien und Indien. Heute wird es in vielen Teilen der Welt gespielt, besonders in der weltweit besten Polo-Nation Argentinien.

Polo-Ponys

Ein **Polo-Pony** ist eine Kreuzung aus verschiedenen Pferderassen. Sie unterliegen keiner Größengrenze. Ideal ist jedoch ein Stockmaß von ca. 151 cm. Sie sollten schnell, stark, mutig und wendig sein.

Die Ausrüstung

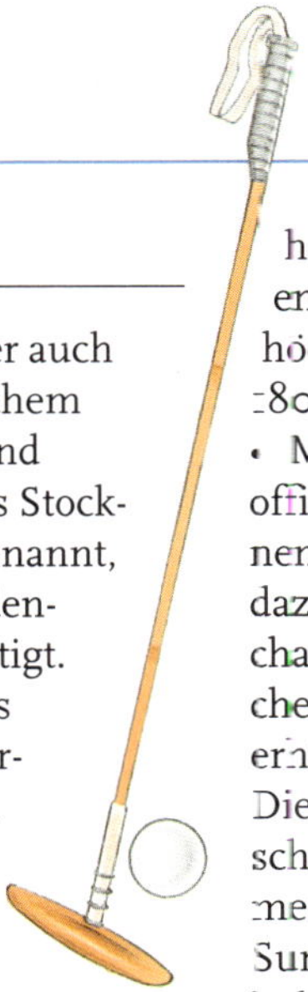

Der **Poloschläger**, oder auch **Stick**, ist aus beweglichem Bambus hergestellt und 120 – 137 cm lang. Das Stockende, auch Zigarre genannt, ist aus Bambus, Weiden- oder Ahornholz gefertigt.

- Der **Ball** besteht aus Korb oder Weidenwurzeln. Er ist mit einem Durchmesser von 8 cm recht klein.

Das Spiel

Ein Polospiel wird von zwei Mannschaften mit je vier Spielern gespielt. Ziel ist es, den Ball zwischen die Torpfosten der gegnerischen Mannschaft zu schlagen.

- An jedem Ende des Spielfeldes befinden sich zwei Torpfosten, die mindestens 3 m hoch und 7,30 m voneinander entfernt sind. Das Polofeld ist höchstens 274 m lang und 180 m breit.
- Mit einem **Handikap** wird die offizielle Einstufung der einzelnen Reiter bezeichnet. Sie soll dazu beitragen, die Gewinnchancen der Teams auszugleichen. Der beste Polospieler erhält das höchste Handikap. Die Handikaps der Mannschaftsspieler werden zusammengezählt. Die niedrigere Summe wird dann von der höheren Summe der gegnerischen Mannschaft abgezogen. So erhält man die Anzahl der Vorteilstore, die die Mannschaft mit der niedrigeren Handikapsumme bekommt.
- Das Spiel ist in 4 – 6 siebenminütige Spielzeiten, **Chukkas** genannt, unterteilt. Weil Polo ein schnelles Spiel ist, darf jedes Pony nur in zwei nicht aufeinander folgenden Chukkas eingesetzt werden. Deshalb braucht jeder Spieler mehrere Ponys.

Ballspiele

Es gibt verschiedene Ballspiele, die vom Pferderücken aus gespielt werden. Polocrosse wurde vor mehr als 1.000 Jahren in Japan gespielt und ist heute ein beliebter Sport in Australien. Buzkashi wird heute noch in Afghanistan gespielt, wo es vor 700 Jahren erfunden wurde. Horseball ist ein neues Spiel aus Frankreich.

Buzkashi

Buszkahi ist eine einfache, aber kraftvolle Rugby-Form zu Pferd. Der Name kommt von dem afghanischen Wort buz, Ziege, und kashidant, ziehen. Es wird manchmal auch **Ziegenziehen** genannt, weil der Ball aus gefüllter Ziegenhaut besteht.

- Buzkashi ist ein Mannschaftssport, bei dem jedes Team mehr als 25 Spieler auf dem Feld haben darf und manchmal 100 Spieler auf einmal mitspielen.
- Die besten Reiter werden **Chapanzad** genannt und von den Pferdebesitzern angeheuert. Buzkashi-Pferde unterliegen keiner Größengrenze, aber sie müssen stark und schnell sein.

Polocrosse

Polocrosse ist eine Kombination aus *Polo** und einem anderen Ballspiel namens Lacrosse. Es kam 1930 nach Europa.

- Ein **Polocrosse-Ball** besteht aus weißem, dickem Gummi.

Polocrosse-schläger und Ball

- Der **Polocrosse-Stick** besteht aus einem 1–1,20 m langen Bambusschaft und einem Squashschlägerkopf, der zum Auffangen des Balles ein Leinen- oder Nylon-Netz hat.

- Die beiden Mannschaften aus je sechs Spielern sind in zwei Gruppen mit je drei Spielern unterteilt. Sie spielen abwechselnd 8-minütige *Chukkas**. Nur die Nr. 1 (Angriffspieler) darf ein Tor werfen. Nr. 2 (Mittelfeldspieler) darf nur im Mittelfeld spielen und Nr. 3 (Abwehr) nur das Tor verteidigen.

- Gewöhnlich wird das Australische Stock Horse beim Polocrosse eingesetzt. Es sollte nicht größer als 158 cm Stockmaß sein. Jeder Spieler darf nur ein Pferd reiten.

Ein Polocrosse-Ball wird einem anderen Spieler zugespielt.

- Ein **Polocrosse-Feld** ist 146,50 m lang und 55 m breit. Die Torpfosten an den Feldrändern sind in einem Abstand von 2,50 m aufgestellt.

- Über das Feld ist eine **Strafstoßlinie** gezogen. Sie markiert den Torschussraum, den nur der Spieler Nr. 1 des angreifenden und die Nr. 3 des abwehrenden Teams betreten dürfen. Zu Beginn des Spiels wirft der Schiedsrichter den Ball ein. Die Spieler galoppieren mit dem Ball los oder spielen ihn sich gegenseitig zu, bis Spieler Nr. 1 ein Tor werfen kann.

* Chukka, 87; Polo, 87

- Das unebene Spielfeld wird **Maidan** genannt und hat keine Größenbegrenzung. Zwei Torpfosten stehen 800 m voneinander entfernt.
- Das Spiel kann mehrere Stunden dauern. Zu Beginn wird der Ball, wie beim Rugby, mitten ins Gedränge geworfen. Ziel ist es, den Ball vom Pferd aus aufzuheben, unter dem Knie zu verstecken und dann um den entfernten Torpfosten herumzureiten und wieder in die Mitte zurückzugaloppieren.
- Mit einer erfolgreichen Runde um den Torpfosten gewinnen der Spieler und die Mannschaft einen Punkt.

Horseball

Horseball ist eine Mischung aus Rugby und Basketball zu Pferd. In den höchsten Klassen wird es meist im Galopp gespielt.

- Das Spiel wird auf einem recht engen Feld ausgetragen, ca. 70 m lang und 30 m breit, mit je einem Torpfosten an den gegenüberliegenden Enden. Er besteht aus einem Metallring mit einem 1 m großen Durchmesser, der an einer 3,50 m hohen Stange angebracht ist.

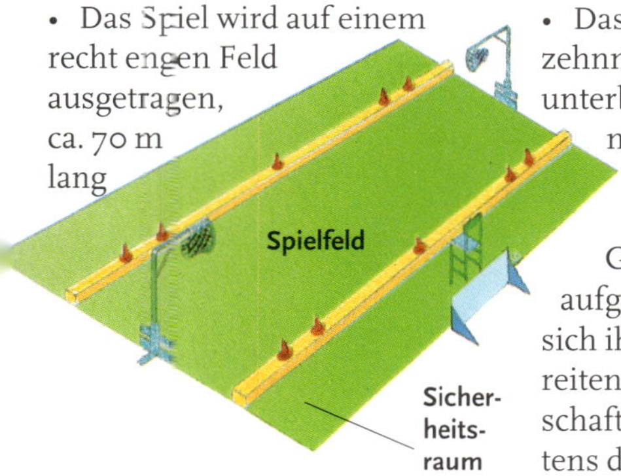

- Die beiden Mannschaften mit je sechs Spielern sind jeweils durch vier auf dem Feld vertreten. Die anderen zwei sind Ersatzspieler.
- Der Ball ist ein kleiner Fußball, der in einem speziellen Ledergeschirr befestigt und mit sechs Lederhandschlaufen ausgestattet ist.
- Das Spiel geht über zwei zehnminütige Halbzeiten, unterbrochen von einer dreiminütigen Halbzeitpause.
- Zu Beginn wird der Ball vom Mittelfeld im Galopp von einem Team aufgenommen. Sie werfen sich ihn untereinander zu und reiten das Tor an. Eine Mannschaft muss den Ball mindestens dreimal zwischen drei verschiedenen Teamkollegen abspielen, bevor er in den Korb geworfen werden darf. Ein Spieler darf den Ball nicht länger als 10 Sekunden halten.

Auffangen des Balls beim Horseball

Ein Spieler hält seinen Arm hoch, um den Ball vom gegnerischen Team abzufangen.

Rodeo und Westernturniere

Das Wort **Rodeo** kommt aus dem Spanischen und bedeutet „Einkreisen". Ursprünglich wurde damit das Einkreisen von Vieh bezeichnet. Hauptsächlich in den USA versteht man heute darunter Shows, bei denen Rodeo-Berufsreiter ihr Können zur Schau stellen. Einige der Übungen werden aber auch bei **Westernturnieren** durchgeführt.

Pole bending

Slalomrennen um Stangen oder **Pole Bending** ist eine der Rodeo-Veranstaltungen, die auch bei Westernturnieren anzutreffen sind. Jeder Reiter muss den Slalomparcours ohne die Stangen zu berühren durchreiten.

Bucking Broncos

Broncos hießen die wilden, unzähmbaren Mustangs in Amerika. Ein **bockender Bronco** oder **Bucking Bronco** ist heute normalerweise eine ungezähmte Kreuzzüchtung. Sobald ein Reiter auf seinen Rücken steigt, beginnt er auszuschlagen und zu *bocken**. Die Geschicklichkeitsprüfung für einen Reiter, einen nicht angerittenen Bronco zu reiten, wird **Bronc Riding** genannt.

Bronco-Reiten mit Sattel

Bronco-Reiten mit Sattel

Beim **Bronco-Reiten mit Sattel** wird dem Pferd ein kleiner *Westernsattel** ohne Horn aufgelegt. Es trägt nur ein Halfter. Damit das Pferd bockt, wird ihm ein Bockriemen um die Lenden gelegt. Hierbei handelt es sich nicht um eine sportliche Disziplin, sondern um eine fragwürdige Showeinlage. Wenn der Reiter im Sattel sitzt, wird ein Tor geöffnet und das Pferd in die Arena gelassen. Im gleichen Moment versucht das Pferd, den Reiter mit hohen Bocksprüngen abzuwerfen. Für die beste Punktzahl muss der Reiter zehn Sekunden im Sattel bleiben. Er darf nur eine Hand benutzen und wird disqualifiziert, wenn er das Pferd mit der anderen Hand berührt oder innerhalb der zehn Sekunden aus dem Sattel fällt.

Bronco-Reiten ohne Sattel

Bronco-Reiten ohne Sattel

Das **Bronco-Reiten ohne Sattel** gehört zu den wildesten Broncoritten. Das Pferd trägt keinen Sattel. Der Reiter hält sich nur mit einer Hand an einer Schlaufe fest, die an einem Bauchgurt befestigt ist. Die Regeln sind ähnlich wie beim Bronco-Reiten mit Sattel, außer dass die Zeitgrenze hier acht anstelle von zehn Sekunden beträgt.

* Bocken, 64; Westernsattel, 72

Cutting

Cutting ist eine der beliebtesten Westernreitdisziplinen. Reiter und Pferd müssen ein Rind in einer festgesetzten Zeit aus der Herde aussondern und am Zurücklaufen zur Herde hindern. Hierbei wird vor allem die natürliche Wendigkeit des Pferdes geprüft. Es muss beim Aussondern sehr vorsichtig sein, um nicht den Rest der Herde in Unruhe zu versetzen.

Barrel Racing

Barrel Racing oder **Tonnenrennen** gehören auch zu den sportlichen Westerndisziplinen. Die Wettkämpfer reiten in einer zuvor festgelegten Route um drei große Öltonnen herum, die in einem Dreieck aufgestellt sind.

Steer Wrestling

Das **Steer Wrestling** oder **Ochsenringen** bedarf eines gut ausgebildeten Pferdes. Ein Ochse wird in die Arena gelassen, der Cowboy galoppiert auf ihn zu und ein zweiter Reiter, genannt **Hazer**, reitet auf der anderen Seite und lenkt den Ochsen geradeaus. Wenn der Cowboy auf der Höhe des Ochsenkopfs ankommt, wirft er sich aus dem Sattel, greift den Ochsen bei den Hörnern und versucht das Tier auf den Boden zu ringen. Diese Vorstellung wird nicht auf Westernturnieren geritten.

Steer Wrestling

Barrel Racing zwischen Öltonnen

Calf Roping

Beim **Calf Roping** oder **Kälberfang** muss ein Kalb gefangen und für ein Brandzeichen vorbereitet, also gefesselt werden. Diese sportliche Prüfung ist auch auf Westernturnieren zu sehen. Ein Kalb wird in die Arena gelassen und Pferd und Reiter galoppieren hinterher. Der Cowboy wirft das *Lasso** über den Kopf des Tieres und bindet das andere Ende am Sattelhorn fest. Er springt vom Pferd, fängt das Kalb ein und fesselt es an den Beinen.

Chuckwagon Racing

Chuckwagon Racing oder **Planwagen-Rennen** sind sehr gefährlich und gehören nicht zu den sportlichen Disziplinen.

- Ein **Planwagen** ist ein vierrädriger hölzerner Wagen mit einem Leinendach, wie er ehemals zum Vieheintreiben gebraucht wurde. Er wird von vier Pferden gezogen. Es besteht die Gefahr, dass die Wagen bei dem Rennen zusammenstoßen oder sich überschlagen.

* Lasso, 119

Fahren

Pferde wurden wahrscheinlich früher zum Ziehen von Wagen eingesetzt als zum Reiten. Der moderne Fahrsport geht auf das späte 18. Jh. zurück. Bei Fahrwettbewerben wird die Geschicklichkeit von Pferd und Reiter geprüft.

Ausbildungsphasen

Ausbildung an der Doppellonge

In der ersten Ausbildungsphase geht der Ausbilder hinter dem Pferd und lenkt es an der **Doppellonge**. Ziel ist es, das Pferd an *Zügelhilfen** und Stimmhilfen zu gewöhnen, es geschmeidig zu machen, Wendungen zu üben und den *Schwung** zu verbessern. Für die Ausbildung an der Doppellonge werden zwei Longen gebraucht. Der Ausbilder geht hinter und seitlich zum Pferd und hält mit den Longen eine leichte Verbindung zum Maul. Er kann das Pferd in verschiedene Richtungen lenken und auf seine *Gangarten** einwirken.

Der Ausbilder sollte eine leichte Verbindung zum Pferdemaul halten.

Einfahren

Dann beginnt das eigentliche **Einfahren**. Das Pferd wird an das Tragen des Geschirrs gewöhnt sowie an das Gefühl und die Geräusche beim Ziehen eines leichten Gewichts. Dazu kann es einen Block oder Reifen über verschiedene Böden wie Gras oder Kies ziehen.

- **Lange Leinen** werden mit Sicherheitsknoten am Brustblatt und dem zu ziehenden Gegenstand befestigt. Sie lassen sich schnell lösen, wenn das Pferd in Panik gerät.

Anspannen

Wenn ein Pferd vor den Wagen gespannt wird, spricht man vom **Anspannen**. Bei einem Einspänner wird das aufgeschirrte Pferd an den Wagen geführt. Steht das Pferd zwischen den Scherbäumen, werden diese beidseitig in den Traggurten des Bauchgurts eingeschnallt. Dann wird der Zugstrang in der richtigen Länge befestigt.

Das Geschirr

Die wichtigsten Teile des **Fahrgeschirrs** sind das Kopfgestell (*Zäumung**), das Kumt oder Bruststblatt, der Kammdeckel bzw. das Sellette und das Hintergeschirr.

1 Das **Genickstück** ist der Teil des Zaums, an dem die Backenstücke, Kehlriemen und Stirnriemen befestigt sind.

2 Der **Kehlriemen** verhindert das Abrutschen des Kopfgestells über die Ohren.

3 Der **Stirnriemen** ist ein am oberen Teil des Kopfgestells befestigter Lederriemen. Er verhindert das Zurückrutschen des Kopfgestells.

4 Am **Backenstück** sind *Gebiss** und, falls nötig, Nasenriemen und Scheuklappen befestigt.

5 Das übliche Fahrgebiss ist eine **Liverpool-kandare**. Zwei oder drei Schlitze im Unterbaum ermöglichen, das Gebiss mehr oder weniger scharf einzuschnallen.

6 Der **Nasenriemen** wird an den Backenstücken durchgezogen und befestigt.

* Gangarten, 70; Gebiss, 40; Schwung, 120; Zäumung, 38; Zügelhilfen, 68

7 Die **Scheuklappen** verhindern den Blick auf Dinge, die das Pferd von der Seite oder hinten erschrecken könnten.

8 Das **Kumt** besteht aus gepolstertem Leder, liegt um den Hals des Pferdes und trägt die Kumtbügel. Beim Brustblattgeschirr wird anstelle des Kumts ein Brustblatt angelegt.

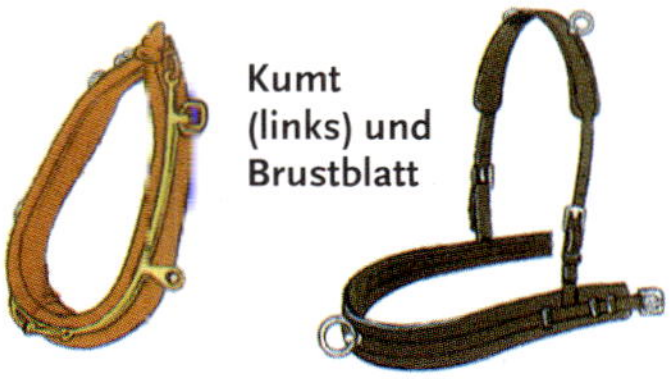
Kumt (links) und Brustblatt

9 Die **Kumtbügel** sind aus Stahl. Hier werden die Zugstränge eingeschnallt.

12 Die **Oberblattstrupfe** führt durch das Sellette und hält die Scherbäume und/oder die Zugstränge.

13 Der **schmale Bauchgurt** schließt an die Oberblattstrupfe an, stabilisiert sie und hält so die Scherbäume bzw. Stränge in der richtigen Lage.

14 Der **Schweifriemen** mit **Schweifmetze** (aus Leder) hält das Sellette auf seinem Platz.

15 Der **Umgang** (Hintergeschirr) ist ein dickes Lederband, das um die Hinterbacken herumführt und in den sich das Pferd in abschüssigem Gelände oder beim Parieren hineinlegt.

17 Mit den **Zugsträngen** (dicke Lederriemen) wird das Pferd an den Wagen gespannt.

18 Zwischen den **Scherbäumen** wird ein einspännig gefahrenes Pferd angespannt.

19 Die **Scherenträgerriemen** verbinden die Scheren mit dem Bauchgurt.

20 Die **Fahrleinen** werden dem Pferd zum Schluss angelegt und am Gebiss verschnallt.

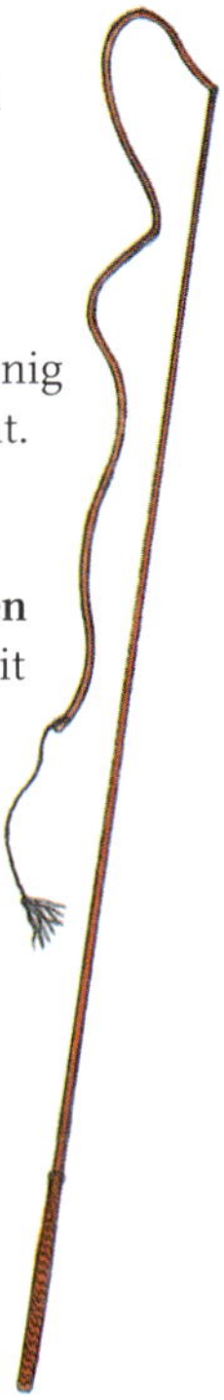
Die Fahrpeitsche wird nur dazu benutzt, das Pferd zu lenken.

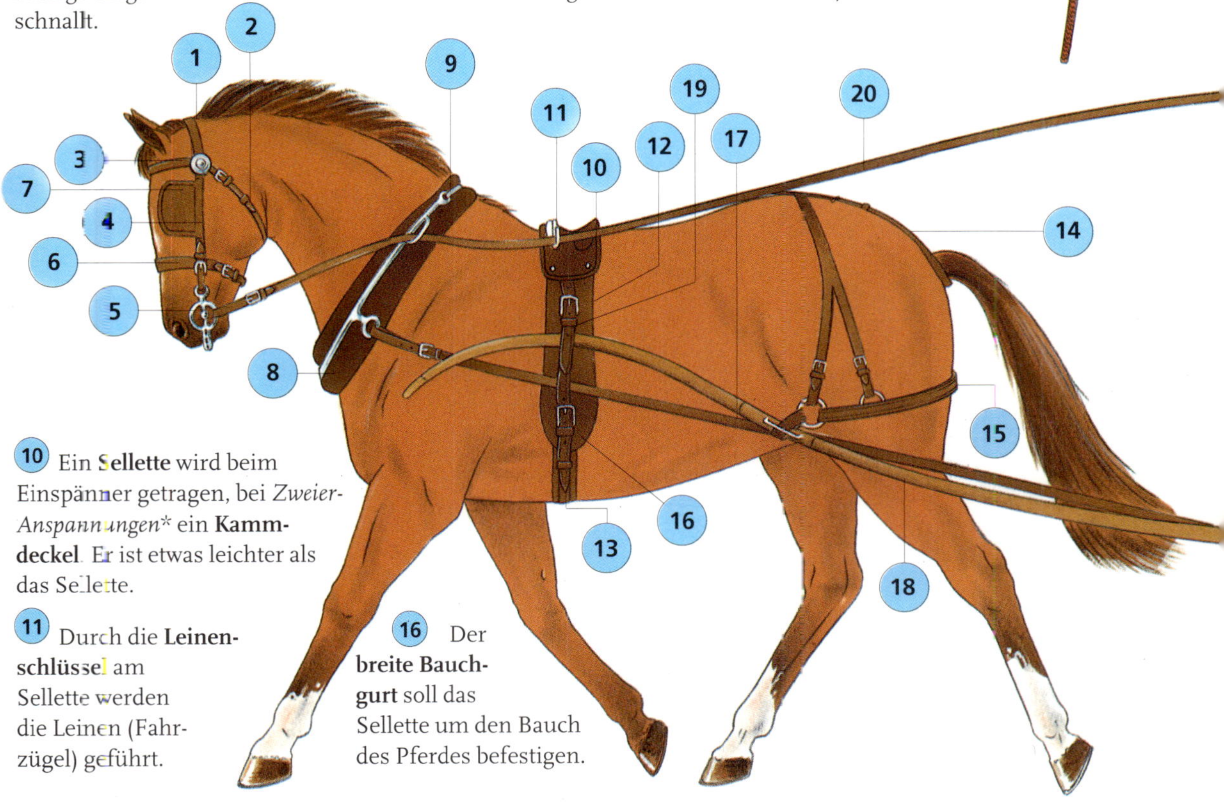

10 Ein **Sellette** wird beim Einspänner getragen, bei *Zweier-Anspannungen** ein **Kammdeckel**. Er ist etwas leichter als das Sellette.

11 Durch die **Leinenschlüssel** am Sellette werden die Leinen (Fahrzügel) geführt.

16 Der **breite Bauchgurt** soll das Sellette um den Bauch des Pferdes befestigen.

* Zweispänner, 94

Fahren

Anspannungsarten

Es gibt verschiedene Anspannungsarten, die ein Anspannen von unterschiedlich vielen Pferden zulassen.

- Das **Vorderpferd** führt das Gespann. Manchmal sind auch zwei Vorderpferde nebeneinander angespannt. Dann heißt das linke **Sattelpferd** und das rechte **Handpferd**.
- Als **Stangenpferd** werden Pferde bezeichnet, die direkt an der Deichsel gehen.
- Beim **Einspänner** geht ein Pferd alleine vor einem Wagen mit zwei oder vier Rädern.
- Beim **Zweiergespann** gehen zwei Pferde nebeneinander. Sie ziehen entweder einen leichten Wagen mit zwei oder einen größere Wagen mit vier Rädern.

Ein Zweispänner zieht einen Wagen mit vier Rädern.

- Ein **Tandem** besteht aus zwei Pferden, die hintereinander eingespannt sind.

- Die **Troika** ist ein russischer Begriff für eine Dreier-Anspannung, bei der die Pferde Seite an Seite eine Kalesche ziehen.

eine Troika

- Ein **Einhorn** besteht aus zwei Stangenpferden und einem Vorderpferd.
- Ein **Viererzug** besteht aus zwei Vorderpferden und zwei Stangenpferden. Die Kutschen können prunkvolle Karossen sein. Werden sie von kräftigen Pferden mit verzierten Geschirren gezogen, spricht man von einer **Gala-Anspannung**.

Wagen und Kutschen

Der älteste, noch erhaltene Wagen ist der des ägyptischen Pharaos Tutenchamun (1361–1352 v. Chr.) und steht jetzt im Museum von Kairo. In Europa war die Blütezeit der Kutschen im 18. und 19. Jahrhundert.

Gouverness-Cart

Das **Gouverness-Cart**, auch Tonne genannt, ist ein leichter, niedriger zweirädriger Wagen für ein Pferd oder Pony. Vier sich gegenübersitzende Passagiere haben in ihm Platz. Eingestiegen wird durch eine Tür hinten im Wagen.

ein Gouverness-Cart

Gigs

Ein **Gig** ist eine zweirädrige Kutsche, in der zwei Personen Platz haben. Es existiert in vielen verschiedenen Ausführungen.

ein Gig

- Ein **Lawton-Gig** ist ein schicker, gut gefederter Wagen.
- Ein **Liverpool-Gig** ist dem Lawton-Gig sehr ähnlich.
- Das **Stanhope-Gig** hat eine extra Stiefelstütze.
- Das **Murrietta-Gig** hat ein Faltverdeck.
- Die Karosserie des **Tilbury** wird hinten durch drei aufrechte Schienen gestützt.

Phaetons

Ein **Phaeton** ist ein vierrädriger **Sportwagen**, den es in vielen Ausführungen gibt.

- Ein **Park-Phaeton** ist ein tief liegender Sportwagen für eine Dame. Er wird auch **Damen-**

ein Phaeton

Phaeton genannt.
- Der **Mail-Phaeton** ist der schwerste Sportwagentyp für einen Zweispänner. Er ähnelt einer *Postkutsche**.
- Ein **Demi-Mail-Phaeton** ist leichter und eleganter als ein Post-Phaeton. Er wurde in der Stadt und auf dem Land gefahren.
- Ein **Spider-Phaeton** ist der leichteste Sportwagentyp und wird von einem oder zwei Pferden gezogen.

Landauer

Der **Landauer** ist ein viersitziger, offener Wagen mit einem ledernen Klappverdeck. Er wurde 1757 in Landau

ein Landauer

* Postkutsche, 104

Fahren

Fahrwettbewerbe und **Vielseitigkeitsprüfungen für Wagenpferde** sind in Europa und Nordamerika sehr beliebt. Letztere verlaufen ähnlich wie die dreitägigen, gerittenen *Vielseitigkeitsprüfungen**. Sie beginnen mit einer Teilprüfung Dressur, gefolgt von einer Geländefahrt und schließen mit dem Hindernisfahren.

Gespannkontrolle

Bei der **Gespannkontrolle** kontrollieren die Richter Erscheinung der Pferde, Fahrer und Wagen. Sie vergeben dafür bis zu zehn Punkte.

Dressur

Die **Dressuraufgabe** umfasst mehrere Lektionen, darunter Wendungen, Wechsel durch die Bahn und Tempowechsel. Die Richter beurteilen Genauigkeit, Präzision und Takt der *Gangarten**. Folgende Gänge werden beurteilt:

- Der **Schritt** muss fleißig und taktrein sein.
- Im **Gebrauchstrab** müssen sich die Pferde losgelassen und taktrein zeigen.
- Im **versammelten Trab** ist die Schrittfolge kürzer und die Aktion höher. Der Hals wird hoch getragen.
- Im **starken Trab** erhöht das Pferd den *Raumgriff** und geht mit mehr *Schwung**.

Geländefahrt

Die **Geländefahrt**, auch **Marathonfahrt**, enthält viele natürliche und künstliche Hindernisse, wie Hügel, Wasser, Bäume und Tore. In diesem Prüfungsabschnitt werden gewöhnlich viele Strafpunkte gesammelt. Bei internationalen Prüfungen müssen die Teilnehmer 23 und 27 km zurücklegen. Der letzte Abschnitt ist am schwierigsten, mit 5–8 Hindernissen, die in einer bestimmten Zeit passiert werden müssen.

Ein Vierspänner passiert ein Wasserhindernis auf der Geländefahrt.

Hindernisfahren

Die **Hindernisfahrt** wird in einem Parcours aus Kegelpaaren mit Bällen auf der Spitze durchgeführt. Es muss der gleiche Wagen wie bei der Dressur benutzt werden.

- Fehler sind u.a.: Anstoßen eines Kegels oder einen Ball abwerfen; Absteigen des Beifahrers; Ungehorsam der Pferde.

ein Gespann beim Hindernisfahren

* Gangarten, 70; Raumgriff, 120; Schwung, 120; Vielseitigkeitsprüfung, 78

Voltigieren

Voltigieren kann als Turnen auf dem Rücken eines galoppierenden Pferdes beschrieben werden. Schon bei den Römern gehörte es zur Grundausbildung der Reiter, gleiches galt für die Ritter im Mittelalter. Voltigieren ist heutzutage eine beliebte Sportart.

Voltigierausrüstung

Der **Voltigiergurt** hat zwei Handgriffe, an denen sich der Voltigierer festhalten kann. Eine Halteschlaufe hilft bei Übungen, wie Knien oder Stehen auf dem Pferderücken. Manchmal sind zwei Fußschlaufen an den Seiten angebracht.

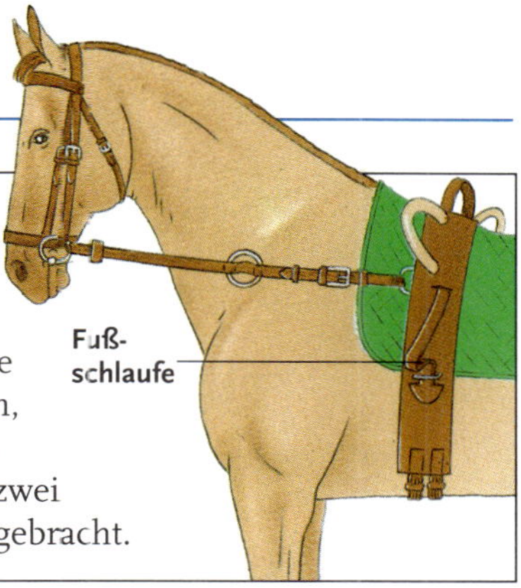

Übungen

Bei Wettbewerben besteht eine Mannschaft aus acht Voltigierern. Jeder muss sechs Pflichtübungen zeigen. Bewertet werden Schwierigkeit, Gestaltung und Ausführung mit einem Notenschlüssel von 0 bis 10 Punkten.

- Im **Grundsitz** sollte der Oberkörper gerade aufgerichtet sein. Beide Beine liegen dicht am Pferdekörper.
- Bei der **Fahne** wird das rechte Bein nach hinten und der linke Arm nach vorne ausgestreckt.

Fahne

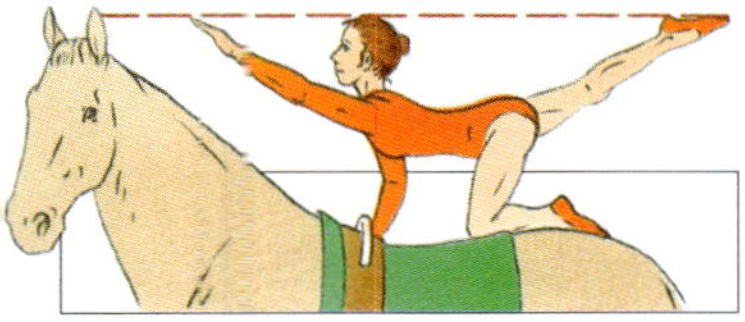

- Das **Stehen** beginnt, wenn der Voltigierer sich auf dem Pferderücken hinkniet. Dann richtet er oder sie sich langsam mit ausgestreckten Armen auf.

Stehen

- Die **Mühle** ist in vier Phasen eingeteilt. Der Voltigierer führt zuerst das rechte Bein über den Pferdehals zum Innensitz. Danach schwingt er das linke Bein über die Kruppe zum Rückwärtssitz. Dann hebt er das rechte Bein über die Kruppe und schließlich das linke Bein über den Pferdehals zurück zum ursprünglichen Sitz.

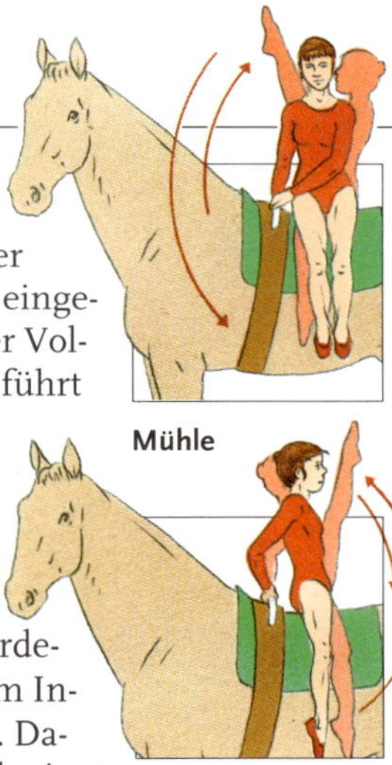

Mühle

Flanke

- Bei der **Flanke** werden beide Beine nach hinten geschwungen. Der Voltigierer landet mit ausgestreckten Beinen im Innensitz, schwingt die Beine hoch und springt ab.

- Bei der **Schere** schwingt der Voltigierer beide Beine nach hinten in die Luft. Das linke Bein kreuzt über das rechte Bein und der Voltigierer gelangt in den Rückwärtssitz. Nun schwingt er die Beine nach vorne, kreuzt sie und landet in der Ausgangsposition.

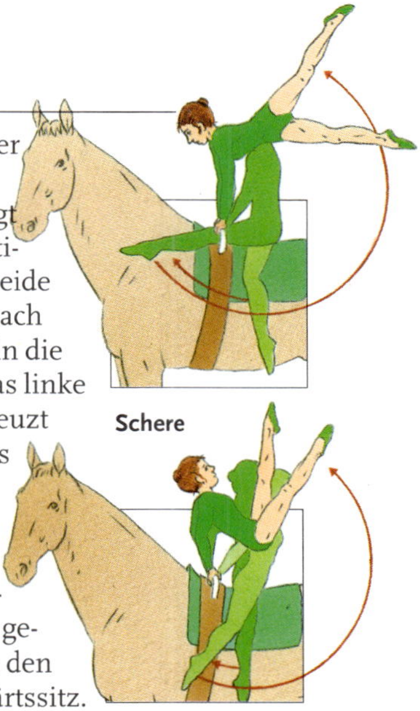

Schere

Eine Mannschaft aus drei Voltigierern führt fortgeschrittene Übungen vor.

Pferde im Rampenlicht

Spätestens seit den Wagenrennen im Römischen Reich tragen Pferde zur Unterhaltung der Menschen bei. Und immer noch ziehen sie in klassischen Reitschulen, im Zirkus, beim Film und im Fernsehen das Publikum durch ihre Geschicklichkeit, Grazie und Schönheit magisch an.

Die Spanische Hofreitschule

Die Spanische Hofreitschule in Wien ist die älteste Reitschule der Welt. Mit *Lipizzanern** wird hier die klassische Reitkunst vorgeführt, die auf den reiterlichen Kunstfertigkeiten des 16. und 17. Jahrhunderts basiert.

Schulen über der Erde

Die Pferde zeigen Dressurlektionen, die so genannten „**Schulen über der Erde**".

- Bei der **Levade** hebt sich das Pferd auf die Hinterbeine, zieht die Vorderhufe bis zum Ellbogen an, während die Hinterbeine das gesamte Körpergewicht tragen.

Levade

- Bei der **Kurbette** erhebt sich das Pferd, drückt sich mit den Sprunggelenken ab und bewegt sich so in kurzen Sprüngen vorwärts.

Kurbette

- Bei der **Kapriole** richtet sich das Pferd halb auf und springt dann hoch und vorwärts in die Luft, tritt mit den Hinterbeinen aus und landet auf allen vier Beinen zugleich.

Kapriole

- Bei der **Ballotade** springt das Pferd fast parallel zum Boden. Die Vorderbeine sind an den Vorderfußwurzelgelenken angewinkelt und die Hinterbeine an den Sprunggelenken. So werden alle vier Hufeisen sichtbar.

Ballotade

- Die **Kruppade** ähnelt der Ballotade, außer dass die hinteren Hufeisen nicht zu sehen sind.

Zirkuspferde

jonglierender Jockeyreiter

Heute werden nicht mehr so viele Tiere wie früher im Zirkus eingesetzt. Aber mancher Zirkus hat noch gut ausgebildete Vorstellungspferde.

Jockeyreiter

Die **Jockeyreiterei** oder **Stehendreiterei** war früher der Kernpunkt aller Zirkusprogramme. Dabei sprang ein Reiter auf ein um die Manege galoppierendes Pferd und vollführte auf dem Pferderücken akrobatische Kunststücke. Damit er besseren Halt hatte, wurde manchmal der Pferderücken mit Harz eingestrichen.

Freiheitsdressuren

Freiheitsdressuren werden mit bis zu 12 Pferden vorgestellt. Sie werden nicht geritten, sondern nur von einem in der Manege stehenden Vorführer geleitet. Häufig kommen hierbei *Araber** wegen ihrer Schönheit und Gelehrsamkeit zum Einsatz.

* Araber, 28; Lipizzaner, 31

Hohe Schule

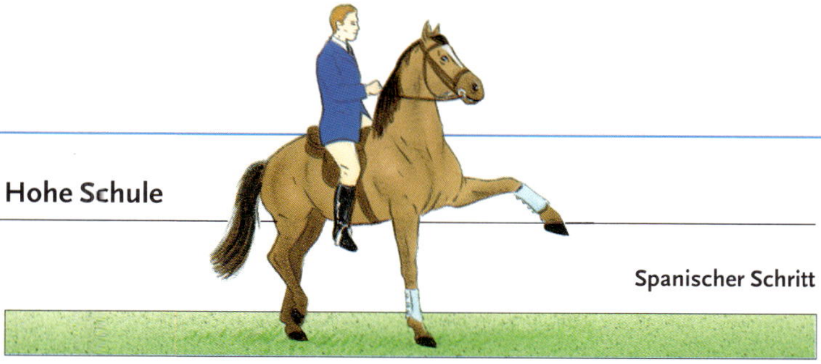

Spanischer Schritt

Die **Hohe Schule** ist eine Form der *klassischen Reitkunst**. In der Hohen Schule lernen Pferde Sprünge und Bewegungen, wie z. B. die Levade.

- Beim **Spanischen Schritt** hebt das Pferd die Vorderbeine hoch an und streckt sie zum Absetzen gerade aus. Dieser Schritt ist aus dem natürlichen Aggressionsverhalten des Hengstes entwickelt: dem Scharren mit dem Vorderhuf.

Berühmte Darsteller

Philip Astley (1742 – 1814) war der Erfinder des modernen Zirkus. Er war Soldat der britischen Armee. Im Alter von 24 Jahren verließ er die Armee mit seinem Pferd Gibraltar und gründete den ersten Zirkus, der zunächst in London auftrat. Sein Zirkus hieß **Astley's Amphitheater** und führte kühne reiterliche Kunststücke auf. Später durchreiste der Zirkus ganz Europa bis ins östliche Belgrad. Ähnliche Wanderzirkusse wurden bald darauf in ganz Europa gegründet.

William Frederick Cody (1846 – 1917), besser bekannt als **Buffalo Bill**, war ein US-amerikanischer Scout und Darsteller. Ab 1883 reiste er mit einer spannenden **Wild West Show** durch die USA und Europa. Sie stellte wirklichkeitsgetreue Szenen von Kämpfen mit Indianern nach. Für einige Zeit waren auch Scharfschützin **Annie Oakley** und Häuptling **Sitting Bull** mit von der Partie. Der Indianerhäuptling hatte 1876 die Schlacht bei Little Big Horn gewonnen.

Film- und TV-Pferde

Film und Fernsehen sind ohne dressierte Pferde undenkbar. Viele berühmte Geschichten könnten ohne sie unmöglich auf die Leinwand gebracht werden und viele legendäre Filme basieren auf Szenen mit Pferden.

TV-Star Roy Rogers und sein Pferd

Trick- und Stuntaufnahmen
Pferde werden in Filmen oft von **Stuntreitern** geritten, die unglaubliches reiterliches Geschicks zeigen. Den Pferden werden dazu bestimmte Tricks beigebracht. Zum Beispiel lernen manche, sich auf das Bein des Reiters fallen zu lassen.

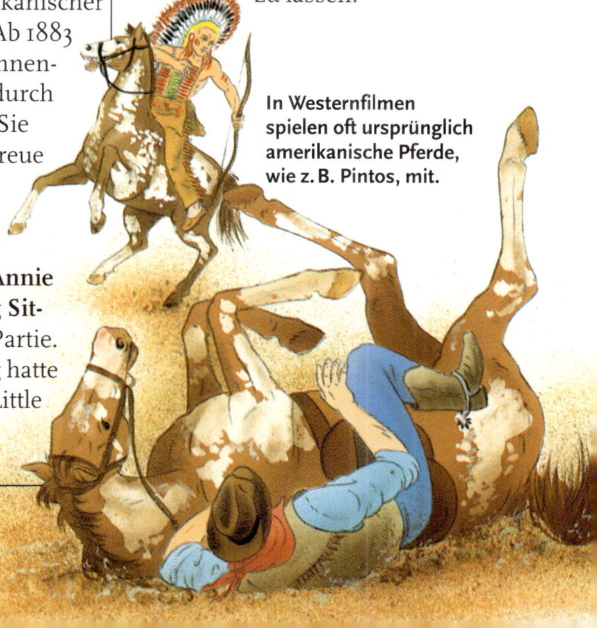

In Westernfilmen spielen oft ursprünglich amerikanische Pferde, wie z. B. Pintos, mit.

* Klassische Reitkunst, 119

Pferde bei der Arbeit

Pferde spielten über mindestens 6.000 Jahre, bis zur Einführung des Autos im frühen 20. Jahrhundert, eine entscheidende Rolle bei der Arbeit und beim Transport. In einigen Ländern sind sie noch heute wichtiger Bestandteil des täglichen Lebens.

Pflügen

Pferde wurden erst vergleichsweise spät in der Landwirtschaft eingesetzt. Ursprünglich galten sie als viel zu wertvoll für eine solche Arbeit.
Jahrhunderte später entdeckten die Menschen die Stärke und Intelligenz von *schweren Pferden** und fortan mussten diese anstelle der Ochsen arbeiten.
Seit der Erfindung der *Dampfmaschine** wurden wiederum die Arbeitspferde zunehmend durch Maschinen ersetzt.
In manchen Teilen der Welt, zum Beispiel in den Weinregionen Frankreichs, werden Pferde immer noch für einen Teil der Landwirtschaft genutzt.

Schwere Pferde pflügen ein Feld.

Viehfarmen

In Amerika und in Australien werden Pferde immer noch zum Vieheintreiben gebraucht. Die Farmarbeiter reiten zu diesem Zweck bestimmte Pferdetypen.

Ein Cowboy treibt einen Stier auf einem Cutting Horse ein.

- In Nordamerika werden die Farmarbeiter **Cowboys** genannt. Cowboys arbeiten auf großen Rinderfarmen. Sie hüten und treiben die auf noch fast freier Wildbahn ziehenden Rinder ein. Sie reiten gewöhnlich auf *Quarter Horses**
- In Argentinien heißen die Cowboys **Gauchos** und reiten Criollos. In Mexiko heißen sie **Vaqueros** und reiten Mustangs.
- In Australien heißen die Cowboys **Stockmen** und reiten für gewöhnlich Walers. Das sind starke Pferde, die von den frühen Siedlern dort gezüchtet wurden.

Fachausdrücke bei der Farmarbeit

Einige der gebräuchlichsten Begriffe:

- Eine **Remuda** bezeichnet in den westlichen USA eine Herde *eingerittener** Pferde, die zur Farmarbeit benutzt werden.
- Ein **Cutting Horse** ist ein Pferd, das gelernt hat, Rinder aus einer Herde auszusondern.
- Ein **Lariat** ist eine Art *Lasso**, das von den Reitern zum Einfangen von Pferden, Stieren, Kühen oder anderen Tieren benutzt wird.

Farmarbeiterkleidung

* Dampfmaschine, 113; Einreiten, 62; Lasso, 120; Quarter Horse, 30; schwere Pferde, 32

Brauereipferde

Einige Kaltblutrassen werden wegen ihrer enormen Stärke zum Ziehen von schweren Wagen bevorzugt. Sie sind auch als **Brauereipferde** bekannt.

- Rassen wie *Clydesdale**, *Suffolk Punch** und *Percheron** werden von einigen Brauereien zur Auslieferung von Bierfässern in Dörfern und Städten eingesetzt. Die Pferde sind dazu ausgebildet, auf befahrenen Straßen zu laufen.

einen Brauereiwagen ziehen

Polizeipferde

kanadischer Mountie

In vielen großen Städten, wie London, Tokyo und New York, patrouillieren berittene Polizisten durch die Straßen und kontrollieren Menschenansammlungen. Die gut ausgebildeten Pferde ermöglichen den berittenen Polizisten eine gute Sicht über Autos und Menschen hinweg und können sich schnell in alle Richtungen bewegen. Dies ist bei der Kontrolle von Menschenmengen von größter Wichtigkeit.

- Berittene Polizeikräfte, wie z.B. die **Königlich Kanadische berittene Polizeistaffel**, kurz **Mounties** genannt, arbeiten sowohl in der Stadt als auch auf dem Land.

- In Jordanien kontrolliert die **Wüstenpolizei** mit Pferden oder Kamelen Regionen, die mit dem Auto nur schlecht zu erreichen sind.

berittene Polizisten in Kentucky Park

Militärpferde

Pferde spielten bis zum Beginn des 20. Jahrhunderts eine unerlässliche Rolle beim Militär. Pferde wurden sowohl in der *Kavallerie** als auch zum Ziehen von Wagen mit bewaffneten Soldaten eingesetzt. Im Mittelalter gingen sie in Europa gepanzert in die Schlachten. Später zogen Pferde auch Kanonen.

der ägyptische Pharao Tutenchamun in seinem Wagen

Paradepferde

Obwohl heute bewaffnete Fahrzeuge und Panzer die Pferde in Kämpfen ersetzen, werden sie immer noch bei besonderen Militärfeierlichkeiten gebraucht.

- Die Gardekavallerie der Britischen Armee stellt die Eskorte der Königin bei staatlichen Anlässen. Das Regiment besteht aus Schwadronen der Leibwache, mit scharlachroten Uniformen und weißem Federbusch am Helm, und Königlichen, mit blauen Uniformen und rotem Helmfederbusch.

Trommelpferd der Gardekavallerie

- Berittene Krieger begleiten in Nigeria die lokalen Herrscher bei traditionellen Festlichkeiten. Spezielle Eskorten und Pferde mit aufwendig bestickten Decken reiten neben der königlichen Familie.

eine königliche Eskorte in Nigeria

* Kavallerie, 7; Clydesdale, 32; Percheron, 32; Suffolk Punch, 32

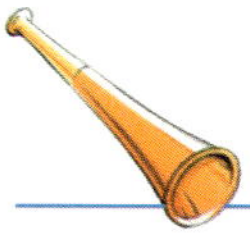

Jagdreiten

Der Jagdritt zum Ende der Freiluftsaison ist in vielen Reitställen ein beliebtes Ereignis. Die **Reitjagd** auf lebendes Wild ist in Deutschland dem Tierschutzgesetz nach verboten. Auch in England, wo viele Hetzjagden geritten werden, legen meistens Reiter eine künstliche Fährte mit 45 Minuten Vorsprung vor der Meute aus. Erst dann folgt die Jagdgesellschaft.

Aufmachung
Als Aufmachung wird die Erscheinung von Pferd und Reiter bezeichnet. Die Kleidungsregeln bei Schlepp- und Fuchsjagden sind gleich.

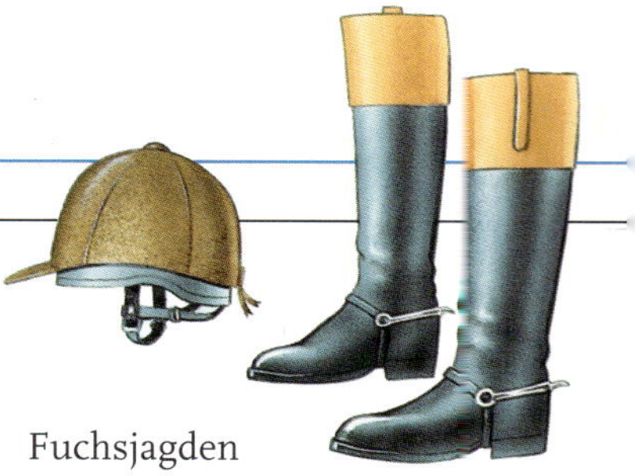

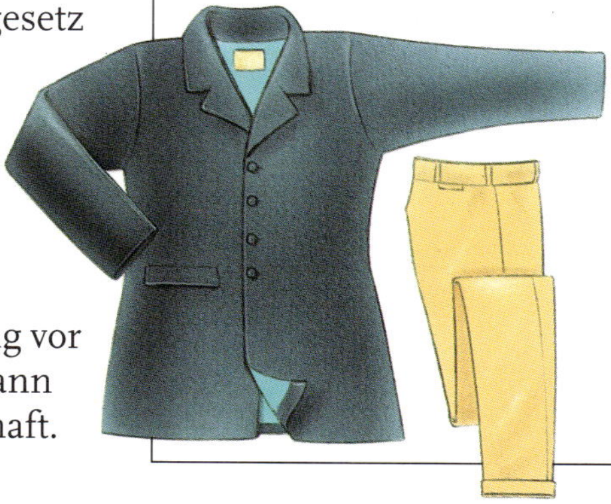

- In der Regel wird eine mit schwarzem Samt bezogene **Reitkappe** getragen.
- Es können **Reitjacken**, **Reithosen** und **Stiefel** in verschiedenen Farben getragen werden, z. B. eine schwarze oder blaue Reitjacke mit weißem **Halsbinder.** Schön sind auch Tweedjacken mit gelbbrauner Reit-

Die Schleppjagdgesellschaft
Schleppjagden werden schon seit mehr als 300 Jahren unter sportlichem Aspekt geritten. Sie haben eigene Regeln und Bezeichnungen für die beteiligten Reiter:

- Der **Master** führt die Schleppjagd an.
- Der **Huntsman** ist der wichtigste Helfer des Masters. Er leitet die Hunde im Jagdfeld. Er muss viel Zeit mit den Hunden verbringen und sie gut kennen.
- Der **Jagdherr** führt das Feld an. Er sorgt für die Einhaltung der Jagdordnung und muss ein erfahrener Reiter sein, der das Gelände gut kennt.
- Der **Pikör** hilft dem Huntsman, die Hunde zu kontrollieren. Gewöhnlich sind dazu mehrere Piköre im Einsatz.
- Der **Schleppenleger** legt die künstliche Fuchsspur. Er darf die Spur nur auf einem Gelände legen, das zuvor für die Jagd freigegeben wurde.
- Der **Jagdsekretär** holt die Erlaubnis der Landeigentümer ein, über deren Gebiete die Jagd verlaufen soll.

Hunde
Meutehunde sind meistens **Foxhounds**, weil sie der Schleppe besonders gut folgen. Sie sind in der Regel weiß mit braunen und schwarzen Flecken. Sie sollten möglichst alle gleich groß sein, damit sie das gleiche Tempo haben.

Die Schleppe
Die **Schleppe** ist die ausgelegte Spur. Sie kann aus aufgelösten Ausscheidungen eines zahmen Fuchses bestehen. Häufig wird auch eine Anislösung als Schleppe benutzt. Hauptsache, sie riecht stark genug, dass die Hunde ihr folgen können. Darum wird sie auch während der Jagd mehrmals erneuert.

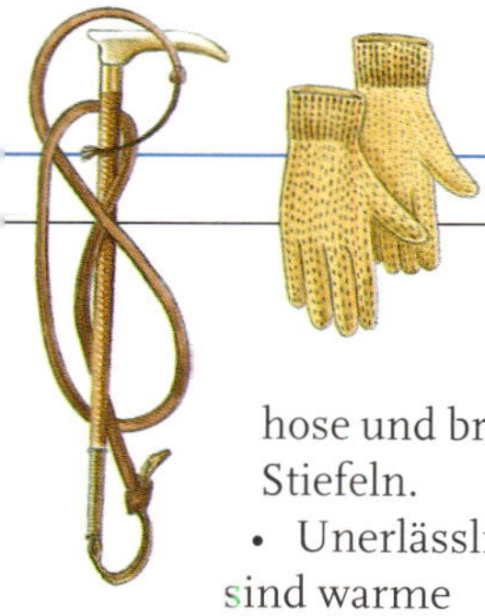

hose und braunen Stiefeln.

• Unerlässlich sind warme **Reithandschuhe**.

• Der Gebrauch einer **Hetzpeitsche** ist für Master oder Huntsman manchmal sinnvoll. Mit der Peitsche werden zu nah kommende Hunde von den Pferdehufen fern gehalten sowie Tore geöffnet und geschlossen.

Einige Jagdausdrücke

Cap ist das Jagdgeld, das von jedem Jagdteilnehmer, abgestuft nach Vereinsmitgliedern, Gästen und Landbesitzern, zu zahlen ist.

Die **Fährte** ist die Wildspur bzw. künstliche Schleppe, der die Hunde folgen.

Das **Feld** sind Pferde und Reiter, die den Hunden folgen.

Foil bedeutet, dass die Witterung auf der Fährte verloren gegangen ist, weil andere Tiere darüber gelaufen sind.

Eine **Koppel** sind zwei Hunde. Eine Meute wird in Koppeln gezählt.

Mit **Lautgeben** (nicht bellen) werden die Stimmgeräusche der Hunde bezeichnet.

Meutegeläut ist das Bellen der Hunde während der Jagd.

MFH Master der Foxhounds.

Signale werden von den Jagdhornbläsern auf ein Zeichen des Masters hin gespielt. Dazu gehören z. B.: **Wecken** zum Zeitpunkt des Stelldicheins, **Aufsitzen, Aufbruch zur Jagd, Absitzen, Hunderuf** und **Jagd vorbei**.

Stelldichein ist der Treffpunkt zum Jagdbeginn. Alle Teilnehmer sollten ca. 1 Stunde vorher da sein.

Verstecke sind kleine Waldabschnitte.

Wenn die Hunde die **Witterung** aufnehmen, folgen sie dem Geruch der Fährte.

Pferde und Transport

Bevor es Züge, Autos, LKWs und Busse gab, hing der gesamte Landverkehr von Pferden ab. Sie trugen Reisende auf dem Rücken oder zogen Kutschen mit Lasten oder Passagieren. Die Straßen wurden möglichst eben angelegt, damit Pferde die Wagen und Kutschen bequem und schnell ziehen konnten.

Die ersten Straßen

Das erste richtige Straßennetz zur Verbindung von Städten wurde im 6. Jh. v. Chr. in **Persien** gebaut. Die Hauptstraße hieß Königliche Straße und war 2.500 km lang. Amtliche Nachrichtenüberbringer rannten die Strecken zu Fuß mit einer durchschnittlichen Geschwindigkeit von 35 km pro Stunde.

- Vor mehr als 2.000 Jahren bauten die **Römer** durch ganz Europa und den Mittleren Osten Straßen von insgesamt 80.500 km Länge. Sie waren so angelegt, dass sich die römischen Truppen und Würdenträger schnell und einfach in alle Richtungen des großen Reichs bewegen konnten.
- Entlang der Wegstrecken bauten die Römer **Herbergen**, in denen die Reisenden die Pferde wechseln konnten. Meilensteine dienten als Aufsteighilfe.

- Die Römer fuhren bereits mit einfachen, überdeckten Karren. Aber nach dem Zusammenbruch des Römischen Reichs verschlechterten sich die Straßen rapide. So war es dann bequemer, auf dem Pferderücken zu reisen.

eine Sänfte zwischen zwei Pferden

- Reiche Frauen reisten manchmal in **Sänften**. Sie wurden zwischen zwei Pferden oder Eseln getragen.

Postdienste

1784 wurden in England erstmals **Postkutschen** eingesetzt. Sie ersetzten die zuvor berittenen Postboten. Die erste Postkutsche führte von Bath nach London über eine Strecke von 161 km, die sie in 15 Stunden zurücklegte. Sie transportierte Post und Passagiere. Eine bewaffnete Wache saß hinten auf der Kutsche und war für Pünktlichkeit und die Sicherheit der beförderten Post verantwortlich.

- Der **Pony-Express** startete 1860 in den USA als schneller berittener Postdienst zwischen St. Joseph, Missouri und San Francisco. Schon 18 Monate später wurde er durch Postkutschen ersetzt.

Beim Pony-Express wechselten die Reiter alle 19 km die Pferde. Auf der Strecke gab es 190 Herbergen und insgesamt wurden 500 Pferde eingesetzt. Die Reiter hatten für den Pferdewechsel an den Herbergen nur zwei Minuten Zeit.

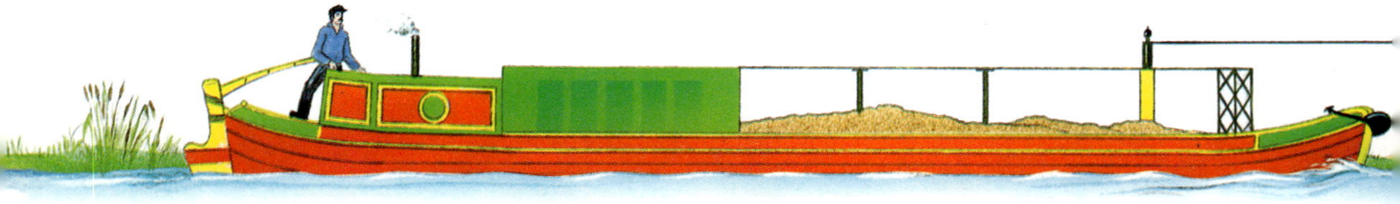

Passagierdienste

Postkutsche

Postkutschen waren öffentliche Verkehrsmittel zum Personentransport. Sie konnten 12 Passagiere außen auf dem Wagen und vier in der Kutsche befördern. Sie waren so pünktlich, dass die Leute ihre Uhr nach ihnen stellen konnten. Die Postkutschen waren in leuchtenden Farben gestrichen, um Mitreisende zu werben. An den Seiten waren die Streckenstationen aufgeschrieben.

Wegelagerer

Die Reisenden litten unter den Angriffen der berittenen **Wegelagerer** ebenso wie unter den schlechten Straßen. Die Räuber lagerten entlang der Wegstrecke und griffen manchmal in Gruppen an.

Stadttransport

Bis zum 19. Jahrhundert war der Transport in europäischen Städten völlig ungeregelt. Die meisten Leute gingen zu Fuß. Reiche Leute ritten auf Pferden oder ließen sich in Sänften tragen.

- **Omnibusse** wurden 1823 – als die ersten öffentlichen Transportmittel in Städten – in Paris eingeführt. Es waren große Kutschen, die von zwei Pferden gezogen wurden und in denen viele Leute Platz fanden.
- Die erste von Pferden gezogene öffentliche Straßenbahn wurde 1832 in New York eingesetzt.

ein voll besetzter Omnibus

Die **Pferdetram** oder **Straßenbahn** war ein auf Schienen fahrender Bus, der von Pferden gezogen wurde. Das Fahren in der Pferdetram war angenehmer und sicherer als im Omnibus. Die Pferdetram hatte innen drei Abteile mit 30 Sitzen. Weitere 30 Plätze befanden sich auf dem Dach.

Pferdetram

Pferde in der Industrie

- Die ersten **Straßenbahnen** wurden zum Transport von Steinen, Kohle und Eisenerz aus Steinbrüchen und Mienen gebaut.

- Bis ins frühe 19. Jahrhundert, also bevor die ersten Schienen gelegt wurden, schleppten **Zugpferde** Rohmaterialien wie Kohle, Korn und Baumwolle in **Schleppkähnen**. Die Pferde wurden auf schmalen Wegen entlang der **Kanäle** geführt. Ein Zugpferd konnte auf einem Lastkrahn ein Gewicht von bis zu 30 Tonnen bewegen.

Zugpferd

Pferde in der Geschichte

Pferde haben in der Geschichte vieler Länder eine bedeutende Rolle gespielt. Nachdem sie die Pferde gezähmt hatten, konnten die Menschen längere Strecken zurücklegen als zuvor. Kriegerische Armeen und ihr Nachschub ließen sich schneller bewegen.

Völker und Pferde

die Schlacht bei Kadesch, 1286 v. Chr.

Ägypter und Hethiter

Die **Ägypter** benutzten ca. 1850 v. Chr. zum ersten Mal von Pferden gezogene Wagen. Einer der größten Wagenkämpfe fand 1286 v. Chr. bei Kadesch (Nordsyrien) statt, als die **Hethiter** die Ägypter besiegten.

Skythen

Um 700 v. Chr. streuten die **Skythen**, ein nomadisches Reitervolk, von Zentralasien nach Osteuropa aus. Sie waren sehr geschickte Reiter und Schmiedekünstler. Sie stellten wunderschönen, mit Pferden dekorierten Goldschmuck her.

ein skythischer Kamm, verziert mit Kriegern und Pferden

Thraker

Im Herzen des **thrakischen Reichs** (ca. 6000–650 v. Chr.) befand sich das heutige Bulgarien. In den Gräbern wurden mit Pferden verzierte Gold- und Silberteller sowie Schmuck gefunden. Die Funde weisen darauf hin, dass die Thraker großartige Krieger und Reiter waren.

Parthen

Parthien war im 2. Jh. v. Chr. ein Land im heutigen Nordiran. Parthische Reiter entwickelten eine Kriegstaktik, bei der sie sich zurückzogen und dann rückwärts den Feind mit Pfeilen beschossen.

Der versilberte, persische Teller zeigt eine Löwenjagd.

Griechen

Xenophon (ca. 430–354 v. Chr.) war ein griechischer Politiker und Schriftsteller. Unter dem Titel *Hippikes* schrieb er die ersten Bücher über die Reitkunst. Vieles von dem, was er geschrieben hat, ist noch heute gültig.

Römische Wagenrennen

Im antiken Rom waren **Wagenrennen** eine beliebte Sportart. Die Rennen fanden auf einer Rennstrecke im *Circus Maximus* statt, der bis zu 250.000 Zuschauer fassen konnte.

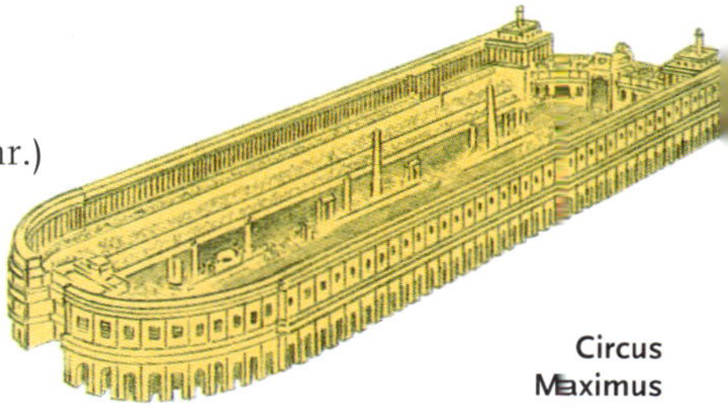

Circus Maximus in Rom

Chinesen

Über viele Jahrhunderte bestand die chinesische Armee fast nur aus Fußsoldaten und einigen wenigen Pferdewagen.

fliegendes chinesisches Pferd

Doch dann wurden Pferde aus Ferghana bei Samarkand nach China gebracht. Seither züchteten die Chinesen Pferde in riesigen **Gestüten**.

Königin Boudicca

Boudicca

Boudicca (gestorben im Jahr 62 n. Chr.) war die Königin der Icenen in England. Man sagt, dass sie die erste englische Königin war, die eine Zucht für Rennpferde aufbaute. Im Jahr 61 n. Chr. lehnte sie sich gegen die Römer auf und wurde dabei getötet.

Mongolen

Die **Mongolen** waren ein nomadisierender Volksstamm im Gebiet der heutigen Mongolei. Sie waren geschickte Reiter und eroberten im 13. Jh. eins der größten Weltreiche der Geschichte.

mongolische Reiter in einer Schlacht

Araber

Der Prophet **Mohammed** gründete im Arabien des 7. Jh. eine neue Religion, den Islam. Seine Gefolgschaft ritt auf Pferden und Kamelen und eroberte ein großes Reich.

Das Ritterpferd

Im Mittelalter ritten die europäischen Ritter auf großen, schweren Pferden, den so genannten **Ritterpferden**. Ritter samt Ausrüstung waren bis zu 200 kg schwer.

Indianer

Die **Indianer** kamen durch die von den Spaniern im 16. Jh. nach Amerika mitgebrachten Pferde auf den Pferderücken. Sie waren außergewöhnlich geschickte Reiter.

Berühmte Pferde

- **Bucephalus** hieß das Pferd von **Alexander dem Großen.** Es trug seinen Herrn in den Kriegszügen durch Asien und starb 326 v. Chr. in Indien.

- **Babieca** hieß das weiße Pferd des spanischen Volkshelden Rodrigo Diaz de Viva (1040 – 1099), der von den Mauren den Spitznamen **El Cid** (der Herr) erhielt.

- **Roan Barbary** gehörte König **Richard II.** von England (1367 – 1400). Das Pferd wird in Shakespeares Stück *Richard II.* erwähnt.

- Der französiche Kaiser **Napoleon** ritt bei seinen Kriegszügen durch Italien und Österreich auf **Marengo.** Er war auch 1815 in der Schlacht bei Waterloo.

- **Copenhagen** hieß das Pferd des englischen Kommandanten, **Herzog von Wellington**, in der Schlacht bei Waterloo.

Religion und Mythologie

In der Antike verehrten Menschen Pferde oft mehr als andere Tiere. Sie waren Symbol für Adel oder wurden zum Bestandteil religiöser Zeremonien. Viele Legenden erzählen von Pferden oder pferdeähnlichen Wesen mit übernatürlichen Kräften.

Götter und Göttinnen

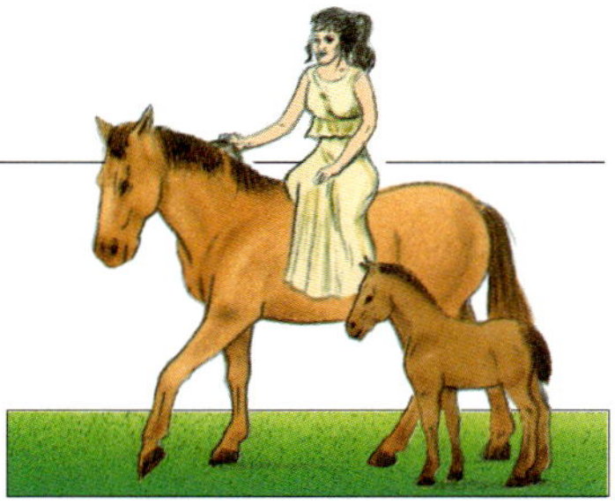

- **Poseidon** war der griechische Gott der Meere und herrschte über Stürme und Meeresungeheuer. Er wurde auch als Schöpfer der Pferde verehrt.

Poseidon

Poseidon ließ sich von *Hippocampis* durch die Fluten ziehen. Diese waren in der vorderen Körperhälfte Pferde, in der hinteren Fische.

- **Epona** hieß die keltische Pferdegöttin. Zuerst wurde sie während der Eisenzeit in Gallien (Frankreich) verehrt. Doch der Kult breitete sich über Spanien, Deutschland und Schottland bis nach Italien aus, wo sie später als römische Göttin verehrt wurde.
- Die Griechen glaubten, dass Sonne und Mond bei Tag und Nacht im Wagen am Himmel entlanggezogen würden. **Helios** fuhr den Sonnenwagen, den die goldenen Pferde des Sonnengotts **Apollo** zogen.

Apollo in seinem Wagen

Mythische Pferde

- Der griechischen Mythologie zufolge war **Pegasus**, das geflügelte Pferd, das erste Pferd der Welt. Es war der Sohn von Poseidon und dem gorgonischen Ungeheuer Medusa. Er half Bellerophon beim Kampf mit einem Feuer spuckenden Ungeheuer, der Chimäre.

Pegasus, dargestellt auf einer griechischen Vase

- **Sleipnir** war ein weißes, achtbeiniges Pferd. Odin, Vater aller altnordischen Götter, erhielt es als Friedensgeschenk. Sleipnir konnte über Wasser, Luft und Erde galoppieren.

Odin auf Sleipnir

Rustam auf Ruksh

- **Ruksh** war das mutige Pferd des persischen Helden Rustam, bekannt als der „Löwe Persiens". Es half seinem Herrn in vielen Abenteuern.
- **Kanthaka** hieß das Lieblingspferd des Begründers der buddhistischen Religion, Prinz Gautama Siddhartha (ca. 562–483 v. Chr.). Auf diesem Pferd verließ der Prinz seinen Palast und reiste durch den Norden Indiens, um den neuen Glauben zu verkünden.
- **Al Borak** hieß das geflügelte Pferd des Propheten Mohammed (ca. 570–652 v. Chr.), dem Gründer des Islams. Al Borak war blendend weiß, herrlich anzusehen, unglaublich schnell und hatte einen menschlichen Kopf. Er trug den Propheten von der Erde in den siebten Himmel, den ewigen Glückszustand.

Fabelwesen

- In der schottischen Folklore hatte der Wassergeist **Kelpie** die Gestalt eines Pferdes. Er lockte Menschen auf seinen Rücken, ritt mit ihnen weit ins Meer hinaus und ertränkte sie dort.

- Das **Einhorn** war ein sagenumwobenes, pferdeähnliches Wesen mit einem langen, gewundenen Horn auf der Stirn. Die Geschichte des Einhorns wurde höchstwahrscheinlich in Indien erfunden. In Europa wurde es ein wichtiges christliches Symbol für Ehrlichkeit, Güte und Reinheit.
- Die **Zentauren** waren griechische Halbgottheiten. Ihre untere Körperhälfte und Beine waren die eines Pferdes, Kopf und Hals dagegen die obere Hälfte eines Menschenleibs. Der bekannteste Zentaur hieß Chiron. Er unterrichtete den griechischen Helden Achilles und war Tutor von Jason, dem Helden der Argonauten.

Bronzefigur eines Zentauren

Aberglaube

- **Zaumzeugbeschläge** sind Messingornamente, mit denen das Zaumzeug geschmückt wird. Ursprünglich galten sie als Talisman gegen den „bösen Blick". Jedes Messingmotiv hatte seine eigene Bedeutung. Die Sonne galt zum Beispiel als Glücksbringer. Am Zaum mancher Zugpferde sind sie noch heute zu sehen. Auch sind sie beliebte Sammlerstücke und nicht selten dienen sie als Wandschmuck.
- In vielen Teilen der Erde ist das **Hufeisen** ein Glückssymbol. In der Regel wird es mit der offenen Seite nach oben aufgehängt, damit das Glück nicht herausfällt. Die magischen Kräfte des Hufeisens werden auch seinem Material zugeschrieben. Eisen soll böse Geister abwehren.

Hufeisen, über Haustüren angebracht, sollen Glück bringen.

Pferde in der Literatur

Pferdeliebe zeigt sich auch in den über Pferde geschriebenen Geschichten. Seit Tausenden von Jahren werden Pferde in der Literatur als noble, mutige Wesen und gute Freunde der Menschen beschrieben.

eine moderne Nachfertigung des trojanischen Pferdes in Truva, Türkei

Einige Pferde aus der Literatur

- Während des trojanischen Krieges, ca. 1185 v. Chr., bauten die Griechen ein großes hölzernes Pferd, das **Trojanische Pferd**, und stellten es vor den Mauern Trojas auf. Die Trojaner zogen es in die befestigte Stadt und als es Abend wurde, kletterten die Griechen, die sich im Pferdeleib versteckt hatten, heraus und öffneten ihrer Armee die Stadttore. Die Geschichte wird von dem griechischen Dichter **Homer** erzählt, der ca. 800 v. Chr. lebte.

Black Beauty

- In dem gleichnamigen Buch erzählt **Black Beauty** seine eigene Geschichte. Der Roman der englischen Schriftstellerin **Anna Sewell** (1820–1875) ist eine der berühmtesten Erzählungen eines Pferdeschicksals.

- Die bekanntesten Pferde aus den zahlreichen Werken von **Karl May** (1842–1912) sind **Hatatitla** und **Iltschi**, die Pferde von Old Shatterhand und Winnetou. Schnell, treu und gelehrig, sind die rassigen Rappen die besten Freunde und Retter der beiden berühmten Romanhelden.

- Die **Houhnhnms** sind Wesen, die wie Pferde aussehen und wie Menschen sprechen. Sie sind intelligent, rein und gut und stellen die idealen Menschen dar. Sie treten in *Gullivers Reisen* auf, einem Buch aus dem Jahr 1726, geschrieben von **Jonathan Swift** (1667–1745).

- **Black Bess** hieß die wunderschöne Stute, die angeblich dem berühmten *Wegelagerer** Dick Turpin (1706–1739) gehörte. Das Pferd kommt in dem Roman *Rookwood* (1834) des englischen Schriftsteller **Harrison Ainsworth** vor.

- **Rosinante** heißt das Pferd von Don Quijote, dem Titelhelden des Romans des spanischen Dichter **Miguel Cervantes** (1547–1616). Pferd und Reiter erleben gemeinsam viele Abenteuer. Das berühmteste ist wohl die Schlacht mit den Windmühlen. Don Quijote beschließt, gemeinsam mit seinem Freund und Begleiter Sancho Panza, die vermeintlich um sich schlagenden Riesen anzugreifen, die sich dann als Windmühlen entpuppen.

Don Quijote und Sancho Panza bereiten sich auf den Angriff gegen die Windmühlen vor.

- Die *Geschichten für den allerliebsten Liebling* schrieb *Dschungelbuch*-Autor **Rudyard Kipling** (1865–1936) während seines Indienaufenthalts. Dabei erzählt er auch von einem armen, zerbissenen, kleinen Pferd, das sehr mutig war. Es verhalf seiner indischen Polo-Mannschaft, den Skidars, zum Sieg über ihre Gegner.
- Der Lehrer **Ichabod Crane** wird aus seiner Heimatstadt von einem kopflosen Reiter vertrieben. Zur Flucht leiht er sich ein Pferd namens **Gunpowder**. So erzählt es der US-amerikanische Autor **Washington Irving** (1783–1859) in einem Buch mit dem Titel *Die Legende von Sleepy Hollow*.

Das Polo-Pony führt die Skidars zum Sieg über die Erzengel.

- **Bree** und **Hwin** heißen zwei sprechende Pferde aus dem Land Narnia. Ihre Geschichte erzählt der englische Autor **C. S. Lewis** (1898–1963) in dem Buch mit dem Titel *Reise nach Narnia*. Gemeinsam mit ihren Reitern entkommen sie dem gewalttätigen Land der Calormen und ziehen nordwärts nach Narnia in die Freiheit.

Pferde in Kunst und Wissenschaft

Mamorrelief aus dem Parthenon

Seit Menschen Bilder malen oder Skulpturen meißeln, werden auch Pferde künstlerisch abgebildet. Viele wichtige wissenschaftliche, medizinische und industrielle Entwicklungen, wie zum Beispiel die Erfindung des Motors, sind mit Hilfe des Pferdes entstanden.

Pferde in der Kunst

- Einige der ersten Pferdebilder sind auf den **Höhlenmalereien** in **Lascaux**, Frankreich, und in **Altamira**, Spanien, zu sehen. Sie wurden 15.000 v. Chr. von Jägern auf die Wände ihrer Höhlen gemalt.

das weiße Pferd von Uffington, England

- Die Blütezeit der **keltischen Kultur** in Europa verlief von ca. 500 v. Chr. bis zum Beginn der römischen Eroberungszüge. Die Kelten verehrten Pferde als heilige Tiere. In England wurden große, von ihnen gemeißelte **Kreidepferde** ausgegraben.
- Die alten **Griechen** stellten Pferde in ihren Bildern und Skulpturen häufig dar. Für den im 5. Jh. v. Chr. erbauten Parthenon in Athen wurden einige der berühmtesten **Pferdeskulpturen** hergestellt.
- Die **Chinesen** haben Pferde oft sehr kunstvoll abgebildet. Während der Tang-Dynastie in China von 618 – 907 n. Chr. wurden schöne **Porzellanpferde**, wie das hier gezeigte, angefertigt.

- Vier **Bronzepferde** schmücken seit 800 Jahren das Hauptportal der **Sankt Markus Kathedrale** in Venedig. Manche Kunstkenner vermuten, dass sie von Lysippus, einem der berühmtesten griechischen Bildhauer, im 4. Jh. v. Chr. angefertigt wurden.

Die Pferde von Sankt Markus

- Der **Teppich von Bayeux** wurde kurz nach der Schlacht bei Hastings im Jahr 1066 hergestellt. Bei dieser Schlacht besiegten die Normannen die Engländer. Der Bildteppich zeigt die normannische Kavallerie im Kampf mit englischen Fußsoldaten.

Teil des Teppichs von Bayeux

Pferdemaler

- **Diego Velazquez** (1599–1660) war ein berühmter Portraitmaler der spanischen Königsfamilie. Er wurde 1623 in Sevilla geboren und unter König Philip IV. von Spanien zum Hofmaler ernannt. Er malte viele großartige Portraits vom König, der Königin und ihren Kindern, die oftmals auf dem Pferderücken dargestellt sind. Viele seiner Bilder sind im Prado in Madrid ausgestellt.
- **George Stubbs** (1724–1806) war ein englischer Künstler und einer der bekanntesten Pferdemaler. Er begann seine Karriere als Portraitmaler und medizinischer Illustrator. In den 60er Jahren des 18. Jahrhunderts verbrachte er sechs Jahre mit der Obduktion von Pferden und veröffentlichte ein Buch mit dem Titel: *Die Anatomie des Pferdes*. Später wurde er als Tiermaler berühmt.
- **Theodore Géricault** (1791–1824) war ein bedeutender französischer Maler der Romantik. Er war ein sehr erfahrener Reiter und malte viele Renn- und Kavallerieszenen. Er starb bei einem Reitunfall.

Berittener Offizier der Kaiserlichen Garde, gemalt von Géricault.

Pferde in der Wissenschaft

Kunst und Medizin

Leonardo da Vinci (1452–1519) gehört zu den weltberühmten Künstlern. Er obduzierte auch Leichen von Menschen und Tieren, einschließlich Pferden, und zeichnete anatomische Studien. Sie waren exakter als alle jemals zuvor angefertigte Zeichnungen und unterstützten die Erforschung von Körperbau und -funktion bei Menschen und Tieren.

Pferd und Reiter von da Vinci

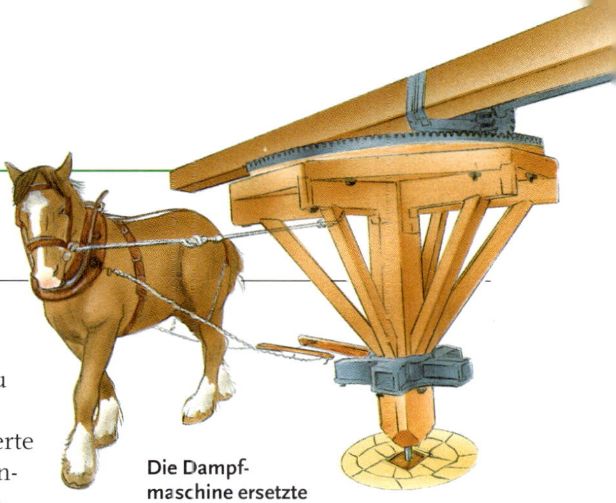

Die Dampfmaschine ersetzte die Pferdestärke im eigentlichen Sinne des Wortes.

Pferdestärke

Eine der wichtigsten Erfindungen der industriellen Revolution war die **Dampfmaschine**, entwickelt von dem schottischen Ingenieur **James Watt** (1736–1819). Er verwandte den heute noch gebräuchlichen Begriff **Pferdestärke**, um die Zugkraft einer Maschine zu messen. Eine Pferdestärke entspricht 746 Watt.

Fotografie

Eadweard Muybridge (1830–1904) war ein britischer Fotograf. Er machte Serienfotografien von Tieren in Bewegung. Bis zu diesem Zeitpunkt kannte niemand die Schrittfolgen so genau.

Pferd und Reiter bei Muybridges erstem Versuch der Bewegungsfotografie

Pferdeverwandtschaft

Alle Einhufer gehören zur Gattung *Equus*. Sie zerfällt in die Untergattungen Wildesel, Hausesel, Maultiere, Maulesel und Zebras. Sie können untereinander gepaart werden, aber die Nachkommen dieser gemischten Arten sind unfruchtbar und können selbst keinen Nachwuchs zeugen.

Wildesel

Es gibt drei Arten des Wildesels: den afrikanischen Wildesel *(Equus africanus)*, der in Nordafrika lebt, den asiatischen Pferdeesel *(Equus hemionus)* aus dem Mittleren Osten und Nordwestindien, und den tibetanischen Pferdeesel oder Kiang *(Equus kiang)* aus Tibet. Wildesel ähneln sich untereinander mit ihren langen, schweren Ohren, der kurzen Mähne ohne Stirnlocke, den schmalen Beinen und einem dünnen Schweif.

- Der **afrikanische Wildesel** ist von gelblich-gräulicher Farbe, mit weißen Haaren am Bauch und einem schwarzen Aalstrich. Er hat fast immer zebrierte Beine und ein kräftig markiertes Schulterkreuz.
- Die **Pferdeesel** haben eine rötlichere Fellfärbung und keine Markierungen an Beinen oder Schulter.

Der Hausesel

Der domestizierte Esel oder **Hausesel** *(Equus asinus)* stammt vom afrikanischen Wildesel ab. Er ist stark, kann schwere Lasten über lange Strecken tragen und ist sehr genügsam. Der Hausesel wird seit Tausenden von Jahren als Lastenträger eingesetzt. Heute ist er jedoch ein ebenso beliebtes Reit- und Fahrtier wie Arbeitstier.

ein Poitou-Esel aus Frankreich

- Die männlichen Esel heißen **Eselhengste**, die weiblichen **Eselstuten**. Sie tragen ihre Fohlen über 13 Monate, also zwei Monate länger als eine Pferdestute.

Berühmte Esel

- **I-Ah** ist ein trübsinniger kleiner Esel, der mit seinem Freund Pu in zwei Buchtiteln auftritt: *Pu der Bär* (aus dem Jahr 1926) und *Pu baut ein Haus* (aus dem Jahr 1928). Der Autor heißt **A. A. Milne** (1882 – 1956).
- **Modestine** hieß der Esel, auf dem der schottische Autor **R.L. Stevenson** (1850 – 1894) im Jahr 1878 durch Frankreich reiste. Über seine Erfahrungen schrieb er später ein Buch mit dem Titel: *Reisen mit einem Esel.*

- **Puzzle** heißt der Esel in einem Buch von **C.S. Lewis** (1898-1963) mit dem Titel: *Der Kampf um Narnia.* Er ist mit einem hässlichen Äfflein namens Shift befreundet und sie stehen König Tirian von Narnia im Kampf gegen die grausamen Calormen bei.

Puzzle und Shift

Maultiere und Maulesel

Pferde und Esel können zur Zucht miteinander gekreuzt werden. Das **Maultier** stammt aus der Paarung von einem Eselhengst mit einer Pferdestute. Der **Maulesel** ist eine Kreuzung aus Eselstute und Pferdehengst. Beide sind in der Regel sehr stark und ausdauernd. Seit Tausenden von Jahren werden sie zum Tragen schwerer Lasten gebraucht.

Maultiere

Zebras

Heute leben **Zebras** nur noch in Afrika.
Drei verschiedene Arten haben überlebt: das Steppen-Zebra, das Berg-Zebra und das Grevy-Zebra. Sie leben in verschiedenen Umgebungen und ihr Fell ist unterschiedlich gemustert.

- Das **Steppen-Zebra** *(Equus quagga)* ist dem Pferd vom *Exterieur** her am ähnlichsten. Es ist die am weitesten verbreitete Zebraart, früher war es im gesamten Osten und Süden Afrikas anzutreffen. Die Steppen-Zebras sind am ganzen Körper gestreift. Manche haben zebrierte, manche weiße Beine. Einige sind auch gezähmt worden.
- **Grevy-Zebras** *(Equus Grevyi)* sind die größten Zebras. Sie erreichen ein Stockmaß von bis zu 160 cm. Sie sind die am nördlichsten lebende Zebraart und sind in den Busch- und Savannengebieten von Äthiopien, Somalia und im Norden Kenias anzutreffen. Mit den andern zwei Zebraarten sind sie nicht näher verwandt und einige Zoologen behaupten, dass sie der ursprünglichen Pferdefamilie näher stehen.
- Das **Berg-Zebra** *(Equus zebra)* war früher von Angola bis nach Südafrika verbreitet, gehört jedoch heute zu den vom Aussterben bedrohten Arten. Es ist die kleinste und wildeste der drei Zebraarten und sehr schwer zu zähmen. Sein durchschnittliches Stockmaß liegt bei 132 cm.

Steppen-Zebra

Grevy-Zebra

Berg-Zebra

Nützliche Adressen

Deutschland

• Deutsche Reiterliche Vereinigung (FN)
Freiherr-von-Langen-Str. 13
48231 Warendorf

• Deutsches Kuratorium für Therapeutisches Reiten e.V. (DKThR)
Freiherr-von-Langen-Str. 13
48231 Warendorf

• Deutsches Olympiade Komitee für Reiterei e.V. (DOKR)
Freiherr-von-Langen-Str. 13
48231 Warendorf

• Erste Westernreiter Union (EWU)
Wallenbrücker Str. 24
49328 Melle

• Deutsche Quarter Horse Association (DQHA)
Landstraße 7
63939 Wörth

• Verein Deutscher Distanzreiter und -fahrer e.V. (VDD)
Habichtstraße 77
45527 Hattingen

• Vereinigung Deutscher Freizeitreiter und -fahrer in Deutschland e.V. (VFD)
Am Bauernwald 5b
81739 München

• Deutsche Vereinigung zum Schutz des Pferdes e.V. (DVSP)
Wienkamp 11 rechts
46354 Südlohn

• Erster Trekking Club Deutschlands e.V.
Crailsheimer Straße 11
74423 Obersontheim

• Deutsche Wanderreiter Akademie
Fischerhof
56410 Reckenthal

• Chiron e.V. Reitergemeinschaft
Alte Reihe 45
27313 Dörverden

• Deutscher Reiter- und Fahrer-Verband
Roonstr. 54
33615 Bielefeld

• Direktorium für Vollblutzucht und Rennen e.V.
Postfach 620180
50694 Köln

• Deutscher Akademischer Reiterverband e.V. (DAR)
Lavalplatz 6
40822 Mettmann

• Deutscher Rennverein arabischer Vollblüter e.V.
Postfach 1250
46516 Alpen

• Deutsches Kuratorium Quadrillen-Reiten
Schmuckshöhe 11
22337 Hamburg

• Island Pferde-, Reiter- und Züchterverband e.V. (IPZV)
Juchstraße 24
53773 Hennef

• Zentralverband für Traber-Zucht und -Rennen
Windhorst 13
48143 Münster

• IG Westernreitsport Nord-Süd
Lange Str. 29
45892 Gelsenkirchen

• Deutscher Polo-Verband e.V.
Im Fichtenweg 21
41372 Niederkrüchten

• Förderkreis für Amateur- und Berufsreitsport
Gut Horst
51429 Bergisch Gladbach

Europa

• British Horse Society
National Equestrian Centre
Stoneleigh Park
Kenilworth
Warwickshire CV8 2LR
England

• Fédération Royale Belge des Sports Equestres
Avenue Hubert des Troopers 156
1020 Bruxelles
Belgien

• Dansk Ride Forbund
Langebjerg 6
2850 Naerum
Dänemark

• Fédération Française d'Equitation
Rue de Tolbiac 25/27
75013 Paris
Frankreich

• Federazione Italiana Sport Equestri
Viale Tiziano 74
00196 Rome
Italien

• Federación Hípica Española
2, Plaza del Marqués de Salamanca
28006 Madrid
Spanien

USA / Kanada

• United States Pony Clubs
893 Matlock Street, Apt 110
West Chester
PA 19382
USA

• North American Riding for the Handicapped Association
PO Box 33150
Denver
CO 80233
USA

• American Horse Shows Association
220 East 42nd Street
Suite 409
New York
NY 10017
USA

• American Horse Council
1700 K Street, N.W.
Suite 300
Washington DC 20006
USA

• American Horse Protection Association
1000 29th Street, N.W.
Apt. T-100
Washington DC 20007
USA

• International Side Saddle Organization
PO Box 282
Alton Bay
NH 03810
USA

• Canadian Equestrian Federation
1600 James Maysmith Drive
Gloucester
Ontario K 1B 5N4

Neuseeland und Australien

• New Zealand Horse Society Incorporated
PO Box 1046
Hastings
Hawkes Bay
Neuseeland

• Equestrian Federation Australia Incorporated
Federal Secretariat
2nd Floor
77 King William Road
North Adelaide
South Australia 50006
Australien

Veranstaltungen

• Auktionen (D)
• CCI – Internationale Vielseitigkeitsturniere (D)
• CDA – Dressur-Freundschaftsturniere (D)
• CDI – Internationale Dressurturniere (D)
• CHI – Internationale Reitturniere (D)
• CHIO – Offizielle Internationale Reitturniere (D)
• CSI – Internationale Springturniere (D)
• CSIO – Offizielle Internationale Springturniere (D)
• Derby (D, GB)
• Distanzritte (D)
• Eliteauktionen (D)
• Fahrwettbewerbe (D)
• Geschicklichkeitsturnier (D)
• Galopprennen (D)
• Hengstleistungsprüfung (D)
• Hengstparade (D)
• Körung (D)
• Mächtigkeitsspringen (D)
• Nachwuchschampionat (D)
• Pferdeumritt (D)
• Preis der Nationen (D)
• Trabrennen (D)
• Stutenschau (D)
• Zuchtschau (D)
• Pardubice (CK)
• Prince-Philip-Cup (GB)
• Palio (I)
• Europäische Ponywettbewerbe (Europa)
• Internationaler Distanzritt Quatar (Quatar)

Fachbegriffe

Abdomen
Körperregion im Bauchbereich, die die Verdauungsorgane umfasst.

Absprunghilfe
Eine vor dem Hindernis auf dem Boden liegende Stange, die dem Pferd den Absprung erleichtert.

Aktion
Ein Pferd läuft mit „viel Aktion", wenn es die Beine im Trab oder Tölt stark hochzieht.

Anämie
Eine Abnahme der roten Blutkörperchen im Blut, die zu Energieverlust führt.

Anlehnung
Die Anlehnung des Pferdes an das Gebiss zeigt sich in der weichen, elastischen Verbindung zwischen Reiterhand und Pferdemaul. Der Hals ist gewölbt und der Kopf im Genick zurückgenommen. Sie ist abhängig vom korrekten Sitz und der Hilfengebung des Reiters.

Aufrichtung
Ergebnis der Versammlung, wenn das Pferd an den Hilfen steht, geradegerichtet ist und sich im Gleichgewicht bewegt.

Ballentritt
Eine Verletzung am Hufballen der Vorderbeine durch einen Tritt der Hinterhufe.

Bascule
Die gewünschte Rundung der Kopf-Hals-Rückenpartie des Pferdes beim Sprung über ein Hindernis.

Brand
Methode zur Kennzeichnung von Pferden. Das Brandzeichen gibt das Zuchtgebiet, die Rasse und manchmal auch den Besitzer des Pferdes an. Es erleichtert die Identifizierung bei Diebstahl.

Brumby
Australisches Wildpferd.

Cob
Eher ein Pferdetyp als eine Rasse. Ein kurzbeiniges, kräftiges Gebrauchspferd mit höchstens 155 cm Stockmaß.

Daumenabdruck des Propheten
Ein Grübchen an Hals oder Schulter. Manche Leute glauben, dieses Zeichen bringe Glück und zeichne ein gutes Pferd aus.

Deckhengst
Ein gekörter, zur Zucht eingesetzter Hengst.

Durchlässigkeit
Wird durch systematische Gymnastizierung erreicht. Das Pferd reagiert exakt auf die Hilfen des Reiters.

Durchmesser
Größenangabe für gerittene Volten oder Zirkel.

Einflechten
Zusammengebundene Zöpfe in Mähne und Schweif. Eine eingeflochtene Mähne dient zur Verschönerung des Pferdes, zur Betonung der Halslinie und des Mähnenkamms oder auch zur Gewöhnung des Mähnenhaars auf die gewünschte Seite (meistens rechts) zu fallen. Die Anzahl der Zöpfe ist von Form und Länge des Halses abhängig. Für Auftritte auf dem Turnierplatz, Zuchtschauen oder Auktionen sollte die Mähne eingeflochten werden. Die Stirnlocke wird zu einem Zopf gebunden, der Schweif durch einen eingeflochtenen Zopf zusammengehalten.

Festlegen
Ein Pferd legt sich hin und kann nicht mehr aufstehen. Dies kann passieren, wenn das Pferd mit den Beinen zu nah an der Boxenwand liegt, oder ein Bein z.B. unter der Krippe eingeklemmt ist.

Flagge (rot und weiß)
Die Flaggen sind beidseitig der Hindernisse im Spring- oder Geländeparcours befestigt. Sie geben die Anreitrichtung vor: rote Flagge = rechts, weiße Fahne = links.

Fresser
Ein guter Fresser frisst viel und verwertet das Futter gut; ein schlechter Fresser nicht.

Futtergrundlage
Die Grundlage der Futterversorgung für Pferde und Rinder besteht aus Gras, Heu und Stroh.

Futterumstellung
Notwendig zum Beispiel bei durchtrainierten Pferden vor einer Ruhepause. In diesem Fall wird vermehrt Raufutter und weniger Kraftfutter gefüttert.

Gangarten
Die Grundgangarten des Pferdes sind: Schritt (Viertakter), Trab (Zweitakter) und Galopp (Dreitakter).
Bei bestimmten Rassen

kommen Tölt (Viertakter) und Pass (Zweitakter) dazu.

Gattung
Die Tiergruppe, zu der ein Tier gehört. Das Pferd gehört zur Gattung Equus caballus.

Geraderichten
Von vorne oder hinten betrachtet treten die Hinterhufe in die Spur der Vorderhufe. Das Pferd steht nicht mehr schief. Es wirkt und geht gerade.

Geschirr
Das gesamte Zubehör – also Kopfgestell, Kumt oder Brustblatt und Riemen – das zum Anspannen eines Pferdes vor einen Wagen benötigt wird und die Zugkraft des Pferdes überträgt.

Greifen
Zusammenschlagen des Hinterhufs mit dem Vorderhuf, besonders beim Traben. Häufig bei jungen, nicht im Gleichgewicht gehenden oder müden Pferden. Das Pferd kann sich dabei stark verletzten.

Gymnastizierung
Dressurmäßige Ausbildung des Reitpferdes, durch die die Muskeln, Sehnen und Gelenke des Pferdes trainiert und gestärkt werden. Unabdingbar für die Gesundheit eines Reitpferdes.

Haarwechsel
Wechsel vom Sommer- zum Winterfell oder umgekehrt.

Handpferd
Beim Fahren das rechte Pferd eines Zweiergespanns. Auch Bezeichnung für ein Pferd, das beim Reiten an der Hand mitgeführt wird.

Handwechsel
Richtungswechsel in der Reitbahn.

Hinter dem Zügel
Wenn ein Pferd versucht, den Zügelhilfen zu entgehen, indem es den Kopf zur Brust führt und dadurch die Zügel durchhängen.

Hinterhand
Alle Körperteile des Pferdes, die hinter der Reiterhand liegen.

Hufschlag
Weg des Pferdes an der Bande der Reitbahn entlang. Der zweite Hufschlag liegt direkt daneben. Bei den meisten Lektionen bewegt sich das Pferd auf einem Hufschlag, bei den Seitengängen auf zwei. Das geradegerichtete Pferd bewegt sich auf einem Hufschlag, d. h. seine Hinterbeine treten in die Hufspur der Vorderbeine.

Hufschlagfiguren
Vorgegebene Figuren bzw. Wege, die in der Reitbahn oder auf dem Reitplatz geritten werden.

Hunter
Ein für Jagdritte gezüchtetes und ausgebildetes Pferd.

Imponiergehabe
Die Selbstdarstellung eines Hengstes zur Werbung einer Stute.

Kaltblut
Kräftige, schwere Pferde, die zum Ziehen schwerer Lasten und für die Arbeit in Land- und Forstwirtschaft gezüchtet wurden. In der Regel weisen Kaltblüter keine Vollblut- oder Warmblutanteile in ihrem Stammbaum auf.

Klassische Reitkunst
Vollendete Reitkunst. Sie beruht auf den klassischen Reitweisen, die im 16. und 17. Jahrhundert entwickelt wurden und nach denen noch heute geritten wird.

Konkav
Eine nach innen gewölbte Oberfläche.

Konvex
Eine nach außen gewölbte Oberfläche.

Kopfscheu
Beschreibt ein Pferd, das aus Angst vor einem Gegenstand oder einem Geräusch seinen Kopf abrupt wegzieht.

Körung
Junge Hengste werden vom Zuchtverband beurteilt und bekommen, wenn sie den Körvorschriften genügen, eine Deckerlaubnis.

Kötenbehang
Auch Fesselbehang. Langhaariger Bewuchs an der Rückseite von Röhrbein und Fesselkopf. Meistens bei Kaltblütern zu sehen.

Kupieren
Operative Verkürzung des Schweifes durch Abtrennen einiger Schweifwirbel, früher häufig bei Kaltblütern und Fahrpferden durchgeführt. Das Kupieren ist mittlerweile nach dem deutschen Tierschutzgesetz verboten.

Lasso
Ein langes Seil mit Schlinge zum Einfangen von Pferden und Rindern.

Fachbegriffe

Leichttraben
Beim Leichttraben entlastet der Reiter den Rücken des Pferdes, indem er bei jedem zweiten Trabschritt im Sattel aufsteht. Wenn er sich beim Auftreten des linken Vorder- und rechten Hinterfußes wieder hinsetzt, trabt er auf dem rechten Hinterfuß. Trabt er auf dem linken, gleitet er beim Auffußen des linken Hinterhufes in den Sattel.

Lektionen
Bestimmte Übungen zur Ausbildung und Gymnastizierung von Pferden bzw. ein bestimmter Aufgabenteil im Verlauf einer Dressurprüfung.

Livrée
Klassische Kleidung von Kutscher und Beifahrer bei der Fahrprüfung.

Losgelassenheit
Ein gelassenes, entspanntes Pferd. Dieser Zustand wird durch Auslauf und Gymnastizierung erreicht. Das losgelassene oder gelöste Pferd nimmt die reiterlichen Hilfen an und seine Bewegungen erscheinen auch bei schwierigen Lektionen leicht und entspannt.

Maulkorb
Wird Beißern, Deckenfressern oder Einstreufressern zum Schutz angelegt.

Mist
Pferdeäpfel mit Resten der Einstreu.

Mustang
Amerikanisches Wildpferd.

Mutterstute
Die Mutter eines Fohlens.

Nachschwitzen
Erneutes Schwitzen, nachdem das Pferd nach der Arbeit bereits trocken geritten wurde.

Nasenbremse
Eine Strickschlaufe mit einem Holzgriff, die als Hilfsmittel zur Beruhigung eines Pferdes um seine Oberlippe gelegt wird. Sollte nur in Ausnahmefällen kurzzeitig benutzt werden.

Nickhaut
Ein drittes Lid auf dem Pferdeauge, bestehend aus einer dünnen Hautmembran unter dem Augenlid.

Pferdepfleger
Angestellter, der sich um die Pferde kümmert.

Pferdetransport
Oft werden von einem PKW gezogene Anhänger zum Pferdetransport benutzt. Aber auch motorisierte Pferdetransporter mit eingebauten Pferdeboxen transportieren Pferde über Land.

Priemen
Futter fällt beim Fressen aus dem Maul. Kann auf eine Mundverletzung hinweisen, oder auf zu spitze Zähne.

Pullen
Aus dem Englischen: to pull = ziehen. Das Pferd versucht sich den reiterlichen Hilfen zu entziehen. Es stürmt los und will durch Rucken mit dem Maul dem Reiter die Zügel wegziehen.

Raumgriff
Der Bodengewinn durch das Ausgreifen der Pferdebeine in der jeweiligen Gangart. Wenn der Raumgriff groß ist, kommt das Pferd gut vorwärts.

Rennpferd
Ein speziell für Pferderennen gezüchtetes Pferd. Häufig englisches Vollblut.

Rittig
Ein gutes Reitpferd, das gelöst unter dem Reiter geht und seine Hilfen problemlos annimmt, bezeichnet man als rittig.

Rosse
Zyklisch auftretende Paarungsbereitschaft einer Stute. Eine rossige Stute kann mit Erfolg von einem Hengst gedeckt werden.

Sattelpferd
Beim Fahren das linke Pferd eines Zweiergespanns; das rechte heißt Handpferd.

Scheuen
Plötzliches Erschrecken und Ausbrechen eines Pferdes vor einem Hindernis, Gegenstand, Geräusch oder Geruch.

Schleife
Rosettenförmig zusammengelegtes Abzeichen aus Seide oder Stoff, das als Auszeichnung an die Gewinner oder Teilnehmer eines Turniers oder einer Eignungsprüfung vergeben wird.

Schreckhaft
Beschreibt Pferde, die leicht in Panik geraten.

Schwung
Der vom Reiter geforderte und vom Pferd aufgebrachte Kraftaufwand, um den Reiter schwungvoll, federnd und im Gleichgewicht zu tragen. Dazu

kommt der Schub aus der Hinterhand, der die Vorderbeine entlastet und ausgreifen lässt. Nicht mit Geschwindigkeit zu verwechseln.

Seitengänge
Seitwärts-Vorwärts-Bewegungen des Pferdes, wobei die Hinterbeine nicht der Spur der Vorderbeine folgen. Beispiele: Schulterherein und Renvers.

Silage
Futter. Grün geerntetes Gras, das im Silo gelagert wird und durch teilweise Gärung weich bleibt.

Sporen
Metallene Bügel mit Sporn, die an den Reitstiefeln befestigt werden und die Schenkelhilfen verfeinernd unterstützen.

Sporen (Pilze)
Zellen, die sich eigenständig vermehren können. Farn, Moos und Schimmelpilze bilden Sporen.

Sterngucker
Ein Pferd, das seinen Kopf unnatürlich hoch trägt.

Stolpern
Kommt häufig bei jüngeren Pferden oder Pferden in der Ausbildung zum Springen vor, die nicht im Gleichgewicht gehen.

Streichen
Anschlagen eines Hufs am Fesselgelenk des gegenüberliegenden Beins.

Takt
Das regelmäßige, taktreine Auffußen des Pferdes in allen Gangarten mit gleichmäßig langen Schritten bzw. Sprüngen.

Über dem Zügel
Der Ausdruck beschreibt ein Pferd, das den Kopf zu hoch trägt und sich so den Zügelhilfen entzieht.

Umschlagschuh
Ein Hufschuh zur Behandlung mit Umschlägen von Wunden und Verletzungen am Huf.

Untugenden
Unangenehme und manchmal auch gefährliche Angewohnheiten des Pferdes, wie z. B. Ausschlagen, Beißen oder Koppen. Untugenden tauchen oft bei falsch behandelten oder gehaltenen Pferden auf.

Versammlung
Das Pferd geht mit rundem Hals und senkrechtem Kopf am Zügel. Die Schrittfolge ist bei erhöhter Beinaktion verkürzt. Das Pferd tritt mit den Hinterbeinen stärker unter und richtet seine volle Konzentration auf den Reiter.

Verziehen der Mähne
Kürzen und ausdünnen der Mähne durch Abreißen der Haare. Eine vorschriftsmäßig verzogene Mähne liegt auf einer Halsseite, ist circa eine Hand breit und gleichmäßig lang und dicht.

Vollblut
Araber mit lückenlos reinblütigem Stammbaum sind Vollblüter. Außer ihnen zählen noch, wie der Name schon verrät, englische Vollblüter sowie Kreuzungen aus Arabern mit englischen Vollblütern, die so genannten Anglo-Araber, zu den Vollblütern.

Vorhand
Alle Körperteile des Pferdes, die vor der Hand des Reiters liegen, also Kopf, Hals, Schultern, Widerrist und besonders die Vorderbeine.

Warmblut
Im geschichtlichen Zusammenhang bezieht sich der Begriff „Warmblüter“ auf eine Entwicklungstheorie, die besagt, dass sich die Pferdefamilie nach der letzten Eiszeit in zwei Gruppen aufgeteilt hat: die nördlichen oder „kaltblütigen“ Typen (aus denen sich die schweren Pferderassen entwickelt haben) und die südlichen oder „warmblütigen“ Typen. Aus letzteren haben sich die heutigen Reitpferde entwickelt. Der Begriff beschreibt in der Regel ein Sportpferd, das vom Körperbau und der Schwere her zwischen Vollblut und Kaltblut liegt.

Weidehaltung
Die Pferde werden überwiegend auf der Weide und weniger im Stall gehalten.

Wirbel
Eine Richtungsänderung der Fellhaare, die ein rundes oder längliches Muster erzeugt. In der Regel befinden sich Wirbel an Kopf, Hals, Brust und Flanken.

Zugpferd
Ein Pferd, das einen Wagen zieht. Darunter wird heute meistens ein schweres Arbeitspferd oder ein Kaltblüter verstanden.

Register

Register

Register

Register

Fotonachweis:
Howard Allman (34 u., 36, 37 o.r., 38-39, 40, 50 l., 52 m., 53, 109 r.); Animal Photography (91 © R. Wilbie, 94 m. © R. Wilbie, 95 © Sally Anne Thompson, 96 o. © Sally Anne Thompson, 103 © R Wilbie); Ancient Art and Architecture Photo Library (6 und Künstlernachweis für Pferd mit Geschirr, 106-107, 108, 109 u.l., 110-112, 113 u.l.); Robert Harding Photo Library (89 o.); Kit Houghton (8 u.l., 9, 18, 21, 24, 25 o.l. und u., 34 o., 42, 43, 56, 57 m., 63 o. und m., 64 u.l., 66-67, 71, 73 u., 80 o., 81 u., 82-83, 84 u.l. und o.r., 85 u., 89 m. und u., 90 o., 94 o., 97, 100 o., 115); Bob Langrish (8 o.r., 10, 14-17, 23, 25 m., 37 u., 45, 52 o., 54, 55, 57 Nahaufnahmen, 58, 60-61, 63 u.r., 64 m., 65, 69, 70, 73 o., 74-75, 77-78, 80 u., 81 o. und m., 84 o.l. und u.r., 85 o., 86-88, 90 u.l., 92, 94 u., 96 u., 98, 100 m. und u., 101, 114); Only Horses Photo Library (2, 50 o.); Peter Newarks Western Americana (99); Science and Society Picture Library (113 u.r.); Telegraph Photo Library (104).

Zusätzliche Illustrationen von: Ian Jackson, David Wright, Elaine Keenan, Malcolm McGregor.

Folgenden Firmen danken wir für die Bereitstellung von Zubehör und Ausrüstung: Janette Moss Horse Wear, Coleman Croft Master Saddlers, Harrods Ltd, Lillywhites.
Mit Dank auch an Vicki Groombridge und John Russell.

Umschlaggestaltung: Atelier Reichert, Stuttgart, unter Verwendung von Fotos von Michael Wolf, München (U1) und Bernd Schellhammer, Großstadelhofen (U4).
Aus dem Englischen von Susanne Spottke, Köln.

First published in 1998 by Usborne Publishing Ltd, Usborne House, 83-85 Saffra Hill, London ECAN 8RT, England
Titel der Originalausgabe: The Usborne Dictionary of Horses and Ponies

Die Deutsche Bibliothek – CIP-Einheitsaufnahme:

***Mein Kosmos-Pferdelexikon** / Struan Reid.*
Übers.: Susanne Spottke. Ill.: Aziz Khan. – Stuttgart : Kosmos, 1999
Einheitssacht.: The usborne dictionary of horses and ponies <dt.>
ISBN 3-440-07922-8

ISBN 3-440-07922-8
Lektorat: Ellen Heyn
Printed in Spain/Imprimé en Espagne
Satz: Fotosatz Reinhard Amann, Aichstetten
Druck und Bindung: Grafo, Spain